Ferdinand Gregorovius

Korsika

Ferdinand Gregorovius

Korsika

ISBN/EAN: 9783742851079

Hergestellt in Europa, USA, Kanada, Australien, Japan

Cover: Foto ©ninafisch / pixelio.de

Manufactured and distributed by brebook publishing software
(www.brebook.com)

Ferdinand Gregorovius

Korsika

Corsica.

Von

Ferdinand Gregorovius.

Zweite durchgesehene Auflage.

Zweiter Band.

———

Stuttgart.

Verlag der J. G. Cotta'schen Buchhandlung.

1869.

Buchdruckerei der J. G. Cotta'schen Buchhandlung in Stuttgart.

Erstes Buch.

Erstes Kapitel.

Durch das Land Nebbio nach Isola Rossa.

Wenn man von Bastia aus die Serra übersteigt, welche vom Cap Corso herauf kommt, so gelangt man auf die andere Seite des Meers in das Land Nebbio. Der treffliche Weg steigt zuerst eine Stunde den Monte Bello an. Man blickt zur Linken in die Ebne von Biguglia und von Furiani und in den großen Teich, in welchen der Fluß Bevinco mündet. Sobald man die Höhe erreicht hat, sieht man das Meer zu beiden Seiten. Nun fällt die Straße nach dem westlichen Gestade ab, das östliche ist verschwunden, und vor den Augen entfaltet sich das zauberische Gemälde des Golfes von San Fiorenzo. Rötliche Felsenufer, fast ohne Vegetation und niedrig sich absenkend, wunderlich ausgezackt, umschließen die tiefblaue Meeresbucht. Der Anblick ist groß, fremd und südlich.

Am Abhange des Bergrückens liegt das finstre Dorf Barbignano; die Straße führt an ihm vorbei durch Haine von Castanien und von Oelbäumen. Diese Straße ist vom Grafen Marbeuf gebaut, und hier war es, wo Bernadotte am Wege arbeitete. In gewaltigen Krümmungen beschreibt sie ein M, worauf mich der Conducteur der Post aufmerksam machte.

Wir näherten uns dem herrlichen Golf, der aus dem Kranz der monotonen und roten Ufer hervorlachte. Es ist ein altes

und sehr treffendes Bild, daß man vom stralenden Meeres-
wasser sagt, es lache. Ich erinnerte mich an eine Stelle des
Aeschylus: „O du im Wellenspiel des Meers unzählig Lachen!"
— Dieser Golf lachte aber nun gar aus unzähligen purpur-
blauen Wellen, und es lachte dazu ein Tal, durch welches ein
Bach sich schlängelte, aus tausend und aber tausend Lorbeer-
rosen, welche mit ihren roten Blüten bedeckt weit und breit
umherwucherten. In unsrem Vaterlande ist der Bach froh,
wenn er sich mit Erlengebüsch und Weiden behängen kann,
hier im schönen Süden prangt er in graziösem Oleander.

Die Gegend ist wenig oder fast gar nicht cultivirt. Ich
sah oft verlassene oder halb zerfallene Häuser. Der Epheu
hatte sie ganz umzogen und in seinen Ranken, welche Thüre
und Fenster überspinnen, begraben. In solchem Epheuhäus-
chen wohnen jetzt wol die Elfen und kichern, wenn ein Sonnen-
stral oder das Mondlicht durch die grünen Rankengitter sich
stielt, um zu sehn, was die Wichtchen drinnen für Schelme-
reien vorhaben. Die Geschichte der Menschen, die einst dort
wohnten, mag blutig und grausig sein. Vielleicht vertrieb sie
der Barbareske, oder der mörderische Krieg gegen Genua oder
die Blutrache.

Am Ufer steht hie und da ein alter Genuesenturm.

Immer malerischer wird die Gegend in der Nähe von S.
Fiorenzo. Zur Rechten breitet sich der Golf in seiner ganzen
Größe aus, zur Linken weit im Hintergrunde überschaut der
Blick das Amphitheater der Berge, welche gegen das Meeres-
becken sich neigen. Es sind die stolzen Berge des Col di Tenda,
an deren Fuße einst die Römer von den Corsen geschlagen
wurden. Sie umstellen das Land, welches Nebbio genannt wird.
Denn dieß ist das Gebiet um den Golf von S. Fiorenzo, wo-
hinaus allein das Bergamphitheater sich öffnet. Es ist eine
bergige Provinz von großer Dürre, aber reich an Wein, an
Früchten, Oliven und Castanien. Seit den ältesten Zeiten galt

das Nebbio für eine natürliche Festung, weshalb alle Eroberer von den Römern bis auf die Franzosen hier einzubringen strebten, und unzählige Schlachten hier geschlagen wurden.

Vier Cantons oder Pievè enthält heute das Nebbio, S. Fiorenzo, Oletta, Murato und Santo Pietro bi Tenda. S. Fiorenzo ist der Hauptort.

Wir erreichten das Städtchen von 580 Einwohnern um die heiße Mittagszeit. Es ist ein Hafenort von überaus herrlicher Lage an einem der schönsten Golfe Corsica's. Das einzige größere Tal des Nebbio, das Tal Aliso, welches vom Flusse gleichen Namens durchschnitten wird, liegt vor dem Ort. Der Fluß schleicht durch den Sumpf, der die ganze Gegend verpestet. An seinem Rande sah ich eine einzelne Fächerpalme stehn; sie gab der ganzen Landschaft in der flimmernden Mittagsluft einen tropischen Charakter. Weiber und Kinder lagen um eine Cisterne und schwatzten, die ehernen Wassergefäße neben sich — ein Genrebild, das zu der Fächerpalme reizend stimmte. Durchgehend ist der Charakter des corsischen Strandes an den Golfen halb homerisch und halb alttestamentlich.

Eine Viertelstunde reicht hin, das Oertchen zu durchschreiten. Ein kleines Fort mit einem bekuppelten Turm, der eher nach einer Capelle von Mekka als nach einem Castell aussieht, schützt den Hafen. Wenige Fischerkähne ankerten in ihm. Die Lage von San Fiorenzo ist so herrlich, der Golf, einer der schönsten des Mittelmeers, so lockend zu einer großen Hafenansiedlung, daß man über seine Oede staunen muß. Napoleon gedenkt in den Memoiren des Antommarchi des Ortes mit diesen Worten: „S. Fiorenzo ist eine der glücklichsten Situationen die ich kenne. Sie ist die günstigste für den Handel. Sie berührt Frankreich, sie grenzt an Italien; ihre Landungspunkte sind sicher, bequem, ihre Rheden können große Flotten aufnehmen. Ich hätte dort eine große, schöne Stadt gebaut, welche eine Hauptstadt hätte sein sollen."

Nach Ptolemäus muß in der Gegend am Golf das alte Cersunum gestanden haben. Im Mittelalter lag hier die ansehnliche Stadt Nebbio, deren Ruinen eine halbe Millie von San Fiorenzo entfernt sind. Auf einem Hügel erhebt sich noch die alte Kathedrale der Bischöfe von Nebbio, verfallen, doch noch ansehnlich. Sie zeigt den Basilikenstil der Pisaner und läßt auf das zwölfte oder elfte Jahrhundert schließen. Die Kirche war der Santa Maria dell' Assunta geweiht. Daneben sieht man die Ruinen des bischöflichen Hauses. Die Bischöfe, welche dort gewohnt haben, waren nicht minder kriegerisch als die trotzigsten der Signoren Corsica's. Sie nannten sich Grafen von Nebbio, und man erzählt, daß sie in der Volksversammlung der Terra del Commune mit dem Schwert an der Seite erschienen, und daß sie bei der Messe zwei geladene Pistolen auf dem Altar liegen hatten. Die Stadt verfiel, wie die andern Bistümer Corsica's Accia und Sagone. Heute findet man dort viele römische Münzen, und viele Graburnen wurden dort ausgegraben.

Das spätere San Fiorenzo war einer der ersten corsischen Orte, welche sich an die Bank von Genua gaben, im Jahre 1483. Deshalb hatte die Stadt viele Freiheiten und Gerechtsame. Jährlich schickte die Bank einen Castellan und Podestà, welcher das Recht mit vier Consuln verwaltete. In späteren Kriegen ist das Castell oft von Bedeutung gewesen.

Vortreffliche Fische gab's in dem Ort, frisch aus dem Golf gekommen und geröstet. Kaum waren sie verzehrt, so ging es auch weiter. Auf einige Zeit verläßt nun die Straße die Meeresküste und steigt eine Berglette an. Bis in die Provinz Balagna und nach Isola Rossa hinein ist's ein unfruchtbares Uferbergland. Die plutonischen Gewalten haben große Felsenstücke umhergeschleudert. Oft bedecken sie in gigantischen Blöcken oder zu kleinen Trümmern zerschlagen die Abhänge; Schiefer, Kalk, Granit sieht man überall.

Sparsam wird nun auch die Cultur der Olive und der Castanie, dagegen überbuscht der wilde Oelstrauch (Oleastro) die Hügel, und Arbutus, Rosmarin, Mirte und Erika haben hier ihre Freude. Die Sonne hatte diese Gesträuche versengt; die rötlich braune Farbe ihrer Zweige, das Grau des Oel= gestrüpps und die verwitterten Steine gaben der Gegend so weit nur das Auge reichte einen melancholischen Ton. Die Luft allein regt sich flimmernd in dieser Stille, kein Vogel singt, nur die Grille zirpt. Bisweilen sieht man eine schwarze Ziegenheerde unter einem Oelbaum gelagert, oder von dem panischen Schrecken ergriffen über die Felsen setzen.

Von Zeit zu Zeit kamen wir an eine einsame Straßen= schenke, wo die Maulthiere der Post gewechselt wurden, oder an eine in Stein gefaßte Quelle, über welche Menschen und Thiere jubelnd herfielen.

Ich sah an einigen Stellen kleine Getreidefelder, Gerste und Korn. Das Getreide war bereits gesichelt und wurde auf dem Felde ausgestampft. Die Vorrichtung ist sehr einfach. Mitten auf dem Feld ist eine kreisrunde Tenne aus Steinen aufgemauert, darauf schüttet der Corse das gesichelte Getreide und läßt es von Ochsen zertreten, welche einen schweren Stein hinter sich schleppen. Ich fand, daß man überall den Ochsen das Maul verbunden hatte, also wider das Gebot der Bibel. Ungezählte Tennen dieser Art waren auf den Feldern zerstreut, dabei kein Dorf sichtbar; aber in der Nähe standen kleine Scheuern, viereckige Würfel von Steinen, mit platter Be= dachung. Diese kreisrunden Tennen und diese grauen Häus= chen, welche weit und breit umherstanden, sahen in der öden Gegend wunderlich aus, wie Wohnungen von Erdmännchen. Der Corse lacht, wenn man ihm erzählt, wie bei uns das Getreide gedroschen wird; eine solche Galeerensclavenarbeit würde er um keinen Preis verrichten.

Auf der ganzen Fahrt sah ich kein Fuhrwerk. Dann und

wann kam ein Corse geritten, das Doppelgewehr umgehängt
und den Sonnenschirm über sich. Sie schießen hier viel wilde
Tauben und Menschen.

Endlich näherten wir uns dem Meeresufer wieder, nachdem wir über den kleinen Fluß Ostriconi gefahren waren. Die
Küste ist oft nur hundert Fuß erhoben, dann steigt sie wieder
zu den schroffsten Formen auf. Je mehr man sich nun Isola
Rossa nähert, desto mächtiger werden die Berge. Es sind die
romantischen Gipfel der Balagna, des gelobten Landes der
Corsen, weil dort in Wahrheit Honig und Öel fließt. Einige
trugen Schneekappen und glänzten von krystallreiner Schöne.

Da liegt Isola Rossa vor uns am Meeresstrande! Da
die beiden grauen Türme der Pisaner! Da die blutroten Inselklippen, welche dem Städtchen den Namen geben. Welche
reizende Meeresstrandidylle im Abendlicht. Schweigsame Berge
drüben, stille Flut hier, graue Oelbäume, die dem Pilger ihre
Friedenszweige entgegenhalten, ein gastlicher Rauch aus den
Herden aufsteigend — wahrlich, ich schwöre, daß ich zu dem
zaubervollen Strande der Lotophagen gekommen bin.

Zweites Kapitel.

Strandidylle von Isola Rossa.

> Sondern sie trachteten dort in der Lotophagen Gesellschaft
> Todes glühend zu sterben, und abzusagen der Heimat.
> Odyssee.

Ein großer ländlicher Platz liegt am Eingange und noch
in den Stadtmauern eingeschlossen, welche Gartenmauern gleich
sehn. Da erhebt sich in der Mitte eine Fontäne, auf deren
Granitwürfel die Marmorbüste Pasquale Paoli's steht. Sie
war vor zwei Monaten dort aufgestellt. Im Jahre 1758
mitten im Kriege wider Genua, welches noch das benachbarte

feste Algajola behauptete, gründete der große Mann Jsola Rossa. Die Genuesen kamen mit Kanonierboten, den Bau zu stören, aber er erstand unter ihrem Kugelregen, und heute ist Jsola Rossa ein Ort von 1860 Einwohnern und der wichtige Stapelplatz der ölreichen Balagna.

Ich fand um den Brunnen Kinder spielen, darunter war ein schönes Kind von sechs Jahren, mit den schwärzesten Locken und großen schwarzen, tiefsinnigen Augen. Das Kind war lieblich wie ein Engel. Wißt ihr auch, fragte ich, wer der Mann ist, welcher hier vor uns auf der Fontäne steht? Ja, wir wissen es, sagten sie, das ist Pasquale Paoli. Die Kinder fragten mich, aus welchem Lande ich sei, und da ich sie raten ließ, rieten sie auf alle Länder, endlich auf Egypten, aber Deutschland kannten sie nicht. Seitdem begleiten sie mich hier auf allen Wegen: ich kann sie gar nicht los werden. Sie singen mir Lieder, und bringen mir Corallenstaub und bunte Muscheln vom Strande; überall sind sie da und mit ihnen viele andere. Wie der Rattenfänger von Hameln ziehe ich eine Kinderschaar hinter mir her, und sie folgen mir selbst bis in die See. Der Erderschütterer Poseidaon, Nereus auch und die blaufüßigen Doriden dulden uns alle, und manchen Delphin sehe ich hier in krystallner Welle fröhlich spielen.

Hier ist auch ganz der Ort, unter Kindern ein Kind zu sein.

Diese Weltverlorenheit an dem weißen Strande und im Grünen thut dem Gemüte wol. Das Städtchen liegt still wie ein Traum. Die Häuser mit den platten Dächern und grünen Jalousien, die zwei schneeweißen Türme der kleinen Kirche, alles sieht so zierlich und so heimlich aus. Im Meer stehen drei rote Klippen, ein Turm hält auf ihnen Wache und erzählt in stillster Abendruhe die alten Geschichten vom Saracen. Wilde blaue Tauben und Mauerschwalben umflattern ihn. Ich bestieg diese Klippen des Abends. Man kann jetzt zu ihnen auf dem Lande gelangen, weil sie mit ihm durch einen Damm

verbunden sind. Die Meereswellen dringen in eine Grotte,
welche schwer zugänglich ist. Nahe an diesen Klippen wirft
man jetzt einen neuen Molo ins Meer; französische Arbeiter
waren gerade damit beschäftigt, die großen Steinwürfel mit
Schrauben aufzuwinden, und in die Fluten zu stürzen.

Schön ist die Abendlandschaft von diesen roten Inseln aus
betrachtet. Zur Rechten das Meer und die ganze Halbinsel
des Cap Corso im Duft verschleiert; zur Linken eine rote Land=
zunge, um welche die See biegt; die kleine Stadt im Vor=
grunde, Fischerbarken und ein paar Segelboote im Hafen.
Im Hintergrunde drei herrliche Berge, Santa Angiola, Santa
Susanna und der rauhfelsige Monte Feliceto. An ihren Ab=
hängen Olivenhaine und viele schwarze Dörfer. Hin und wieder
glühen die Feuer der Ziegenhirten.

Es gibt keinen Ort, dessen Volk patriarchalischer leben
könnte. Das Land bietet seine Früchte, und das Meer auch.
Sie haben genug. Abends sitzen sie am Molo und schwätzen,
oder angeln in dem stillen Wasser, oder lustwandeln in den
Olivenhainen und Orangengärten. Tags rüstet der Fischer
seine Netze und der Handwerker sitzt unter dem Maulbeerbaum
und arbeitet emsig. Hier darf das Lied und die Guitarre nicht
fehlen. Ich hatte mich in einem kleinen Caffeehause eingeheimt.
Die junge Lotoswirtin konnte schöne Lieder singen; auf meinen
Wunsch kam Abends eine kleine Gesellschaft zusammen und
waiblich wurde auf den Guitarren geklimpert und manches
reizende Lied gesungen.

Auch die Kinder sangen mir, wo sie hinter mir her liefen,
Lieder, die Marseillaise, den Girondistenmarsch und Bertrams
Abschied mit untergelegtem Text als Loblied auf den Präsi=
denten von Frankreich. Der Refrain schloß immer mit der Apo=
strophe vive Louis Napoléon! Der kleine Camillo sang am
schönsten die Marseillaise.

Wir suchten Muscheln am Strande. Deren gibt es da die

Fülle, wenn man dem kleinen Kloster vorbeigeht, das am Meere im Garten steht, und worin die Schwestern der Madonna alle Grazie wohnen. Die Marienschwestern haben in dieser Villa die köstlichste Aussicht auf das Meer und die Berge, und manche mag ihrem versunkenen Liebes=Lebensromane nach=träumen, wenn die goldne Mondsichel über dem Berge Reparata glänzt so wie heute. Der Strand ist weit hin schneeweiß. Sein sandiges Ufer ist ganz von rotem Corallenstaub und von den allerschönsten Muscheln durchstickt. Der kleine Camillo half mir wacker suchen, aber mehr noch reizten ihn die lebendigen kleinen leppere, Muscheln, welche sich an den Steinen festsaugen. Er brach sie aus dem Wasser, aß das Thierchen mit vielem Behagen und wunderte sich, daß ich nicht mitspeisen wollte. Abends ergötzten wir uns an den phosphorescirenden Meeres=wellen und badend schwammen wir in Millionen Funken.

Schöne Kinderwelt! Es ist gut wenn manchmal ihre verlornen Stimmen wieder zu reden anfangen. — Die Loto=phagen wollen mich nicht fortlaffen, sie bilden sich ein, daß ich ein reicher Baron sei und haben mir den Vorschlag ge=macht, mich in Isola Rossa anzukaufen. Hier verloren zu gehen, wäre nicht übel. —

„Ja! die Blutrache bringt uns um!" sagte mir ein Bürger der roten Insel. Sehet dort den kleinen Mercato, unsere Kauf=halle mit den weißen Säulen. Im vorigen Jahre spazierte eines Tages ein Bürger dort auf und ab; auf einmal fiel ein Schuß, und der Mann stürzte todt zusammen. Am hellen lichten Tag war Maffoni in das Städtchen gekommen, der hatte seinem Feinde eine Kugel in die Brust geschossen, und weg war er wieder in die Berge, und das alles am hellen lichten Tage.

Da ist das Haus, in welchem Paoli überfallen wurde, als Dumouriez einen Anschlag auf ihn angezettelt hatte. Und hier landete zum letztenmal Theodor von Neuhoff, und ging wieder in See, da sein Königstraum ausgeträumt war.

Eines Tags ging ich mit einem Elsaßer vom zehnten Regiment, welches gegenwärtig in Corsica verteilt ist, auf den Berg Santa Reparata und ins Paese gleichen Namens. Es ist schwer, das Bild eines solchen corsischen Bergdorfes mit Worten zu malen. Man wird ihm am nächsten kommen, wenn man sich Reihen von schwärzlichen Türmen denkt, welche in der Mitte durchschnitten sind. Die Häuser sind aus oft gar nicht behauenen Steinen errichtet, meistens nur mit einem Estrich von Lehm bedeckt, auf welchem bisweilen Pflanzen wachsen. Sehr schmale und steile Treppen von Stein führen zur Thüre hinauf. So wohnten die Bergcorsen wohl schon zur Zeit der Etrusker und der Carthager. Allenthalben fand ich Armut und Unsauberkeit; Menschen und Schweine bei einander, in hölenartigen Stuben, in welche das Licht durch die Thüre fiel. Und doch leben diese Menschen in einem Ocean von Luft und Licht, aber sie hausen wie die Troglobyten. Aus einer dieser Hölen trat mir ein junges bleiches Weib entgegen, ein Kind auf dem Arm. Ich fragte sie, ob sie sich hier wol fühlen könne, da sie doch immer im Finstern säße. Sie sah mich an und lachte.

In einem andern Hause fand ich eine Mutter, welche ihre drei Kinder eben zur Ruhe bringen wollte. Alle drei standen sie nackt auf dem Erdboden und sahen krank und verkommen aus. Im Elend wächst dies starkmutige Bergvolk auf. Sie sind Jäger, Hirten und Ackerbauer zugleich. Ihr einziger Reichtum ist die Olive, deren Oel sie in den Städten verkaufen. Aber nicht Jeder ist an Oliven reich. Hier ist also das Leben nicht elend durch die Uebel der Cultur, sondern durch die des stehen gebliebenen Naturzustandes.

Ich ging in die Kirche, deren schwarze Façade mich reizte. Der weiße Glockenturm ist neu. Die Kirchentürme Corsica's haben keine Spitzen, sondern enden in einem durchbrochnen und geschweiften Glockenstul. Das Innere hatte eine Tribuna

mit einem Hauptaltar, einem wunderlich barocken Dinge aus
getünchten Steinen mit vielen Ausschweifungen. Ueber dem
Altar stand die lateinische Inschrift: Heilige Reparata, bitte für
dein Volk. Populus, das ist recht altdemokratisch. An den
Wänden Anfänge der Malerei, einige Nischen mit halbrunden
Säulen eingefaßt, die teils korinthische, teils Phantasie=Capi-
täler hatten. Es liegt jetzt ein Interdict auf der heiligen
Reparata und keine Messe wird dort gelesen. Nach dem Tode
des Pfarrers hatte sich die Gemeinde geweigert den Nachfolger,
welchen der Bischof von Ajaccio schickte, anzunehmen. Sie
hatte sich in zwei Parteien gespalten, welche sich blutig be=
fehdeten. Das auf die Kirche deshalb gelegte Interdict hat
den Streit noch nicht geschlichtet.

Ich ging durch die engen, schmutzigen Gassen nach dem
Talrande, von wo man die weite Aussicht in die Bergreihe
hat, welche die Balagna weiterhin schließt. Viele braune Ort=
schaften stehen in dem Bergcirkel und viele Olivenhaine. Die
Felsenbürre contrastirt kräftig mit dem Grün der Gärten. Ein
Corse führte mich dahin, ein Stammler, der das Feuer im
Gesicht hatte; ich glaube, er war geistesschwach. Ich ließ mir
die Namen der Orte des Balagnatals von ihm nennen. Er
erzählte mir in einem gurgelnden Ton allerlei was ich nur
halb verstand, aber ich verstand wol, daß er hier und dort
hinwies: ammazzato, ammazzatto a colpo di fucile. Er
zeigte mir Orte in den Felsen, wo Menschenblut vergossen
worden war. Mir graute, und ich machte, daß ich von dem
Unheimlichen hinwegkam. Ich kehrte über Oggilione zurück
in Olivenhainen auf schmalen Hirtenpfaden absteigend. Be=
waffnete kamen heraufgeritten, und schnell kletterten ihre Pferde
von Fels zu Fels. Da wurde es Abend, der öde Felicetoberg
erschimmerte in den sanftesten Farben, ein Glöckchen läutete
Ave Maria und an einem Hange blies ein Ziegenhirt auf
der Schalmey. Das stimmte alles schön zusammen, und wie

ich Isola Rossa erreichte, war mir aufs neu idyllisch zu
Mut geworden.

Fürchterlich grell stoßen hier die Gegensätze gegen einander,
Kinderwelt, Hirtenwelt und der blutrote Mord.

Drittes Kapitel.

Vittoria Malaspina.

Ed il modo ancor m'offende.
Francesca da Rimini.

In Bastia hatte ich einen angesehenen Mann der Balagna
kennen gelernt, Mutius Malaspina. Er ist ein Abkomme der
toscanischen Malaspina, welche im elften Jahrhundert Corsica
regiert haben. Durch seine Gattin wurde er mit der Familie
Paoli verwandt, denn Vittoria Malaspina war eine Urenkelin
des Hyacint Paoli aus der Nachkommenschaft des berühmten
Clemens, und die Tochter des allgemein beliebten Staatsrats
Giovanni Pietri, eines der verdienstvollsten Männer Corsica's.

Signor Malaspina hatte mir zu Monticello, einem Orte,
welcher oberhalb Isola Rossa und wenige Millien davon entfernt liegt, Gastfreundschaft angeboten, und ich dessen froh
hatte zugesagt sein Gast zu sein in einem Hause, das einst
Pasquale bewohnt und von wo er so viele seiner Briefe datirt
hat. Malaspina gab mir eine Abresse an sein Haus mit, das
ich offen finden würde zu jeder Zeit, auch ehe er selbst zurück-
gekommen wäre.

Ich war also nach Isola Rossa gefahren mit dem Vorsatz,
nach Monticello hinaufzugehn und dort einige Tage zu ver-
leben. Aber unterwegs erzählte man mir, was Malaspina
mir verschwiegen, das grausige Schicksal, welches seine Familie
vor noch nicht drei Jahren dort erlitten hatte, so daß ich

nicht wußte, was mich mehr erstaunen sollte, das Ungeheure jenes Geschicks oder der Charakter des Corsen, welcher trotz ihm einem unbekannten Fremdling die Gastfreundschaft bot. Ich brachte es nicht mehr über mich, sie in einem Hause zu genießen, wo sie gemordet worden war. Aber ich ging nach Monticello hinauf, das Unglück durch menschliche Teilnahme zu ehren.

Das Haus Malaspina liegt am Eingange des Paese, auf dem Plateau eines umgrünten Felsen, ein großes, ernstes und castellartig festes Haus aus der ältesten Zeit. Traurige Cypressen umstehn seine Terrasse. Schon von ferne rufen sie dem Wandrer die Tragödie zu, die hier gespielt worden ist. Ein kleiner Platz liegt vor dem Eingang des Hauses. Junge Platanen stehn darauf und umgrünen eine Todtenkapelle.

Ich stieg durch den gewölbten Eingang eine schmale und finstre Steintreppe hinauf und sah mich nach den Bewohnern um. Das Haus schien mir ausgestorben. Ich ging durch unheimliche Zimmer, aus denen der Geist der Wohnlichkeit gewichen war. Endlich fand ich eine in Trauer gekleidete Alte, die Schaffnerin, und ein Kind von acht Jahren, die jüngste Tochter. Es kostete mir Mühe, der Alten ein freundliches Gesicht abzugewinnen, bis sie nach und nach mir Vertrauen schenkte.

Ich fragte nicht. Aber die kleine Felicina forderte mich von selbst auf, die Zimmer der Mutter zu sehn, und sie sagte mir in ihrer Unschuld mehr als zu viel.

Die alte Marcantonia hatte sich zu mir gesetzt, und was sie mir erzählte, will ich treulich nacherzählen, nur den Zunamen und die Vaterstadt des Unglückseligen will ich verschweigen.

„Im Sommer (1849) kamen viele Italiener nach Corsica, die sich hinübergeflüchtet hatten. Unter ihnen war Einer, den man ausliefern wollte. Da erbarmte sich sein der Signor

Pietri, welcher allen Menschen wolthut; er wirkte es aus, daß
er bleiben konnte, und er nahm ihn in sein eignes Haus nach
Isola Rossa. Der Fremde — er hieß Giustiniano — blieb
einen Monat bei dem Herrn Pietri unten in Isola Rossa,
und weil der Herr gerade nach Ajaccio zum Rat mußte, nahmen
den Giustiniano Muttus und meine Herrin Vittoria hier ins
Haus. Da hatte er alles Vergnügen, was er nur wünschen
konnte, Jagd und Pferde, eine gute Tafel und Gäste vollauf,
die zu seinem Gefallen ins Haus kamen. Der Italiener war
sehr angenehm und sehr leutselig, aber er war traurig, weil
er in der Fremde lebte. Die Signora Vittoria war von allen
Menschen geliebt, und am meisten von den Armen. Sie war
auch wie ein Engel."

War sie schön?

„Sie hatte eine zarte Farbe, noch schwärzere Haare als
die Felicina, und zum Verwundern schöne Hände und Füße.
Sie war groß und voll. Der Italiener, statt in unfrem Hause
sich wol zu fühlen, wo er alle Freundlichkeit und Güte genoß,
wurde immer trauriger. Er fing an wenig zu sprechen, wenig
zu essen, und sah so blaß aus wie der Tod. Er ging stunden=
weit in den Bergen herum und saß oft wie verstört und ohne
ein Wort zu sagen."

Hatte er niemals seine Liebe zur Signora verraten?

„Einmal war er ihr ins Zimmer nachgegangen, aber sie
hatte ihn hinausgestoßen und dem Mädchen befohlen, zu schwei=
gen, dem Herrn nichts zu sagen. Einige Tage vor dem
20. December (es sind jetzt bald drei Jahre) wurde Giustiniano
so elend, daß wir glaubten, er würde sehr krank werden.
Er sollte Monticello verlassen und nach Bastia, um sich zu
zerstreuen. Und auch er selbst hatte es gewünscht. Er aß
in dreien Tagen keinen Bissen. Eines Morgens wollte ich
ihm wie gewöhnlich den Caffee bringen, aber die Thüre
war verschlossen. Ich kam nach einer Weile wieder und rief

ihn bei Namen. Er öffnete mir. Ich war erschreckt über sein Aussehn. Ich fragte ihn, Signor, was fehlt euch? Er legte seine Hand so auf meine Schulter, wie ich sie hier auf die eure lege, und sagte zu mir: Ach! Marcantonietta, wenn du wüßtest, wie mir das Herz wehe thut. — Mehr sagte er kein Wort. Auf seinem Tisch sah ich eine Pistole liegen und Pulver in Papier geschüttet, wie auch Kugeln. Das hatte er sich am vorigen Abend durch die ältere Schwester der Felicina aus der Bottega holen lassen. Nun wollte er nach Bastia zurück und sich dort in ein anderes Land einschiffen. Er nahm auch Abschied von Allen und ritt nach Isola Rossa hinunter. Das war am 20. December. Am Morgen dieses Tags hatte die Signora Vittoria zu mir gesagt: Ich habe heute Nacht einen bösen Traum gehabt. Mir schien als wollte meine kranke Gevatterin sterben. Heute will ich gehn und ihr eine Erfrischung bringen. — Denn das war ihre Art. Sie ging oft zu den Kranken und brachte ihnen Oel, Wein oder Früchte."

Hier weinte die alte Marcantonia bitterlich.

„Der Herr Malaspina war nach Speloncato geritten, ich war fortgegangen, und Niemand im Hause als die kranke Madamigella Matilde, die war eine Verwandte der Herrin, die jüngsten Kinder und ein Mädchen. Es war Nachmittag. Wie ich nach dem Hause zurückkehre, fällt ein Schuß. Ich glaubte, sie jagen in den Bergen oder sprengen die Steine. Aber bald darauf fiel noch ein Schuß, und mir war's als ob er im Hause gefallen sei. Mir zitterten die Glieder, wie ich ins Haus kam, und in der großen Angst fragte ich das Mädchen: wo ist die Herrin? sie sagte auch zitternd: Ach! Gott, sie ist ja oben auf ihrem Zimmer, sich umzukleiden, denn sie will zu der Kranken gehn. Lauf, sagte ich, und sieh nach ihr."

„Das Mädchen kam wieder die Treppe herabgestürzt, ganz leichenblaß. — Da muß was vorgegangen sein, sagte sie,

denn die Stube der Herrin steht sperrweit offen, da ist Alles
über einander geworfen, und die Stube des Fremden ist verschlossen. Ich lief hinauf, das Mädchen, die Felicina, ihre
Schwester . . . es sah gräßlich aus in meiner armen Herrin
Stube . . . Die Thüre am Zimmer des Italieners war verschlossen . . . Wir klopften, wir schrieen, wir rissen sie endlich
aus den Angeln — da, Herr, sahen wir es vor uns — —
aber ich sage euch nun nichts mehr."

Nein, kein Wort mehr, Marcantonia! Ich stand erschüttert
auf und ging hinaus. Die kleine Felicina und die Schaffnerin
kamen mir nach. Sie führten mich in die Todtenkapelle. Das
Kind und die Alte knieten vor dem Altar nieder und beteten.
Ich nahm einen Mirtenzweig vom Altare und warf ihn auf
die Stelle, unter welcher Vittoria begraben liegt. Und traurig
wanderte ich nach Isola Rossa hinunter.

So Ungeheures zu fassen wird dem Gedanken schwer, und
das Wort sträubt sich es zu sagen. Giustiniano war, nachdem
er Monticello verlassen hatte, plötzlich umgekehrt. Heimlich
stieg er die Treppen des Hauses wieder hinauf. In demselben
Obergeschosse liegen die Zimmer, welche Vittoria und er bewohnten. Sie sind durch einen Saal getrennt. Vittoria war
in ihrem Zimmer eben beschäftigt, sich anzukleiden. Giustiniano
stürzte zu ihr, mit einer Pistole und einem Dolch bewaffnet.
Er war sinnlos durch die Liebeswut. Er rang fürchterlich mit
dem starken Weibe. Er warf sie auf den Boden, er schleppte
sie in sein Zimmer; sie war schon sterbend, von seinen Dolch-
stichen durchbohrt. Ihre schönen Haarlocken fand man zerrauft
am Boden hingestreut und das Zimmer durch den Kampf verwüstet. Giustiniano warf die Unglückliche auf sein Lager —
er erschoß sie mit der Pistole durch die Schläfe — ihre Ringe
zog er von ihren Fingern und steckte sie an die seinen —
dann legte er sich an ihre Seite — mit dem Gewehr zer-
schmetterte er sich den Kopf.

So fanden sie jene Alte und die arme Felicina, damals ein fünfjährig Kind, das weinend rief: Das ist das Blut von meiner Mutter. Das Volk von Monticello wollte Giustiniano's Leiche zerreißen. Malaspina, welcher ahnungslos von Speloncato zurückgekehrt war, wehrte dem. Man verscharrte sie in den Felsen von Monticello. Vittoria war 36 Jahre alt und Mutter von sechs Kindern. Giustiniano zählte kaum 25 Jahre.

Ich fand an Mutius Malaspina einen Mann von schlichtem Wesen, von ehernen Zügen und von einer ehernen Ruhe. Ich hätte mich gescheut die traurige Geschichte hier zu erzählen, doch ist sie in aller Munde und auch in einem Büchlein mit Sonetten auf Vittoria erzählt, welches in Bastia gedruckt ist. Das Andenken der Vittoria Malaspina wird lange dauern. Schon jetzt erkannte ich, wie schnell das Ereigniß im Volk sich ins Sagenhafte umzubilden beginnt. Denn dieselbe alte Schafferin erzählte mir, daß der Geist der armen Vittoria einigen Kranken erschienen sei. Und bald wird man auch hören, daß ihr Mörder nächtens aus seinem grauen Felsengrabe steigt, bleich und ruhelos wie er im Leben war, und nach dem Hause wankt, wo er die Schreckensthat verübte.

* * *

Grollend mit der menschlichen Natur stieg ich die Berge hinunter und erwog die kleine Grenze wo die edelste Leidenschaft, die Liebe, in die gräßlichste Furie sich verwandeln kann, wenn sie jene um ein paar Linien überschreitet. Wie nah grenzen in der menschlichen Seele Gott und Teufel, und wie geschieht es, daß aus dem Stoff eines und desselben Gefühls beide werden? Ich sah weder die Berge noch das heiter ruhige Meer, ich verwünschte ganz Corsica und daß ich meinen Fuß auf seine blutige Erde gesetzt hatte. Da kam an meine Seite gesprungen das schöne Kind Camillo. Der Kleine war mir über alle Felsen nachgelaufen. Er hatte eine Hand voll Brom-

beeren gepflückt, und mit freundlichen Augen hielt er sie mir
entgegen, daß ich sie essen solle. Der Anblick dieses un=
schuldigen Kindes erheiterte mich augenblicks. Es war mir,
als hätte er sich mir in den Weg gestellt, nur um mir zu
zeigen, wie schön und unschuldig der Mensch aus den Händen
der Natur hervorgeht. Camillo lief nun immer neben mir
her und sprang von Stein zu Stein, bis er plötzlich sagte:
ich bin müd' und will ein wenig sitzen. Nun saß er auf
einem Felsstücke still. Ich sah nie ein schöneres Kind. Als
ich das seinem älteren Bruder sagte, entgegnete der: ja! alle
Leute haben den Camilluccio lieb, bei der Procession zu
Corpus Domini war er auch ein Engel, hatte ein schneeweißes
Hemd an und hielt einen großen Palmenzweig in der Hand.
Mit Freude betrachtete ich den Knaben, wie er auf dem Felsen
saß, die schönen Rabenlocken wild übers Gesicht und aus den
großen Augen still vor sich herausschauend. Sein Kleid war
zerrissen, denn er war armer Leute Kind. Auf einmal hob
er an, aus freien Stücken die Marseillaise zu singen: Allons
enfans de la patrie . . . contre nous de la tyrannie
l'étendard sanglant est levé. Es war seltsam die Marseillaise
aus dem Munde eines so lieblichen Knaben zu hören und
sein ernstes Gesicht dabei zu sehn. Aber im Munde eines
Corsenknaben, wie geschichtlich klingt da dieses blutige Lied,
und als der kleine Camillo sang: „Gegen uns hat die Tyrannei
ihre Blutfahne erhoben," dachte ich: armes Kind, mag dich
der Himmel schützen, daß du nicht einst von der Rachekugel
fällst, oder nicht als Bluträcher in den Bergen irren mußt.
Als wir Isola Rossa nahe waren, erschreckte uns ein
roter Glutschein in der Stadt. Ich eilte hineinzukommen,
glaubend, Feuer sei dort ausgebrochen. Aber es war ein
Freudenfeuer. Auf dem Platz Paoli hatten die Kinder, kleine
Mädchen und Buben, ein mächtiges Feuer angezündet, hatten
sich alle in einem Ringe an den Händen gefaßt und umtanzten

die Flamme mit Lachen und Singen. Sie sangen aber un=
zählige kleine Verse, welche sie selber erfanden; einige davon
habe ich noch behalten:

Amo un presidente,	Ich liebe einen Präsidenten,
Sta in letto senza dente.	Er liegt im Bett und hat keine Zähne.
Amo un ufficiale,	Ich liebe einen Offizier,
Sta in letto senza male.	Er liegt im Bett und es fehlt ihm nichts.
Amo un pastore,	Ich liebe einen Hirten,
Sta in letto senz' amore.	Er liegt im Bett und hat nichts zu lieben.
Amo un cameriere,	Ich liebe einen Kammerdiener,
Sta in letto senza bere.	Er liegt im Bett und hat nichts zu trinken.

Diese Verschen rissen gar nicht ab, indem sich das kleine
Volk dabei lustig um das Feuer schwenkte. Die Melodie war
reizend und naiv. Mir machte dies Kinderfest aus dem Steg=
reif so großes Vergnügen, daß ich auch ein paar Verschen
zum Besten gab, worauf das kleine Volk in ein so lautes
Jubelgelächter ausbrach, daß es durch ganz Isola Rossa schallte.

Tags drauf fuhr ich mit einem Char=a=banc nach Calvi.
Der kleine Camillo stand am Wagen und sagte traurig: Non
mi piace, che tu ci abandoni. Der Wandrer zeichnet vieles
auf, Berge und Flüsse, Städte und Ereignisse aus der schönen
und häßlichen Welt, warum nicht auch einmal das Bild eines
schönen Kindes? Noch nach Jahren erfreut es die Erinnerung,
wie ein liebliches Lied, wenn es wieder ins Gedächtniß kommt.

Viertes Kapitel.

Von Isola Rossa nach Calvi.

Mein Vetturin erzählte mir gleich zum Willkomm, daß ich die Ehre hätte, auf einem außerordentlichen Wägelchen zu sitzen. Denn, sagte er, auf ihm habe ich im vorigen Jahre die drei großen Banditen, Arrighi, Massoni und Xaver gefahren. Wie ich des Weges fuhr, kamen sie gerade die Straße, alle bis an die Zähne bewaffnet und befahlen mir, sie nach Calvi zu bringen. Das that ich denn auch ohne weiteres und darnach ließen sie mich ungekränkt umkehren. Jetzt sind sie alle todt.

Der Weg von Isola Rossa nach Calvi führt immer der Küste entlang. Auf den Bergen sieht man manche Ruine von Orten, die der Saracen zerstört hat. Oberhalb Monticello liegen auch die Trümmer eines Schlosses des berühmten Giudice della Rocca, des Leutnants der Pisaner. Dieser Richter seines Volks lebt noch im Andenken der Corsen. Er war gerecht, sagt man, auch gegen die Thiere. Eines Tags hörte er in der Balagna Lämmer einer Heerde kläglich schreien; er fragte die Hirten, was den Lämmern fehle; sie gestanden, daß sie aus Hunger schrieen, weil man den Mutterschafen die Milch genommen habe. Da befahl Giudice, daß fortan die Schafe nicht eher sollten gemelkt werden, bis nicht die Lämmer getränkt seien.

Ich kam zuerst nach Algajola, einem alten Ort am Meer, der jetzt ganz verfallen ist und kaum 200 Einwohner zählt. Viele Häuser stehen unbewohnt und in Trümmern, von den Bomben der Engländer zerschossen. Denn wie sie vor 60 Jahren der Krieg verwüstet hat, so hat man sie bis auf den heutigen Tag als Ruinen stehen lassen, ein trauriges Zeugniß von dem Zustande Corsica's. Auch die bewohnten Häuser gleichen

schwarzen Ruinen. Ein freundlicher Alter, welchen der napo=
leonische Krieg einst nach Berlin geführt hatte, zeigte mir die
Merkwürdigkeiten Algajola's und nannte einen großen Stein=
haufen den palazzo della communità. Zur Zeit der Genuesen
war Algajola der Mittelpunkt der Balagna, und weil es so
gelegen war, daß aus jedem Dorf die Bewohner an einem
Tage nach dem Ort und von ihm in ihre Heimat zurück gehen
konnten, erhoben ihn die Genuesen zum Sitze eines der Leut=
nants der Insel und befestigten ihn.

Die ausgezeichnetste Merkwürdigkeit dieses Städtchens ist
die Volkssage von Chiarina und Tamante, zwei treuen Lieben=
den. Tamante war von den Franzosen zum Tod verurteilt,
seine Geliebte aber bewaffnete sich und mit Hülfe ihrer Freunde
entriß sie ihn der Execution. Das Volk ehrt die schönen Thaten
der Liebe überall und macht sie als Sagen unsterblich; die
Geschichte der Chiarina und des Tamante ist in ganz Italien
populär, und ihre fliegenden Blätter habe ich auch in Rom
gefunden.

Bei Algajola wird nahe am Meer ein überaus herrlicher
blaugrauer Granit gebrochen. Ich sah in dem Bruch eine
Säule liegen, welche einem indischen oder ägyptischen Tempel
Ehre machen würde. Sie ist 60 Fuß lang und hat 12 Fuß
im Durchmesser. Sie liegt schon seit Jahren auf dem Feld
verlassen und vom Wetter geschlagen, und höchstens nimmt
von ihr Notiz ein Wanderer, welcher sich auf ihr niederläßt,
oder der Adler, der auf ihr ausruht. Ursprünglich für Ajaccio,
zu einem Denkmal Napoleons bestimmt, blieb sie liegen, weil
man die Kosten des Transports nicht aufbrachte. Wahrschein=
lich wird sie nun nach Paris gebracht werden. Von demselben
köstlichen Granit Algajola's ist der ungeheure Block, welcher die
Vendomesäule in Paris trägt. Mit berechtigtem Stolz kann
also der Corse vor jener Säule von Austerlitz stehn, auf die
Franzosen herabblicken und ihnen zurufen: mein Vaterland hat

beides hervorgebracht, den großen Mann dort oben und auch den herrlichen Granit, auf welchem er steht.

Ich kam nach Lumio, einem hoch gelegenen Paese, deſſen ſchwarzbraune, turmartige Häuſer aus der Ferne gar nicht von den Felſen zu unterſcheiden waren. An grünen Jalouſien merkt man hie und da das Wohnhaus eines angeſehenen Mannes. Die Abkommen der alten Signoren wohnen noch in allen dieſen Dörfern, und Männer von den ſtolzeſten Namen und ungezählten Ahnen leben in den finſtern Paeſen mitten unter dem Volk und in ſeiner Geſellſchaft. Nirgend in der Welt möchte eine ſo große demokratiſche Gleichheit des Lebens angetroffen werden als auf dieſer Inſel, wo Standesunter=ſchiede kaum ſichtbar werden und der Bauer mit dem Herrn als freier Mann verkehrt, wie ich oftmals davon Augenzeuge geweſen bin. Oberhalb Calvi wohnt Peter Napoleon, Lucians Sohn, der einzige Bonaparte, welcher ſich jetzt auf der Heimats=inſel ſeiner Familie aufhält. Die Balagneſen lieben ihn und rühmen, daß er ein guter Jäger ſei, daß er ſich oft unter die Hirten miſche und nicht vergeſſen habe, wie ſeine Vor=fahren den Corſen angehörten. Die Erwählung Louis Napo=leons erfüllt das corſiſche Volk natürlich mit Stolz und Freude. Ich fand auf der Inſel überall das Porträt dieſes Mannes und hörte ſeine Energie rühmen als corſiſche Energie. Weiter Blickende waren nicht ganz ſo von Patriotismus befangen, und ich hörte auch das Urteil, daß die Napoleon Tyrannen ſeien und zwar die letzten Tyrannen der Freiheit.

Lumio hat viele Orangengärten und eine erſtaunliche Menge von Cactushecken, die ich in ſolcher Fülle nur noch in Ajaccio antreffen ſollte. Der Cactus wächſt hier zu Baumſtämmen auf. Von den Bergen iſt der Blick auf das Tal und den Golf ſehr ſchön. Da liegt Calvi auf einer Landzunge. Mit ſeinen dunkeln platten Häuſern, zwei Kuppeln welche über ſie hinwegragen, und mit den Mauern des Forts, das auf der äußersten Spitze der Landzunge steht, gleicht es einer maurischen Stadt.

Calvi ist der Hauptort des kleinsten der Arrondissements Corsica's, welches in 6 Cantons mit 34 Communen ungefähr 25000 Einwohner zählt. Es umfaßt beinahe den ganzen Nord= westen der Insel, Berge und Küsten, von denen noch nicht einmal die Hälfte cultivirt ist. Denn der große Küstenstrich von Galeria ist gänzlich wüste. Nur die Balagna ist in guter Cultur und am zahlreichsten bevölkert.

Die kleine Stadt, heute ungefähr 1680 Einwohner zählend, verdankt ihren Ursprung dem Giovanninello, Herrn von Nebbio, dem erbitterten Feinde des Giudice della Rocca und Anhänger Genua's. Darauf gab sie sich an Genua und blieb der Republik immer treu. Wie die Bonifaziner erhielten auch die Calvesen viele Freiheiten und Gerechtsame. Zur Zeit Filippini's zählte die Stadt 400 Feuerstellen, und er nennt sie eine Hauptstadt sowol wegen ihres Alters als wegen der Schönheit der Häuser, wobei er aber hinzusetzt „im Verhältniß zum Lande." Die Bank von Genua ließ die Festung bauen.

Calvi liegt auf der Landzunge, in welche die eine Reihe der Berge ausgeht, die das große Tal um den Golf um= cirkeln. Diese Berge sind kahl und bestehen aus Granit und Porphyr. Sie bilden ein imposantes Amphitheater. Viel Oel und Wein gedeiht an den Abhängen und die Füße der Höhen bedeckt Taxus und anderes Gesträuch von Mirten, Albatro und Tinus, aus dessen Blüten die Biene den Honig saugt. Davon kommt die Bitterkeit des corsischen Honigs, von welchem schon Ovid und Virgil gewußt haben. Calenzana namentlich ist an Honig reich. Ein Wasser durchfließt das Tal dieser Berge und bildet in der Nähe von Calvi einen Sumpf, dessen Aus= dünstungen gefährlich sind. Man nennt ihn la vigna del vescovo, den Weingarten des Bischofs, und erzählt sich von seiner Entstehung eine jener sinnvollen Sagen, welche in

Corsica den Wanderer ergötzen. Es war nämlich der Bischof von Sagona nach Calvi übergesiedelt und hatte dort einen schönen Weingarten. Er verliebte sich in ein Mädchen, und indem er es in seinen Weinberg nahm, gestand er der Schönen seine Liebe und beschwor sie ihn zu erhören. Der Bischof schloß das schöne Kind in seine Arme, bedeckte es mit Küssen und war ganz des Teufels. Das Mädchen sah den bischöflichen Siegelring an dem Finger des heiligen Mannes, und lachend sagte es: „Ei! wie gar schön ist der Ring eines Bischofs. Ich will euch lieben um diesen Gottesring." Da seufzte der Bischof tief, aber seine Liebe war so heiß, ·daß sie ihn verzehren wollte; er zog den Gottesring vom Finger und gab ihn der schönen Jungfrau. Wie sie nun den heiligen Mann in ihre Arme schloß, sprang der Ring von ihrem Finger und fiel zu Boden. Er war nicht mehr zu finden. Am folgenden Tag ging der Bischof wieder nach seinem Weinberg, den Ring zu suchen; aber siehe! da war kein Weinberg mehr, sondern an seiner Stelle lag ein Sumpf.

Fünftes Kapitel.

Calvi und seine Männer.

Die Sumpfluft machte den Borgo von Calvi ungesund. Besser ist die Luft in der Festung oben, welche die eigentliche Stadt umschließt. Ich ging zu dieser genuesischen Citadelle hinauf, der festesten Corsica's nächst Bonifazio. Ueber dem Tor las ich die Worte: Civitas Calvis semper fidelis. Stets getreu war Calvi den Genuesen. Treue ist immer schön, wenn sie nicht knechtisch ist, und Calvi war eine genuesische Colonie. Jener Spruch ist in mehr als einem Sinne historisch geworden. Als der republikanische General Casabianca, nach der heldenmütigen Verteidigung Calvi's gegen die Engländer, im Jahre 1794 capituliren mußte, war es eine der Bedingungen, daß die alte Inschrift über dem Tor nicht ausgelöscht werden solle. Treulich hat man diese Bedingung gehalten.

Nur in einem Punkt hadern Genua und Calvi mit einander. Denn die Calvesen behaupten, daß Columbus bei ihnen geboren sei. Sie behaupten, daß seine genuesische Familie in alten Zeiten sich in Calvi niedergelassen habe. Wirklich erhob sich ein Streit über dieses Geburtsrecht, wie ehedem um Homers Wiege sieben Städte stritten. Man sagt, daß Genua die Familienregister der Colombi von Calvi in Beschlag nahm, und daß es eine Straße der Stadt, die Colombostraße, del filo umtaufte! Auch finde ich die Notiz, daß Einwohner von Calvi die ersten Corsen waren, die nach Amerika schifften. Man sagte mir ferner, daß der Name Colombo noch heute dort lebe. Auch heutige corsische Schriftsteller nehmen den großen Entdecker als ihren Landsmann in Anspruch, wie denn auch Napoleon während seines Aufenthalts in Elba damit umging, Nachforschungen über diese Frage anstellen zu lassen. In seinem Testament nennt sich Columbus einen gebornen Genuesen. Die Welt könnte neidisch werden, wenn das Geschick dem kleinen Corsica auch noch den Mann gegeben hätte, welcher größer war als Napoleon.

Tapfere Männer genug zieren Calvi, und betrachtet man dies Städtchen innerhalb der Festung, wie es nichts ist als ein Haufe schwarzer und durchlöcherter Häuser, so liest man in dieser Trümmerchronik die Geschichte alter Helden. Verwundersam ist der Anblick einer Stadt, die vor fast hundert Jahren zerschossen, noch heute in Ruinen steht. In Corsica scheint die Zeit stille gestanden zu sein. Eine eiserne Hand hat die Vergangenheit festgehalten, ihre alten Volkssitten, die Todtenklagen der Etrusker, die Familienkriege des Mittelalters, die Barbarei der Blutrache, die alte Lebenseinfalt und den alten Heroismus;

und wie in grau gewordnen Ruinen von Städten das Volk lebt, lebt es noch in grauen, für den Culturmenschen sagenhaft gewordnen Lebenszuständen.

In der Hauptkirche, deren maurische Kuppel von den Kugeln der Engländer durchlöchert ist, zeigt man das Grab einer Familie, welche den kostbarsten Namen der Welt trägt, den Namen Libertà. Es ist die alte Heldenfamilie Baglioni, welche ihn führt. Es war im Jahre 1400, als einige Aristokraten in Calvi sich zu Tyrannen der Stadt aufwarfen, um sie dann den Aragoniern auszuliefern. Da erhob sich der junge Baglioni, überfiel mit Freunden die Tyrannen in der Burg, wie einst Pelopidas die von Theben, hieb sie zusammen und rief das Volk zur Freiheit auf. Von seinem Ruf libertà! libertà! schreibt sich nun der Zuname her, welchen das dankbare Volk ihm beilegte und seine Familie fortan getragen hat. Baglioni's Nachkommen waren drei Heldenbrüder Piero Libertà, Antonio und Bartolomeo. Sie gingen nach Marseille. Diese Stadt befand sich in den Händen der Liga und trotzte noch Heinrich dem Vierten, nachdem er bereits in Paris eingezogen und die Guisen ihm Gehorsam geschworen hatten. Der Consul der Liga Casaux war der Tyrann von Marseille; er ging damit um sie in die Gewalt der spanischen Flotte zu geben, welche Andreas Doria befehligte. Da verschwor sich Piero Libertà mit seinen Brüdern und andern kühnen Männern, Marseille zu retten. Sie drangen in das Castell; mit eigner Hand stieß Piero Libertà dem Consul eine Lanze durch den Hals; nachdem er die Wachen niedergemacht oder entwaffnet hatte, schloß er die Tore des Castells, und das blutige Schwert in der Hand eilte er in die Stadt und rief: Libertà! Libertà! Das Volk griff zu den Waffen, worauf man die Türme und Schanzen erstürmte. In das befreite Marseille zog der Herzog Guise im Namen Heinrichs des Vierten, und dieser schrieb ein ehrendes Dankschreiben an Piero Libertà, datirt aus dem Lager von Rosny den 6. März

1596. Er machte ihn zum Großrichter von Marseille, zum Capitän der Porta Reale, zum Gouverneur der nostra Donna della guardia und überhäufte ihn mit andern Ehren. Das geschah in derselben Zeit, als ein zweiter Corse Alfonso Ornano, der Sohn Sampiero's, dem Könige von Frankreich Lyon gewann, und damals rief Heinrich der Vierte aus: „Jetzt bin ich König."

Wenige Jahre nachher starb Piero Libertà. Die Stadt begrub ihn auf das Prachtvollste und stellte seine Statue im Gemeindepalast auf. Auf ihr Piedestal ließ sie die Worte eingraben:

Petro Libertae Libertatis assertori, heroi, malorum averrunco, pacis civiumque restauratori.

Wahrlich bemerkenswert ist die Vegetationskraft, welche die corsischen Geschlechter auszeichnet. Wer auf die Geschichte dieser Nation geachtet hat, wird gefunden haben, daß beinahe durchgehend die Kraft der Väter auf Söhne und Enkel sich forterbte.

Schwer wird es mir, von den Gräbern der Libertà auf jenes Feld von Calenzana hinüberzugehen, wo die Gräber liegen der Schiavitù. Gräber sind es von 500 verkauften Deutschen, Söhnen unsers Vaterlandes, welche dort bei Calenzana fielen.

Ich habe es in der Geschichte der Corsen erzählt. Der Kaiser Carl VI. hatte den Genuesen ein deutsches Hülfscorps verkauft und diese schifften es nach Corsica über. Am 2. Februar 1732 griffen die Corsen unter Ceccaldi jene deutschen Truppen bei Calenzana an. Sie standen unter dem Befehl von Camillo Doria und Devins. Nach einem harten Kampf wurden die Kaiserlichen geschlagen; 500 Mann fielen. Die Corsen begruben diese Fremblinge, welche in ihr Land gekommen waren gegen die Freiheit zu kämpfen, auf dem schönen Berghang zwischen Calvi und Calenzana. Ihre Gräberdecke grünt von Mirten und blühenden Kräutern. Jedes Jahr bis auf den heutigen Tag kommen am heiligen Samstag die Geistlichen von

Calenzana auf den Camposanto dei Tedeschi wie das Feld
von Calenzana genannt wird, und sie besprengen die Stätte,
wo die armen Söldner gefallen sind, mit Weihwasser. So
rächt sich der Corse an den Feinden, welche ihm seine Unab=
hängigkeit zu morden kamen. Mir ist's als hätte ich, der einer
der wenigen Deutschen war, welche auf den Söldnergräbern
von Calenzana standen, und wol der Einzige, der ihrer noch
gedachte, hier die Pflicht dem Volk der Corsen für dieses groß=
mütige Mitgefühl im Namen Deutschlands zu danken. Es ist
ein edler Zug mehr in der Geschichte seiner Tugenden. Meinen
Landsleuten aber setze ich diese Grabschrift:

Grabschrift
auf die fünfhundert deutschen Söldner von Calenzana.

Fünfhundert arme Söldner kamen wir,
Vom Kaiser, weh! an Genua verkauft,
Dem Corsenvolk die Freiheit zu erschlagen.
Wir fielen all' in unsres Frevels Blüte.
Nicht schuldig nenn' uns, doch bejammernswert,
Deckt uns erbarmend doch die Feindeserde.
Schmäh', Wandrer, nicht die Kinder dunkler Zeit!
Ihr die ihr lebt, sollt uns der Schmach entsühnen.

Jene Zeiten, als man unsre Väter wie eine willenlose
Heerde nach Corsica und nach Amerika verkaufte, waren schmach=
voll. Da erhoben sich hier Pasquale Paoli und dort Washington,
und jenseits des Rheins die Menschenrechte. Die Schuld jener
Zeiten wurde getilgt, und auch die Schmach von Calenzana;
denn die Enkel dieser, die hier in ihren Sclavengräbern liegen,
kämpften als freie Männer für die Unabhängigkeit des Vater=
landes und überwanden auch den corsischen Despoten.

Die Sonne geht unter, der Golf erglänzt, und die Felsen=
berge von Calenzana stehn in Farbenglut. Wie zauberisch ist

dieſer ſüßliche Duft der Ferne, und wie fein ſind dieſe Farben=
töne. Es ergreift die menſchliche Seele nichts ſo tief als alles
Uebergehen. Auf dieſer Grenze ſei es vom Sein zum Nichts,
oder von dem Nichts zum Sein ſteht die ſchönſte und die tiefſte
Poeſie des Lebens. Nicht anders iſt es in der Völkergeſchichte.
Ihre wunderſamſten Erſcheinungen ſtehen immer auf der Grenze,
wo ſich zwei Culturperioden berühren, und eine in die andere
übergehen will, wie ja auch eine Jahreszeit oder eine Tages=
zeit in der Natur die herrlichſten Erſcheinungen zeigt, wenn ſie
in eine andre übergehen will. Mich dünkt, es iſt auch nicht
anders in der Geſchichte des einzelnen Menſchenlebens. Auch
da ſind dieſe Uebergänge von einer Culturperiode in die andre,
von einer Bildungsform in die andre voll von Zauber und ſo
fruchtbar, daß hier allein die Keime der Poeſie oder des Schaffens
ſich entwickeln.

Es iſt auch hier in Calvi eine faſt märchenhafte Welt=
verlaſſenheit. Die Spiegelflut des Golfs regt ſich nicht —
kein Schiff in meilenweiter Ferne — kein Vogel der ſich auf=
ſchwingt — der ſchwarze Turm dort ragt auf ſchneeweißem
Strand wie eine dunkle Traumgeſtalt. Doch, hier ſitzt ein
Adler, ein prächtiges Geſchöpf, ernſt und königlich ruhend —
nun fliegt er auf und mit mächtigem Flügelſchlage ſtrebt er
nach den Bergen. Er iſt ſatt von Blut. Da ſtöre ich noch
einen Fuchs auf, den erſten den ich in Corſica ſehe, wo die
Füchſe auffallend groß ſind. Er ſaß vergnüglich am Ufer und
ſchien ſich über das Roſenrot der Wellen zu freuen, denn er war
ganz in Naturbetrachtungen vertieft und ſo ſehr in Gedanken
verloren, daß ich ihn bis auf fünf Schritte beſchleichen konnte.
Plötzlich ſprang Herr Reinele auf, und da der Strand ſchmal
war, ſo hatte ich die Freude ihm den Weg zu verrennen und
ihn einen Augenblick außer Faſſung zu bringen. Herr Reinele
that hierauf eine geniale Schwenkung und lief mit großem
Humor in die Berge. Es geht ihm ſehr gut in Corſica, wo

ihn die Thiere zum Könige gemacht haben, weil es hier keine Wölfe gibt.

Da es Nacht wurde, setzte ich mich in eine Barke und ruderte in dem Golf umher. Welch ein Vergnügen, welche Nachtbilder! Der Himmel mit funkelnden Sternen besät, magisch und transparent die Lüfte, fern auf der Landspitze ein leuchtender Fanal — Lichter im Castell von Calvi — Hirtenfeuer in den dunkeln Bergen droben — ein paar schlafende Schiffe auf dem Wasser — die Wellen um den Kahn funkelnd, die Wassertropfen die vom Ruder fallen, Funken — in der tiefen Stille die Klänge einer Mandoline, die vom Ufer herüberschallen.

Sechstes Kapitel.

Ein Meistersängerfest.

Die Poesie dieser Nacht sollte sich noch fortsetzen. Denn kaum war ich in meiner kleinen Locanda eingeschlafen, als mich Citerklänge und ein vielstimmiger Gesang weckten. Sie spielten und sangen wol eine Stunde lang in stiller Nacht vor meinem Hause. Es galt einem jungen Mädchen, welches dort wohnte. Diese Serenata klang so traurig wie ein Vocero. Es ist nicht zu sagen, wie in der Stille der Nacht die psalmodischen Klänge in die Seele dringen und sie ergreifen. Die erste Stimme sang Solo, dann fiel die zweite und die dritte ein und der ganze Chor. Der Vortrag war Recitativ in Weise des italienischen Ritornello. Und auch im Ritornello wird ein an sich nicht trauriges Gefühl fast klagend gesungen. Ich hatte wol schon in andern Orten Corsica's solche Nachtgesänge gehört, doch nicht so voll und so feierlich wie hier. Ich vernehme noch oft ihr Echo, und namentlich ist es das eine Wort und der eine Klang: speranza, deſſen klagender Ausdruck mir noch oftmals hörbar iſt.

Am Morgen geriet ich durch Zufall in die Bude eines alten Schuhmachers, welcher ſich mir als den Citerſpieler von geſtern Nacht zu erkennen gab. Bereitwillig langte er ſein Inſtrument hervor. Die corſiſche Cetera hat ſechszehn Saiten und faſt die Form der Mandoline, nur daß ſie größer und der Reſonanz= boden nicht ganz rund, ſondern ein wenig abgeflacht iſt. Die Saiten werden mit einem ſpitzen Widderhörnchen geſchlagen. Ich fand alſo auch hier die allgemeine Erfahrung beſtätigt, wie das Geſchlecht der Schuſter in aller Welt denkend, muſi= kaliſch und poetiſch ſei. Der Hans Sachs von Calvi holte auf meinen Wunſch einige der beſten Sänger herbei. Schuhe und Leiſten wurden in den Winkel gelegt, und die kleine Sänger= geſellſchaft verſammelte ſich in dem Hinterſtübchen, deſſen blumen= umranktes Fenſter auf den Golf hinausging — die Sänger rückten die Stüle zuſammen, der Meiſterſänger nahm die Citer, drückte die Augen ein und ſchlug in vollen Tönen. Doch will ich ſagen, wer die Sänger waren: vor allen der alte Schuſter als Meiſterſänger, dann ſein junger Geſelle, der bei ihm Stiefeln und die holde Muſica machen lernte, dann ein fein= gekleideter junger Mann, ein Herr vom Gericht, und endlich ein ſilbergrauer Greis von 74 Jahren. So alt er war, ſo ſang er doch aus Herzensluſt, wenn auch nicht ganz ſo wacker mehr als in ſeiner Jugend, und weil die Noten der corſiſchen Vôceri ſo langgedehnt ſind, verlor er oft den Odem.

Nun hob das allerſchönſte Sängerfeſt an, das je gehalten worden iſt. Sie ſangen, was mein Herz begehrte, Serenaten und Vocerati oder Lamente, aber zu meiſt Lamente, weil mich deren Originalität und Schönheit am meiſten reizte. Sie ſangen nach vielen andern auch einen Vôcero auf den Tod eines Sol= daten. Der Inhalt war dieſer. Ein junger Menſch aus den Bergen verläßt Mutter, Vater und Schweſter und geht auf

das Festland in den Krieg. Nach vielen Jahren kehrt er als
Officier heim. Er steigt zu seinem Paese hinauf; Niemand der
Seinen erkennt ihn hier. Nur der Schwester entdeckt er sich,
deren Freude unsäglich ist. Dann sagt er dem Vater und der
Mutter, sie möchten auf Morgen ein herrliches Mal rüsten,
er wolle es gut bezahlen. Abends nimmt er die Flinte und
geht auf die Jagd. In seinem Zimmer hat er seinen Ranzen
gelassen, in welchem viel Gold enthalten ist. Der Vater sieht
den Reichtum und beschließt den Frembling Nachts zu ermor=
den. Die schreckliche That wird vollbracht. Wie nun der Tag
und der Mittag kommt und sich der Bruder nicht zeigen will,
fragt die Schwester nach dem Frembling; in der Angst ihres
Herzens entdeckt sie den Eltern, daß es der Bruder sei. Sie
stürzen in die Kammer, Vater, Mutter, Schwester — da liegt
er in seinem Blut. Nun folgt das Lamento der Schwester.
Die Geschichte ist wahr, wie überhaupt was die corsischen
Volkslieder singen, ein wirkliches Ereigniß ist. Der Schuster
erzählte mir die Begebenheit sehr dramatisch, und der Greis
unterstützte ihn dabei mit den ausdrucksvollsten Geberden, dann
ergriff jener die Citer und sie sangen das Lamento.

Die freundlichen Sänger, denen ich sagte, daß ich ihre
Gesänge in meine heimische Sprache übersetzen und auch ihrer
und dieser Stunde gedenken würde, baten mich noch diesen
Abend in Calvi zu bleiben, da wollten sie die ganze Nacht
versingen und mir Freude machen. Wenn ich aber durchaus
fort wolle, so solle ich ja nach Zilia gehen, da seien die besten
Sänger von ganz Corsica. Ach! sagte der Schuster, der aller=
beste ist todt. Er sang wie ein Vogel mit heller Stimme,
aber er ging in die Berge und wurde Bandit, und weil er
so schön sang, so wehrten die Paesanen lange den Häschern,
ihn zu fangen. Doch sie fingen ihn und in Corte haben sie
ihm das Haupt herunter geschlagen.

So war mir denn Calvi eine Oase des Gesanges in diesen

stillen und menschenarmen Gegenden. Mir war's nun auch merkwürdig, daß ein paar der besten Dichter Corsica's aus Calvi zu Hause gewesen sind, ein geistlicher Dichter Giovanni Baptista Agnese, geboren im Jahr 1611, und Vincenzo Giubega, welcher 39 Jahre alt im Jahre 1800 als Tribunals-richter in Ajaccio starb. Man nennt Giubega nicht mit Un-recht den Anacreon Corsica's. Ich las von ihm einige schöne Liebeslieder, welche sich durch Grazie und Empfindung aus-zeichnen. Es gibt nur wenige Lieder von ihm, da er die meisten selbst verbrannt hat. Weil Sophocles sagt, das Ge-dächtniß sei die Königin der Dinge, und weil auch die Muse der Poesie ein Kind der Mnemosyne ist, so nenne ich hier noch einen einst weltberühmten Corsen aus Calvi, Giulio Guidi, im Jahre 1581 das Wunder von Padua wegen seines unglück-lichen Gedächtnisses. Er war im Stande 36,000 Namen nach einmaligem Hören wiederzusagen. Man nannte ihn Guidi della gran memoria. Er producirte nichts, sein Gedächtniß hatte seine schöpferischen Kräfte getödtet. Pico von Mirandola, der vor ihm lebte, producirte; doch starb er jung. So ist's auch bei der köstlichen Gabe des Gedächtnisses, wie bei allen andern Geschenken, ein Fluch der Götter, wenn sie zu viel geben.

Ich nannte schon einmal den Namen Salvatore Viale. Dieser Dichter, in Bastia zu Hause, wo er noch hochbetagt lebt, ist der fruchtbarste Poet, welchen die Insel hervorgebracht hat. Er hat ein komisches Gedicht „la Dinomachia“ im Charakter der Secchia rapita des Tassoni geschrieben, den Anacreon übersetzt und auch Einiges von Byron übertragen. Byron also doch in Corsica! — Viale hat große Verdienste um sein Vater-land durch eine unermüdliche wissenschaftliche Thätigkeit, und auch um die Beleuchtung corsischer Sitten hat er sich Verdienste erworben. Auch einen Uebersetzer des Horaz hat Corsica, Giuseppe Ottaviano Savelli. Manchen Namen corsischer Poeten könnte ich noch nennen, wie den des Liederdichters Biabelli von Bastia, welcher im Jahre 1822 gestorben ist. Doch werden ihre Lieder nicht weiter in die Welt dringen. Die schönsten, welche Corsica hervorgebracht hat, sind die Gesänge des Volks, und der größte Dichter der Corsen ist der Schmerz.

Siebentes Kapitel.

Die corsischen Todtenklagen.

Der Charakter der corsischen Todtenklagen begreift sich aus den Todtengebräuchen dieser Nation, welche uralt sind. Bei einem Volk, unter welchem der Tod mehr als anderswo als Würgengel umhergeht, und dem seine blutige Gestalt beständig vor Augen tritt, müssen die Todten auch einen auffallenderen Cultus haben als sonst wo. Es hat etwas Dunkles und Er= greifendes, daß die lieblichste Poesie der Corsen die Poesie des Todes ist, und daß sie dichten und singen fast nur in der Trunkenheit des Schmerzes.

Wenn der Tod eingetreten ist, beten die um das Todten= bett stehenden Verwandten den Rosenkranz, dann erheben sie ein Klagegeschrei (grido). Die Leiche wird auf einen Tisch an die Wand gelegt, welcher die Tola genannt wird. Das Haupt des Todten liegt auf einem Kissen und trägt eine Kappe. Damit die Gesichtszüge nicht ihre Haltung verlieren, wird ihm um Hals und Kinn ein Tuch oder ein Band gebunden und auf dem Scheitel unter der Kappe festgeknüpft. Ist's ein junges Mädchen, so zieht man ihm ein weißes Leichenhembe an und bekränzt die Todte mit Blumen; ist's eine Frau, so trägt sie in der Regel ein buntes Kleid, eine Greisin ein schwarzes. Der Mann liegt im Leichenhembe und mit der phrygischen Mütze, und möchte dann wol einem Todten der Etrusker gleichen, wie ich ihn im etrurischen Museum des Vatican abgebildet fand, von Klagenden umgeben.

An der Tola wird gewacht und geklagt, oft die ganze
Nacht hindurch, und es brennt ein Feuer. Die große Klage
aber erhebt man am Frühmorgen vor dem Leichenbegängnisse,
wenn der Todte in den Sarg gelegt wird, und ehe die Todtenbrüderschaft kommt, um die Bahre aufzuheben. Zur Leichen-
feier kommen aus den Dörfern der Umgegend Freunde und
Verwandte. Dieses Geleite heißt corteo oder scirrata, ein
Wort, welches unserem deutschen „Schaar“ ähnlich klingt, dessen
Ursprung aber kaum zu ermitteln ist. Eine Frau, und dies
ist immer die Dichterin oder Sängerin, was hier zusammen-
fällt, führt den Chor von Klageweibern. Man sagt also in
Corsica: andare alla scirrata, wenn die Weiber im Zuge
nach dem Leichenhause gehen; ist der Todte ein Erschlagener
so sagt man: andare alla gridata, das heißt zum Geheule
gehen. Sobald der Chor ins Haus tritt, begrüßen die Klageweiber die Leidtragende, sei es die Wittwe, die Mutter oder
die Schwester, und sie neigen Kopf an Kopf wol eine halbe
Minute lang. Dann ladet ein Weib der trauernden Familie
die Zusammengekommenen zum Klagen ein. Sie machen um
die Tola einen Kreis, den cerchio oder caracollo und schwingen sich um den Todten, den Kreis lösend oder wieder schließend,
immer mit Klageruf und den wildesten Zeichen des Jammers.

Nicht überall sind diese Pantomimen gleich. An vielen
Orten sind sie schon durch die Zeit verdrängt, an anderen ge-
mildert, in den Bergen tief im Innern, zumal im Niolo bestehen sie in ihrer altheidnischen Kraft und gleichen den Todten-
tänzen Sardiniens. Ihre dramatische Lebendigkeit und furiöse
Ekstase ist grauenvoll. Es sind nur Weiber, welche tanzen,
klagen und singen. Die Haare aufgelöst und mänadenhaft um
die Brust fliegend, die Augen voll sprühendem Feuer, die
schwarzen Mäntel flatternd, so schwingen sie sich um, stoßen
ein Klagegeheul aus, schlagen die flachen Hände zusammen,
schlagen sich die Brüste, raufen sich an den Haaren, weinen,

schluchzen, werfen sich an der Bola nieder, bestreuen sich mit Staub — dann schweigt das Geschrei, und diese Frauen sitzen nun still, Sibyllen gleich auf dem Boden der Todtenkammer, tiefausatmend, sich beruhigend. — Schrecklich ist der Gegensatz zwischen dem wilden Todtentanz und dem Todten selber, welcher starr auf der Bahre liegt und doch diesen Furientaumel regiert. In den Bergen zerreißen sich die Klageweiber auch das Gesicht bis aufs Blut, weil nach uralter heidnischer Vorstellung das Blut den Todten angenehm ist und die Schatten versöhnt. Dann nennt man dies raspa oder scalfitto.

Das Wesen dieser Klageweiber muß fürchterlich erscheinen, wenn ihr Tanz einem Gemordeten gilt. Dann werden sie wahrhaft zu den schlangenhaarigen Rächerinnen des Mordes, wie sie Aeschylus gemalt hat. So schwingen sie sich um grausenhaft, die Hände in einander schlagend, heulend, Rache singend, und so gewaltig ist oft die Wirkung ihres Liedes auf den Mörder der es hört, daß ihn Entsetzen und Gewissensangst erfaßt, und er sich selber verrät. Ich las von einem Mörder, welcher verhüllt in den Mantel der Todtenbrüder die Kerze an der Bahre dessen zu halten sich erfrechte, den er mit erschlagen hatte, und der wie er das Rachelied anstimmen hörte, so heftig zu zittern begann, daß ihm die Kerze aus der Hand fiel. Bei Criminalprocessen gelten Zeugenaussagen, daß Jemand bei der Todtenklage gezittert habe, als Schuldbeweise. Ja! mancher Mann auf dieser Insel gleicht dem Orest des Aeschylus, und die Seherin kann von ihm sagen:

Und sitzen sah' ich einen gottverfluchten Mann
Am Erdennabel, schutzgewärtig, frisch von Blut
Die Hände triefend, noch das bloße Schwert zur Hand — —
Um diesen Mann her eine wunderbare Schaar
Von Weibern schlafend auf die Sessel hingestreckt;
Doch nicht von Weibern — nein, Gorgonen nenn' ich sie,

Und wieder nicht den Bildern der Gorgonen gleich;
Einst sah ich die gemalet, welche mit Phineus Mal
Von dannen fliegen; aber ungeflügelt sind
Die dort und schwarz und völlig ekelhaft zu schau'n.

Todtenstille herrscht in der Kammer. Man hört nur das
Atmen der umherkauernden Klageweiber, welche in ihre Mäntel
gehüllt dasitzen, den Kopf auf die Brust gesenkt, tiefsten Schmerz
ausdrückend nach althellenischer Weise, wie der Künstler das
Haupt dessen verhüllt darstellt, dessen Schmerz über das Maß
groß ist. Die Natur selbst hat dem Menschen nur zwei höchste
Ausdrucksweisen des Schmerzes gegeben, den Aufschrei des her-
vorbrechenden Gefühls, in dem die Lebenskraft gleichsam alle
ihre Geister entfesselt, und das tiefe Verstummen, in welchem
die Lebenskraft in Ohnmacht verstirbt. — Plötzlich springt aus
dem Kreise der Frauen eine empor, gleich einer begeisterten
Seherin hebt sie ein Lied auf den Todten an. Recitativisch
trägt sie dies Lied vor, Strofe für Strofe, und eine jede
endigt mit Weh! Weh! Weh! welches der Klagechor wiederholt, nach Weise der Tragödie bei den Griechen. Die Sängerin
ist auch die Chorführerin, welche das Lied gedichtet hat oder
improvisirt. In Sardinien pflegt sie das jüngste Mädchen zu
sein. In der Regel werden diese Gesänge, Loblieder oder
Rachelieder, in denen der Preis des Todten mit der Klage
um ihn oder mit der Aufforderung zur Rache wechselt, auf
der Stelle improvisirt.

Wie wunderbar ist der Widerspruch der Cultur in diesem
Lande, welches solche Scenen noch lebend erhalten hat, die
von unserer Gesellschaft durch eine Kluft von 3000 Jahren
getrennt zu sein scheinen. Man sehe also den Todten auf der
Tola, die kauernden Klageweiber am Boden; ein junges Mädchen
erhebt sich, das Antlitz flammend von Begeisterung improvisirt sie wie Mirjam oder wie Sappho Verse von unerreichbarer

Anmut, voll von den kühnsten Bildern, und unerschöpflich strömt die hingerissene Seele rhythmisch, in Dithyramben fort, welche das Tiefste und Höchste menschlichen Schmerzes melodisch sagen. Der Chor heult hinter jeder Strofe Deh! Deh! Deh! — Ich weiß nicht, ob irgend wo ein Bild im Leben aufgefunden werden kann, in welchem sich das Grausige mit der Anmut zu so tiefsinniger Poesie verbindet als in solcher Scene, da ein Mädchen über dem gemorbeten Bruder, der in seinen Waffen auf der Tola liegt, als Erinnye aufsteigt, in Versen Rache fordernd, deren blutigwilde Sprache selbst Mannes= mund nicht grausender sagen könnte. In diesem Lande hält das niedrig dienende Weib das Gericht, und vor das Tribunal seiner Klage, die hier recht eigentlich Anklage ist, wird der Schuldige geladen. So singt auch der Chor der Mägde in den Grabesspenderinnen beim Aeschylus:

> O Kind, bewältigt
> Wird des Todten Denken nicht
> Durch den blendenden Zahn der Glut;
> Spät einst zeigt er sein Zürnen.
> Und bejammert wird der Todte: —
> Und erkannt wird, der ihn todtschlug;
> Um den Vater und Erzeuger
> Die gerechte Todtenklage,
> Gericht heischt sie mit lautem Schmerzschrei.

Einige dieser Seherinnen, der germanischen Velleba möchte ich sie vergleichen, machten sich wegen ihrer Inspirationen be= rühmt; so im vorigen Jahrhundert Mariola delle Piazzole, die Führerin der Todtenchöre, deren Improvisationen aller Orten begehrt wurden, und wie Clorinda Franceschi aus der Casinca. In Sardinien heißen die Klageweiber Piagnoni oder presiche, in Corsica voceratrici oder ballatrici. Nicht immer sind es die hergebrachten Chorführerinnen, welche singen, vielfach auch die Verwandten des Todten, Mutter, Gattin, besonders die Schwestern. Denn das vom Schmerz erfüllte Herz strömt in kunstlos beredte Klagen über und macht die Sprache erhaben und den Gedanken genial auch ohne Dichtertalent. Außerdem ist die Form der Todtenklagen eine stehende, und wenn der Trauerfall eintritt, hat sich das corsische Weib schon lange vorher in den Lamenten geübt, welche von Mund zu Munde gehen, wie andere Lieder bei uns.

Jener pantomimische Klagetanz heißt im Corsischen die ballata (ballo funebre), die Ballade. Man sagt ballatare sopra un cadavere, über einer Leiche tanzen. Das Klagen heißt vocerare, das Klagelied Vôcero, Compito oder Ballata. Im Sardinischen heißt jene Ceremonie Titio oder Attito. Man leitet dieses Wort von dem Weheausruf ahi! ahi! ahi! ab, womit die Chorführerin jede Strofe schließt und welchen die Klageweiber wiederholen. Die Lateiner riefen statt dessen Atat, die Griechen wie man in den Tragödien finden kann ototototoi, und auch bei uns Deutschen ist der heftige Schmerzensruf ahtatata gebräuchlich, was der an sich erfahren kann, welcher darauf achtet, was er ruft, wenn er sich den Finger verbrannt hat und ballatirend, vor Schmerz springend, mit dem Finger in der Luft schnalzt.

Sobald endlich die Todtenbrüderschaft vor das Haus kommt, um die Bahre zu heben, wird noch einmal ein Klagegeschrei angestimmt, dann bringt das Gefolge den Todten in die Kirche, wo er eingesegnet wird, und von der Kirche wiederum mit Klagegesang auf den Kirchhof. Die Feier schließt das Todtenmal, der convito oder conforto. Schon vorher wird denen, welche an der Leiche wachen, ein Essen gegeben, was man die veglia nennt, und jeder Todtenbruder pflegt einen Kuchen zu bekommen. Der Conforto selbst wird den Verwandten und Freunden entweder im Todtenhause oder in der Wohnung eines

Sippen gegeben, wohin die Gäste mit ungestümer Dringlichteit geladen werden. Es ehrt den Todten, wenn das Mal groß gerüstet ist, und war er im Leben eine geachtete Person, so erkennt man das an der Menge der Gäste. Oft wird bei diesem Todtenbankett (banchetto) viel Aufwand getrieben, und auch in die Häuser des Dorfs wird Brod und Fleisch gesandt. Schwarz ist die Kleidung der Nachtrauer, der trauernde Mann läßt oft lange Zeit den·Bart wachsen. Kehrt die Jahresfeier des Begängnisses wieder, so wird das Bankett bisweilen wiederholt.

Dies nun ist der corsische Todtencultus, wie er sich noch im Innern und Süden des Landes bis auf den heutigen Tag erhalten hat, der Rest uralter Heidengebräuche mitten im Christentum und mit dessen Gebräuchen vereinigt. Wie alt diese Ballata sei, wann und woher sie in dieses Land getragen worden, ist schwer zu wissen und hier will ich keine Untersuchungen darüber wagen. Nur einige Beziehungen wollen wir nicht entbehren.

Der Schmerzausdruck an der Leiche eines Geliebten ist überall derselbe, das Weinen, die Klage, die redende Erinnerung an das, was er im Leben gewesen war, und an die Liebe, mit der man ihn liebte. Das leidenschaftliche Gemüt bricht in gewaltsame, dramatisch lebendige Zeichen des Jammers aus. Doch hemmt die Macht der Bildung, welche auch die Empfindungen regelt, den Culturmenschen und wehrt dem Naturgefühl die maßlose Geberde. Nicht so bei dem Naturmenschen, bei dem Kinde und dem sogenannten gemeinen Mann, welcher die epische Zeit des Menschengeschlechts mitten in unserer Civilisation noch wiederspiegelt. Will man sich überzeugen, daß epische Menschen, Könige, Helden, Volkshäupter sich im Schmerz ebenso leidenschaftlich geberdeten, wie heute die Corsen bei der Ballata, so muß man den Homer und die Bibel, die Gesänge des Firdusi und die Nibelungen lesen. Esau schreit

laut und weint um den gestolnen Segen; Jacob zerreißt seine
Kleider um Joseph; Hiob zerreißt sein Kleid und rauft sein
Haar und fällt zur Erde und so thun seine Freunde, sie hoben
auf ihre Stimme und weinten und ein jeglicher zerriß sein
Kleid und sprengeten Erde auf ihr Haupt gen Himmel. David
faßt seine Kleider und zerreißt sie um Saul und Jonathan
und trägt Leid und weinet und klagt, ebenso weint er auf
der Flucht vor Absalom, und sein Haupt war verhüllet und
er ging barfuß.

Noch zügelloser sind die Schmerzausbrüche der homerischen
Menschen. Achill jammert um Patroclus, die finstre Wolke
der Schwermut umhüllt ihn, mit beiden Händen überstreut er
mit schwärzlichem Staube sein Haupt;

Aber er selber, groß, auf großem Bezirk, in dem Staube
Lag, und entstellete raufend mit eigenen Händen das Haupthaar.
Mägde zugleich, die Achilleus erbeutete sammt Patroklos,
Innig im Herzen betrübt, aufschrieen sie; all' aus der Thüre
Rannten sie vor um Achilleus, den feurigen, und mit den Händen
Schlugen sie alle die Brust, und jeglicher wankten die Kniee.

Als Hector fällt rauft Hekuba ihr Haar, und kläglich weint
Priamos und jammert, und später sagt er zu Achill, als er
ihn um ein Lager zum Ausruhen bittet, daß er stets geseufzt
habe voll unendlichen Jammers,

Im Gehege des Hofs auf schmutziger Erde mich wälzend.

Ebenso rauft im Firdusi der Held Rustem sich das Haar um
seinen Sohn Sohrab, brüllt vor Schmerz und weint Blut;
Sohrabs Mutter wirft sich Feuer aufs Haupt, zerreißt das
Gewand, sinkt immer von neuem in Ohnmacht, erfüllt den
Saal mit Staub, weint Tag und Nacht und stirbt nach einem

Jahr. Die Leidenschaft hat hier ein Riesenmaß von Ausdruck, wie die Heldengestalten selber koloffal sind.

In den Nibelungen, der größesten Tragödie der Blutrache, drückt sich die Leidenschaft des Schmerzes nicht minder koloffal aus. Um den todten Siegfried erhebt Chriemhild das Jammer=geschrei, Blut dringt aus ihrem Halse, sie weint Blut an seiner Leiche, und alle Weiber helfen ihr mit Klagen.

Fast an allen jenen Stellen finden wir die Todtenklage als lyrischen Erguß des Schmerzes und zum Liede sich bildend. Um der corsischen Vôceri willen stehe hier das erhabenste Lament von allen, die Todtenklage Davids um Saul und Jonathan:

Weine Israel um die welche durchs Schwert fielen auf deinen Bergen, die Helden Israels sind erschlagen auf den Bergen. Weh! wie fielen die Helden?

Schweiget! Sagt es nicht an zu Gath, verkündigt's nicht auf den Gassen von Ascalon, daß nicht frohloden die Töchter der Philister, daß nicht tanzen die Töchter der Unbeschnittenen.

O ihr Berge von Gilboa! nicht Thau, nicht Regen falle auf euch. Nicht soll man Acker haben auf euch, die Hebopfer zu opfern. Denn zerschlagen ist auf euch der Schild der Helden, der Schild Sauls, als wäre er nicht gesalbet mit Oele.

Der Bogen von Jonathan hat nie gefehlet, noch ist das Schwert von Saul leer wieder gekommen von dem Blut der Erschlagenen, und von dem Fette der Helden.

Saul und Jonathan, holdselig und lieblich in ihrem
Leben, sind auch im Tode nicht geschieden, leichter denn
die Adler, stärker denn die Löwen.

Ihr Töchter Israels, weint über Saul, der euch kleidete
mit Rosinfarbe säuberlich, und schmückte euch mit gol-
nen Kleinodien an euren Kleidern.

Wie sind die Helden so gefallen im Streit! Jonathan
ist auf deinen Höhen erschlagen.

Es ist mir Leid um dich, mein Bruder Jonathan; ich
habe große Freude und Wonne an dir gehabt; deine
Liebe war mir sonderlicher denn Liebe der Frauen.

Weh! wie sind die Helden gefallen, und die Streitbaren
umgekommen!

Ganz dramatisch ist das Lament um Hector im letzten Gesang
der Iliade und möchte ganz und gar einer Ballata an der
Tola gleichen.   Auch diesen Vôcero wollen wir noch hören.

Als sie den Leichnam jetzo geführt in die prangende Wohnung,
Legten sie ihn auf ein schönes Gestell, und ordneten Sänger,
Daß sie die Klag' anstimmten; und nun mit jammernden Tönen
Sangen sie Trauergesang, und rings nach seufzten die Weiber.

(Andromache hebt das Lament an:)

Mann, du verlorest dein Leben, du Blühender; aber mich
                                                    Wittwe
Lässest du hier im Palast, und das ganz unmündige Söhnlein,
Welches wir beide gezeugt, wir Elenden! Ach wol schwerlich
Blüht er zum Jüngling heran! Denn zuvor wird Troja vom
                                                    Gipfel

Umgestürzt, da du starbst, ihr Verteidiger, welcher die Mauern
Schirmte, die züchtigen Frau'n und stammelnden Kinder er=
rettend.
Bald nun werden hinweg sie geführt in geräumigen Schiffen,
Und mit jenen ich selbst! Doch du, mein trautester Sohn, wirst
Dorthin geh'n mit der Mutter, um Schmach zu erdulden und
Arbeit,
Unter des Frohnherrn Zwang, des grausamen; oder es schmettert
Dich ein Achaier, am Arme gefaßt, von dem Turm ins Ver=
derben,
Zürnend, daß Hektor den Bruder ihm tödtete, oder den Vater,
Oder den blühenden Sohn: denn sehr viele Männer Achaia's
Sanken durch Hektors Hände, den Staub mit den Zähnen
zerknirschend.
Denn kein Schonender war dein Vater im Grau'n der Ent=
scheidung;
.Drum wehklagen ihn nun die Völker umher in der Veste.
Unaussprechlichen Gram der Verzweiflung schuffst du den Eltern,
Hektor; doch mich vor Allen betrübt nie endender Jammer!
Denn nicht hast du mir sterbend die Hand aus dem Bette
gereichet,
Noch ein Wort mir gesagt voll Weisheit, dessen ich ewig
Dächte bei Tag und Nacht, wehmüthige Tränen vergießend.

Also sprach sie weinend, und rings nach seufzten die Weiber.
(Hekuba nimmt das Lament auf:)
Hektor, du Herzenskind, mir geliebt vor allen Gebornen!
Ach und weil du mir lebtest, wie lieb auch warst du den Göttern,
Welche ja dein wahrnahmen noch selbst in des Todes Ver=
hängniß!
Denn die anderen Söhne, die mir der schnelle Achilleus
Nahm, verkauft' er vordem jenseits der verödeten Salzflut,
Hin gen Samos und Imbros und zur unwirtbaren Lemnos.

Aber da dich er entseelt mit ragender Spitze des Erzes,
O, wie schleift' er dich oft um das Mal des geliebten Patroklos,
Seines Freunds, den du schlugst; und erwecktе jenen auch
so nicht!
Dennoch jetzt wie betaut und frisch noch mir in der Wohnung
Ruhest du, jenem gleich, den der Gott des silbernen Bogens
Unverseh'ns hinstreckte, mit lindem Geschoß ihn ereilend.

Also sprach sie weinend, und weckt' unermeßlichen Jammer.

(Helena nimmt das Lament auf:)

Hektor, o Trautester du, mir geliebt vor des Mannes Gebrüdern!
Ach mir Gemal ist jetzo der göttliche Held Alexandros,
Der mich gen Troja geführt! O wär' ich zuvor doch gestorben!
Denn mir entfloh'n seitdem schon zwanzig Jahre des Lebens,
Seit von dannen ich ging, die heimischen Fluren verlassend;
Doch nie hört' ich von dir nur ein Wort im Bösen, noch
Unglimpf.
Ja, wenn ein andrer im Hause mich anfuhr unter den Brüdern
Oder Geschwistern des Manns, und stattlichen Frauen der
Schwäger,
Oder die Schwäherin auch, denn der Schwäher ist mild wie
ein Vater:
Immer besänftigtest du, und redetest immer zum Guten,
Durch dein freundliches Herz und deine freundlichen Worte.
Drum bewein' ich mit dir mich Elende, herzlich bekümmert!
Denn kein Anderer nun in Troja's weitem Gefilde
Ist mir Tröster und Freund; sie wenden sich Alle mit Abscheu!

Also sprach sie weinend; es seufzt' unzählbares Volk nach.

Pelasger, Griechen, Phönizier, die Egypter zumal, die alten
Völker Italiens, die Etrusker, die Römer, alle haben sie die
Todtenklagen gehabt; nicht minder die Celten, wie die Iren,

die Germanen, und dasselbe gilt von den heutigen Natur=
völkern in America wie in Africa, wie von den Indern. Auch
in Italien finden sich außerhalb Sardiniens und Corsica's
ähnliche Todtengebräuche, namentlich im Neapolitanischen.

Schon Peter Cyrnäus findet den corsischen Todtencultus
dem der alten Römer, welcher unzweifelhaft pelasgisch=etruskisch
ist, sehr ähnlich. Wer die Gebräuche der alten Römer kennt,
wird das bestätigen. Auch sie hatten die Klageweiber, welche,
wie heute in Sardinien, praeficae genannt wurden und hatten
die Klagelieder Naeniae. Ich habe eine solche römische Nänie
schon mitgeteilt, damit man sich ihrer hier erinnere, es ist
dies der freilich parodistische Vôcero des Seneca auf Claudius.
Beim Leichenbegängnisse des Germanicus spricht auch noch Tacitus
von den Feierlichkeiten als Gebräuchen der Vorfahren, Lob=
und Gedächtnißliedern seiner Tugenden, Tränen und Schmerz=
aufstachlung. In dem römischen Gesetz der zwölf Tafeln wurde
jene Ballata Lessus genannt und als barbarischer Gebrauch
bestraft, wie ihn schon das solonische Gesetz verboten hatte:
„Es sollen die Weiber ihre Wangen nicht zerkratzen, noch soll
der Lessus beim Begängniß gehalten werden; die Weiber sollen
ihr Gesicht nicht zerfleischen.“

Auch die Sitte das Todtenmal zu feiern ist uralt. Ich
leite mir ihren Ursprung aus drei Dingen ab: das Bedürfniß
nach der Erschöpfung durch den Traueract sich zu erquicken;
die Ehre welche dem Todten durch ein letztes Festmal erwiesen
wird, dessen Geber er gleichsam ist; endlich das mystische
Symbol des Essens von Speisen, welches die Rückkehr vom
Tode zum Leben ist und ausdrücken soll, wie nun die Trauern=
den wieder an der Welt der Lebendigen Teil haben. Das
Todtenmal bei den Phöniziern, Pelasgern, Egyptern, Etruskern
bestand hauptsächlich in Bohnen und in Eiern. Beide Speisen
waren Symbole der activen und passiven Lebenskraft, nach
der altorientalisch=pythagoräischen Mystik. Noch heute ißt man

beim Todtenmal in Sardinien an manchen Orten Bohnen und
Eier; daß dies auch in Corsica gebräuchlich ist, habe ich nicht
gehört. Bei den Römern hieß das Todtenmal Silicernium.
Zum stattlichen Festschmaus in Priamos Hause kehren auch
die leidtragenden Trojaner vom Begängnisse des Hector heim.
Die corsischen Vôceri von denen ich nun einige mitteile,
sind alle im Dialect gedichtet. In der Regel herrscht das
trochäische Maß vor, doch wird es nicht selten durchbrochen.
Ebenso ist der dreifache Reim die Regel, doch kreuzt er sich
bisweilen. Dieses Maß und die Monotonie der Reime sind
von der tiefsten Wirkung, und schwerlich ließe sich ein Rhythmus
finden, welcher dem Schmerz anpassender wäre. Die Vôceri
selbst scheiden sich in die mildere Klage um den Tod eines
Dahingenommenen, oder in das wilde Rachelied. In das
Wesen der Corsen werfen diese Lieder ein helles Licht. Sie
zeigen, wie heißblütig ihr Herz und wie stark ihre Leidenschaft ist.
Bedenkt man, daß diese Lieder fast alle von Frauen gedichtet
sind, so muß man erschrecken, weil doch das Weib durch die
Natur bestimmt ist, die milderen Empfindungen der Seele aus-
zusprechen und die rohe Kraft des Männlichen zu erweichen.
Ich weiß kein Beispiel in aller Poesie der Völker, wo das
Grausige und Furchtbare in gleicher Weise zum Stoff des
Volksliedes geworden wäre, und hier zeigt sich die Gewalt
der Poesie überhaupt, welche auch noch das Schrecklichste mit
einem Hauch von wehmütiger Schönheit zu mildern vermag.
Denn auch der zartesten Empfindungen ist wieder die corsische
Poesie im höchsten Maße fähig. Man wird in diesen Liedern
die Bildersprache des Homer und wieder die der Psalmen und
des Hohenliedes finden. Kunstlos wie sie sind, tragen sie nur
das Gepräge von Improvisationen, welche sich beliebig aus-
dehnen lassen; und weil sie solche sind, lebt in ihnen der
geniale Augenblick des trunkenen Herzens. Die ganz unsägliche
Unschuld in manchen Vôceri und ihre rührende Natureinfalt

entrücken in die Kinderwelt, Hirten = und Patriarchenwelt. Kein
Genie des Dichters kann dergleichen Naturlaute erfinden. Daß
unter den Stimmen der Völker, welche wir Deutsche zu er=
lauschen wissen, diese Klagestimme nicht fehle, habe ich einige
der corsischen Lamente übertragen, mit der möglichsten Treue
in ihrer Form wie in ihrem Ton. Schöne Lieder nennt man
wol wie Tränen, die von einem edlen Schmerze geweint wer=
den, Perlen; ich nenne diese Todtenklagen blutrothe Corallen
aus Corsica.

Vôcero.

Corsische Todtenklagen.

E come i gru van cantando lor lai —
Dante.

Weihe.

Rufet ihr, Geliebte beide,
Deren Gräber frisch mir ragen?
Wenn am stillen Inselstrande
Sänger sanft die Citern schlagen,
O wie weckt dann ihr Lamento
Meiner Seele Tobtenklagen!

Schwäne, mir voraufgeflogen,
Genien meiner Wanderreise,
Auf den Bergen, auf den Meeren
Grüßt ihr mich mit Stimmen leise,
Grüßt mich hier auf ödem Eiland
Mit der Tobtenklageweise.

Was hier rührt im Klageliede,
Mitgefühlt ist's, mitgeklungen,
Eigner Seele ist es Echo,
Eignem Schmerz ist es entsprungen;
Klagend hab' ich meinen Tobten
Einen Vocero gesungen.

———————

Vòcero

auf den Tod eines Mädchens von Pietra di Verde.

(Die Mutter fingt:)

Laßt mich gehn zu meiner Tochter,
Nahe gehn zu meinem Kinde,
Denn mir scheint, daß auf der Tola
Ich sie ausgestreckt hier finde,
Und daß um den Hals sie banden
Ihr von Bändern schon die Binde.

O Maria, Mutterwonne,
Ach! Du Schatz von meinen Freuden,
Ach! Du Blume deines Vaters
Seine Augen dran zu weiden,
Heute muß es nun geschehen,
Daß zum letzten Mal wir scheiden.

O wie hast du Tod so grausam
Um mein Hoffen mich betrogen,
Meine Blume mir geknicket,
Mir mein Herzenspfand entzogen,
Diesen Morgen mir das Herze
So versenkt in Jammers Wogen.

(Pause.)

Willst du die Gespielen nimmer,
Deine Trautesten nicht sehen,
Wie sie alle dich im Kreise
So zum Tod betrübt umstehen?
Ach! gib einmal ihnen Antwort,
Laß sie ohne Trost nicht gehen.

Ziehe an doch deine Kleider,
Lust der Mutter, o Marie,
Sieh' die Jungfraun all zusammen
Wollen mit dir diese Frühe
In die heil'ge Messe gehen,
Nach der Kirche Sant' Eliä.

(Eine Gespielin der Todten nimmt den Gesang auf.)

In die Messe laß uns gehen,
Weil die Lichter schon erprangen
Und die Kerzen am Altare;
Ganz mit Schwarz ist er behangen.
In die Kirche ist dein Vater
Mit der Mitgift heut' gegangen.

Diesen Morgen in der Kirche
Wird man sehn ein großes Prangen,
Denn da ist Maria's Mitgift
All' in Kerzen aufgegangen.

(Eine andere Gespielin nimmt den Gesang auf.)

O mein Fräulein, eure Krankheit
Möcht' ich wol mit Namen sagen,
Weiß nicht, ob es war das Fieber,
Oder soll ich's Schwindsucht klagen.
Oder war's ein fremdes Leiden,
Das sich sonst nicht zugetragen.

Ach! wo mochte doch, mein Fräulein,
Euch der schnelle Tod erspüren?
Immer saßt ihr ja im Lehnstul,
Oder gingt im Tal spazieren.
Ließ euch doch bei Tisch die Mutter
Niemals nur den Finger rühren.

(Die Mutter nimmt den Gesang auf.)

Heute früh will Sant Elia
Einen schönen Strauß ich bieten,
Eine Blume zum Geschenke,
Die da steht in vollen Blüten,
Und ich glaub', er wird so schönes
Weihgeschenk mit Dank behüten.

Beten will ich zur Maria,
Will zum Herren Jesu sprechen,
Denn heut' Morgen will ich gehen,
Meine Blume will ich brechen —
O Mari, du Herz der Mutter,
Denn mir will das Herz zerbrechen.

(Pause.)

O du Blume aller Jungfraun,
Wer ach! wer wird sich erlaben
Nun an deinen zwölf Gebetten,
Wer wird deine Ringlein haben?
Brüder hast du nicht noch Schwestern,
Alles wird mit dir begraben.

Wie so blaß sind nun geworden
Deine purpurhellen Wangen,
Ihre Rosen, ihre klaren,
Ach! wohin sind sie gegangen?
Ach! der Tod ist es gewesen,
Hat sie alle fortgefangen.

Tod, o woll' denn zu mir kommen,
Mach' daß gänzlich es sich ende;

Hab' Erbarmen, denn ich leg' dir
Nun mein Leben in die Hände,
Daß vereint mit meiner Tochter
Ich mich heut' von hinnen wende.

(Pause.)

Heute ist das Dorf von Petra
Mit Verzweiflung ganz geschlagen,
Alle Leute stehn voll Jammer,
Schluchzen bitterlich und klagen,
Und die Schuld davon, mein Liebling,
Du alleine mußt sie tragen.

Siehst du nicht wie die Freundinnen
Zärtlich schmiegend an dir lehnen,
Wie sie so dein liebes Antlitz
Dir benetzen all' mit Tränen?
Und du willst sie also lassen,
Also traurig und voll Sehnen!

Ein'ge gingen schon nach Rosen,
Andre gingen Blumen binden,
Denn sie flechten die Guirlande,
Wollen dich als Braut umwinden.
Und du willst uns also lassen,
Willst im dunkeln Schrein verschwinden?

Wenn du tratest aus dem Hause,
Lieblichkeit ist von dir kommen,
Und geglänzt hat deine Milde
Wie ein Stern von Licht umschwommen.
Dich hat in der schönsten Blüte
Nun der Tod dahingenommen.

Doch nun enden wir das Weinen,
Wollen uns vom Gram erheben;
Wird doch unsre Mariutscha
Nun als Braut des Herren leben.
Heute früh wird ihr Maria
Einen Platz im Himmel geben.

(Die Todtenbrüder kommen.)

Ach! ich hör': Ora pro ea
Rufen rings zu der Maria,
Denn die Todtenbrüder kommen
Auf den Platz schon — ach! Maria —
Und sie wollen dich schon tragen
In die Kirche Sant Elia.

Auf den Kirchhof mit den andern
Wollt' zu gehn ich mich entschließen;
Doch ich kann so weit nicht kommen,
Kann nicht stehn auf meinen Füßen.
Nur ein Bach aus meinen Augen
Kann allein hinunterfließen.

Vócero

eines Mädchens an der Leiche ihres ermordeten Vaters.

(Dialekt von diesseits der Berge.)

(Das Mädchen kommt mit einer Fackel.)

Von Calanca bin ich gekommen,
Mitternacht war im Verschwinden,
Hab' gesucht mit meiner Fackel
In den Gärten und in den Gründen,
Wo mein Vater sei geblieben —
Todt, im Blute mußt' ich ihn finden.

(Es kommt eine andere Jungfrau, welche auch einen ermordeten Blutsver-
wandten sucht; den Todten erblickend hält sie ihn für einen Verwandten,
bleibt stehen und will das Lament anheben. Die Erste aber singt:)

Weiter aufwärts mußt du steigen,
Denn dort liegt Mattè erschlagen,
Aber dies hier ist mein Vater,
Und an mir ist's hier zu klagen.

Hebet mir auf die Lederschürze,
Seinen Hammer und seine Kelle.
Vater, willst du nicht zur Arbeit
Wieder gehn an die Capelle?
Auch aus meines Bruders Wunden
Fließt vom Blute die rote Welle.

Laufet und holt mir schnell eine Scheere,
Schneiden will ich mir vom Zopfe
Einen Büschel meiner Haare,
Daß die Wunden ich ihm verstopfe.
Denn von meines Vaters Blute
Klebt am Finger mir ein Tropfe.

Färben will ich ein Mandile,
Rot vom Vaterblut es machen;
Das Mandile will ich tragen,
Wenn ich Muße hab' zum Lachen.

Nach der Kirche Santa Croce
Will ich gehn mein Leib zu klagen;
Immer ruf ich deinen Namen,
Antwort wirst du einst mir sagen,
Denn sie haben dich gekreuzigt,
Wie den Christ ans Kreuz geschlagen.

Vocero

der Nunziola auf den Tod ihres Mannes.

(Dialekt von jenseits der Berge.)

(Nunziola singt:)

O du mein Petro Francesco,
O du Haupt von meinen Klagen,
Meine Rose ohne Dornen,
Die mir Blumen hat getragen.
Von den Bergen bis zum Meere
Warst mein Held du ohne Verzagen.

Ich umschlinge dich mit den Armen,
Ich umstricke dich mit den Füßen,
Bist mein Ehgemal gewesen,
Hoffnungsstern mit Segensgrüßen.
Und du hast von meinem Unglück
Nun die Quelle werden müssen.

Du mein Schiff auf hohem Meere,
Das da segelt um anzulanden,
Doch nicht kann zum Hafen kommen,
Weil im Sturm die Wellen branden.
Und mit seinen schönen Schätzen
Treibt es weiter um zu stranden.

Komm o Griscio, meine Tochter,
Wo dein Vater liegt in Frieden,
Sag' ihm daß im Paradiese
Für sein einzig Kind hienieden
Er ein besser Loos erbitte,
Als der Mutter ward beschieden.

O du wareſt meine Säule,
Meine Stütze meine ganze,
O du warſt mein eigner Bruder,
Meine Wehr und meine Schanze.
O du warſt mein Schatz mein ſchönſter,
Meine Perle du voll Glanze.

O du meine Goldorange,
Kleinod ſorgſamlich verſchloſſen,
Du mein Becher blank von Silber
Und mit Golde ausgegoſſen.
Du mein Herren=Speiſeteller,
Mir wie Blei ins Herz geſchoſſen.

Eher will ich meine Augen
Zu zwei Quellen mir zerweinen,
Als ich je dein Angedenken
Zu vergeſſen ſollte ſcheinen.
Immer will ich dich, Francesco,
Klagend nennen noch den Meinen.

Biſt mein feines Schwert geweſen,
Meine ſtarke Wehr und Waffen,
O du mein unſelig Schickſal,
Trümmer die mich ſtürzend trafen.
Du biſt meinem Aug' erſchienen
Als ein Segel in dem Hafen.

Hätt' mich wol für dich gelobet,
Von dem Tode dich zu erlöſen,
Aber mir, mein Petro Francesco,
Iſt das nicht vergönnt geweſen.
O mein Großer du von Mute,
Schirm und Schutz mir vor den Böſen.

O du mein Hahn so hochgemutet,
Mein Fasan im blumigen Hügel,
Du mein Vogel so wunderherrlich,
Meines Glückes mir ein Spiegel,
Nimmer mehr darf ich mich ducken,
Ducken unter deinen Flügel.

O du mein Petro Francesco,
Unsern Herrgott will ich bitten,
Daß dich seine Engel tragen
In des Paradieses Mitten.
Dies wird mir das Herze trösten,
Weil es deinen Tod erlitten.

Vócero

eines Mädchens auf den Tod ihrer zwei Brüder, welche an einem Tag
erschlagen wurden.

(Gemischter Dialekt von dießeits und jenseits der Berge.)

(Die Schwester singt:)

O das Pralen nun von Piero,
O das Großthun von Orazio!
Eine große Wüste machten
Sie bis hin nach San Brancazio.
Satt ist nun von unsrem Blute
Der Michele und der Orazio.

Tod, o Tod, wie bist du so schwarz doch,
Weil dies Leiden uns überkommen,
Denn ein Haus ein volles hast du
Bis aufs Nest-Ei ausgenommen.
Haupt des Hauses nun zu bleiben,
Soll das mir Verwaisten frommen?

Ich alleine von allen Frauen
Bin am Feuerherd gesessen,
Ueber meine fünf Gebrüder
Hab' ich Herrenrecht besessen —
Aber nun ist ja die Herrschaft
All verloren, all vergessen.

Anziehn will ich die Faldetta,
Will mich ganz mit Schwarz betrüben,
Weil kein Hauch von keiner Freude
Mir im Herzen mehr ist blieben,
Wegen meiner fünf Gebrüder,
Vater und Mutter, das sind sieben.

Und nach Asco will ich schicken,
Schwarzen Kienruß will ich haben,
Ganz in Schwarz will ich mich färben
Wie die Federn sind vom Raben;
Steigen und sinken soll mein Leben,
Wie die Regenflut im Graben.

Seht ihr nicht wie meine Augen
Als zwei Quellen mir überwallen?
Um die zwei vielsüßen Brüder,
Die in einer Stunde gefallen.
Nun zu thun die Glocken haben
Für zwei Todte zu erschallen.

Du mein Ball von rotem Golde,
Du mein Ring von Demantsteine,
O Piero, du meine Wonne,
Und Drà um den ich weine.
In die Kirche von Tallanu
Gehet Keiner mehr so feine.

Und um euch, o Herr Curate,
Muß ich bitter mich beklagen,
Weil ihr euch zu meinem Hause
Also undankbar betragen.
In drei Jahren waren es sieben,
Die aus ihm ihr fortgetragen.

Bis ans Ende von der Gassen
Will ich gehen mit euch hernieder,
Und die Augen senk' ich weinend,
Kehr' nach Hause weinend wieder.
Und das sind die letzten Gänge
Für die todten fünf Gebrüder.

Vòcero

der Maria Felice von Calacuccia auf den Tod des Bruders.

(Dialekt von Niolo.)

(Die Schwester singt:)

Als ich spann an meiner Spindel,
Hört' ich einen Donner erschallen,
War's ein Schuß aus einer Flinte.
Thät durchs Herz mir wiederhallen,
War mir's doch, als ob er sagte:
Laufe, dein Bruder ist gefallen.

Auf die Kammer bin ich gesprungen,
An das Fenster, das stand offen.
Hab' im Herzen den Schuß empfangen,
Schrie: er fiel zu Tod getroffen.
Starb ich da nicht auf der Stelle,
War es um ein einziges Hoffen.

Will mir kaufen eine Pistole,
Will in Hosen mich verkleiden,
Zeigen will ich nun dein Bluthemd.
Weil mir doch zu diesen Leiden
Niemand blieb, der seinen Bart sich
Nach der Rache könnte schneiden.

Sprich, wen willst du dir erwählen,
Deine Vendetta zu ererben?
Deine Mutter? Die liegt am Tode;
Schwester Mari? Die will sie erwerben.
Läge Lariu nicht im Grabe,
Würd' er ohne Blut nicht sterben.

Dir ist blieben vom großen Stamme
Eine einzige Schwester nur Eine,
Ohne Vettern leiblichen Blutes,
Eine Waise, Arme und Kleine.
Aber deine Vendetta zu nehmen,
Sei ruhig, genügt auch die Eine.

Vôcero

einer Hirtin von Talavo auf den Tod ihres Mannes, eines Kinderhirten.

(Die Hirtin singt:)

An dem Strand ist er gestorben,
Wo die zwei Korkeichen stehen.
O Francescu Hirt der Heerde,
Grausam ist's dich todt zu sehen.
Weh! wie wird es im dunkeln Buschwald
Mir Verlassnen nun ergehen?

Will entäften nun den Palo,
Jenen dort mit fieben Aeften,
Keinen Schlauch und keine Kappe
Soll man weiter daran befeften.
Will die Ohren auch befchneiden
Seinem Schäferhunde dem beften.

Di, Di, Dih! wie bin ich traurig,
Nun erhebet ein helles Klagen,
Meine Brüder und Schweftern alle;
Diefes Leid ift fchwer zu tragen.
Todt ift nun das Haupt des Haufes,
O mein Gott der mich gefchlagen!

(Nachdem der Todte beerdigt ift, kehrt die Hirtin in ihre Capanne zurück und
befchreibt der Familie und den Nachbarn die Beerdigung.)

Auf die Bahre fie ihn legten,
Nach Prunelli fie ihn brachten.
Da vor bittrem Herzeleide
Kühe und Lämmer alle klagten,
Auch die Zicklein in der Hürde,
Bè, bè, bè vor Gram fie machten.

In der Kirche zu Sanct Marien,
In der heiligen Parocchiale,
Sang der Pfarrherr der Curate
Mit den Prieftern allzumale,
Wie um einen vornehmen Herren
Sangen fie alle das Miffale.

Als fie nun das Amt beendigt,
Wie fie flink und dienftbar waren,
Thäten eine Grube öffnen,
Den Francescu zu verwahren;
Eine große Menge Leute
Trugen ihn auf einer Bahren.

Ach! was wollen sie doch machen,
Weh! weh! weh! thät ich da denken —
Sah in das Grab, ob drin ein Fenster,
Das ihm Licht noch möchte schenken;
Doch ich sah ihn von den Männern
In ein finstres Grab versenken.

Vocero

auf den Tod des Banditen Canino.

(Dialekt aus dem Pieve von Ghisoni.)

(Die Schwester singt:)

Ich wollt', daß meine Stimme
Wie der Donner könnte erklingen,
Daß sie den Schlund von Vizzavona
Schallend sollte durchbringen,
Von allen, die dich gemordet
Der Welt die Kunde zu bringen.

Alle von Luco di Nazza
Rachgierig zusammen sie traten,
Mit jenen grimmigen Schaaren,
Den Banditen und den Soldaten.
Und des Morgens in der Frühe
Plötzlich abmarschirt sie waren.

Plötzlich abmarschirt sie waren
Mit Schalmeien die erklangen;
Wie die Wölfe sie im Rudel
Auf die Lämmer mordend drangen.
Als sie in den Engpaß kamen,
An die Kehle sie dir sprangen.

Wie ich hörte solche Kunde
Thät ans Fenster ich mich wagen,
Und ich rief: was gibt es da? —
Ach! dein Bruder wird getragen,
Todt im Engpaß ist er geblieben,
Von dem Mörder ist er erschlagen.

Nicht gefrommt hat dir die Flinte,
Nicht gefrommt die Pistolette,
Nicht gefrommt die Dolchesklinge,
Nicht gefrommt dir die Terzette,
Nicht gefrommt hat dir der Freispruch,
Nicht geweihte Amulette.

Grimmig wachsen meine Schmerzen
Bei dem Anblick deiner Wunden.
Warum ach! willst du nicht reden?
Wol hält Tod dein Herz gebunden.
Cani, Herz du deiner Schwester,
Deine Farbe ist geschwunden.

O du mein Breiter von Schultern,
O du mein Schlanker von Leben,
Du warst ein Ast voller Blumen,
Einen wie du hat's nimmer gegeben.
Cani, Herz du deiner Schwester,
Gemordet haben sie dein Leben.

Einen Dornstrauch will ich pflanzen
In dem Dorf zu Nazza drüben,
Weil von unsres Vaters Hause
Keiner mehr ist leben blieben.
Weil's nicht waren drei oder viere,
Gegen Einen waren es sieben.

Unter den Dornstrauch will ich tragen
Mein Bettchen, da will ich schlafen.
Weil sie hier, o du mein Bruder,
In das Herz dich mitten trafen.
Lassen will ich meine Spindel,
Greifen will ich zu den Waffen.

Will mich gürten mit Kartuschen,
In den Gurt thun die Terzetta,
Cani, Herz du deiner Schwester,
Nehmen will ich die Vendetta.

***

Vocero

auf den Tod der Romana, Tochter der Dariola Danesi von Zuani.

(Die Mutter singt:)

Seht, nun liegt sie auf der Tola,
Ach! mein Kind von sechzehn Jahren,
Meine Tochter, die so lange
Schmerz und Leiden hat erfahren,
Ach! in ihrem schönsten Kleide,
In dem weißen, schleierklaren.

Ach! in ihrem schönsten Kleide
Will sie nun von hinnen gehen,
Läßt der Herr sie doch nicht länger
Hier auf dieser Erde stehen.
Wer geschaffen ist zum Engel
Soll nicht lang auf Erden gehen.

Ach! wo sind auf deinem Antlitz
Nun die Rosen, meine Wonnen?
Seine Klarheit, seine Schöne
Ist im Tode all zerronnen.
Schau ich's an, will es mir scheinen
Eine Finsterniß der Sonnen.

Ach! du warest zwischen Jungfraun
Und den allerschönsten Schönen
Wie die Rose zwischen Blumen,
Wie der Mond, den Sterne krönen,
Und so mußten dich, o Tochter,
Alle Schönsten noch verschönen.

Wenn vom Dorf die jungen Leute
Vor dein Angesicht gekommen,
Schienen sie wie Fackelbrände,
Die von Feuer sind erglommen,
Und zu allen warst du höflich,
Dir zu nah durft' Keiner kommen.

In der Kirche thäten alle
Nur alleine nach dir spähen,
Von dem Ersten bis zum Letzten;
Aber du thatst keinen sehen.
War die Messe kaum zu Ende,
Sprachst du: Mutter, laß uns gehen.

Ach! du warst so hoch gehalten,
Ach! du warst so hochgeehret,
In den Lehren von dem Herren
Warst du auch so hochgelehret.
Alles andre als zu beten
Hast dem Herzen du verwehret.

Wer wird je mich trösten können,
Du mein Stolz und du mein Prangen,
Da der Herr dich hat gerufen,
Und zu ihm du bist gegangen.
Ach! warum trug auch Herr Jesu
Nach dir also heiß Verlangen!

Doch du ruhst jetzt in dem Himmel
Lächelnd aus von den Beschwerden.
War ja auch dein liebes Antlitz
Viel zu schön auf dieser Erden.
O! wie wird das Paradies nun
Um so vieles schöner werden.

Doch für mich wird diese Erde
Voller sein von schweren Plagen,
Und zu tausend Jahren wird mir
Schon ein Tag von meinen Klagen,
Wenn ich dann nach dir, o Tochter,
Alle Leute werde fragen.

Tod, warum hast du vom Busen
Meine Tochter mir gerissen,
Und warum läßt du alleine
Mich in diesen Kümmernissen!
Weiß ich doch nicht, was ich lebe
Wenn ich ihren Trost soll missen.

Bei Verwandten ohne Liebe,
Bei den Nachbarn ohne Pflege,
Wer wird mir das Antlitz trocknen,
Wenn ich krank mich niederlege?
Wer wird mir zu trinken geben,
Wenn im Fieber ich mich rege?

Wenn ich doch nur sterben könnte,
So wie du der Welt enthoben!
O du meiner Seelen Hoffnung,
Die im Jammer ist zerstoben.
Ach! dann würd' ich dich noch finden,
Mit dir leben noch dort oben.

Bitte drum den Herren Jesu,
Laß er mich von hinnen jagen,
O du meiner Seelen Hoffnung,
Denn so kann ich's nicht ertragen,
Und so kann ich ja nicht enden,
Ach! nicht enden meine Klagen.

Vôcero

eines Weibes von Niolo auf den Tod des Abbate Larione.

1740.

(Das Weib singt:)

Angerichtet ist der Kuchen,
Kommen sind die Kindtaufsgaben,
Denn er wollte doch, so sagt' er,
Mich zu seiner Pathe haben.
Jetzo, wer vermag es zu denken,
Jetzo wird man ihn begraben.

(Das Weib sieht im Fenster des gegenüberstehenden Hauses den Todfeind des
Verstorbenen, welcher über den Vocero lacht, und singt zu ihm die folgende
Strofe:)

Lache du nur an deinem Fenster,
Spotte du nur der Furcht und Reue;

Gehe nur nach Feliceto
Und nach Muru geh' aufs neue;
Aus dem Blute des Larione
Auf den Weg ich Gift dir streue.

An das Herz ist mir ein Tropfe
Seines Blutes hingesunken.
Und ich will ins Dorf von Muru
Werfen einen Rachefunken.
Denn ein Blut ein also edles
Hat die Erde nun getrunken.

O mein Großer du von Geiste,
O du meines Hoffens Krone,
Du mein Hektor, du mein Löwe,
Ach sie schlugen dich mit Hohne,
Würgten dich mit falscher Tücke,
Du mein liebster Larione.

Vócero

auf den Tod des Cesario und des Cappato.

(Dieses wilde Rachelied, welches vom Volke gesungen wird, ist unter dem
Namen eines Weibes von einem ungenannten Frate (!!), einem Freunde
Cesario's gedichtet. Wie es das Lied geweissagt hat, rächte die Gefallnen
später ein gewisser Paolo, ihr Blutsverwandter; er ging darauf in den Busch-
wald und nachdem er einige Jahre als Bandit gelebt hatte, fiel er in die
Hände der Justiz.)

Jesus, Josef und Marie
Und das heilige Sacramente,
Alle nun in Companie
Helfet mir bei dem Lamente.
Allerorten soll es erschallen:
Die zwei Helden sind gefallen.

So ihr gehet durch alle Gauen,
So ihr geht durch alle Reiche:
Einen der Cefariu gleiche
Werdet nimmermehr ihr schauen;
Keinen der wie er gewesen
In der Rede so auserlesen.

Hat der Mörder von Martini
Wie ein Hund sich da gerochen,
In dem Dornbusch sich verkrochen,
Aufgehetzt von den Martini.
Als er kam in sein Bereiche
Fällte er ihn mit einem Streiche.

Nahe hatte er zum Ziele
Den Chiucchinu sie nennen,
Thät in das Herz den Schuß ihm brennen,
War's Pistole, war es Fucile,
Daß durchs Herz das Blei ihm dringe
Wie ein Stoß von einer Klinge.

Cappatu ist aufgesprungen
Gleich dem wunden Leu im Walde,
Auf Tangone eingedrungen,
Der — um's Leben bat er balde.
Reuig hub er an zu klagen,
Daß er tückisch ihn erschlagen.

Todt sind nun die Helden beide,
Aber Paulu blieb auf Erden,
Wird im Buschwald Klaußner werden,
Wird sich nennen Racheleide.
Wird zum Feld er niedersteigen,
Wird aufs Feld er manchen neigen.

Wartet nur bis auf dem Lande
Ist der Winterschnee zerflossen,
Rache wird dann ausgegossen
Von den Bergen bis zum Strande.
Rache ist wie Flammenbrände,
Allerorten faßt es behende.

Wenn ein Dutzend wird erstochen
Von den Ersten und von den Reichen,
Sind mit diesem Dutzend Leichen
Seine Stiefeln kaum gerochen.
Und des Cappatu des Armen
Muß sich Rache auch erbarmen.

Will's Lamento nun beschließen,
Weiter hab' ich nichts zu sagen.
Wehe, Wehe allen diesen,
Die mit Ratschlag sie erschlagen.
Nun gebt Acht, wenn's euch gelinget;
Denn wo nicht — der Priester singet.

Vôcero

eines jungen Mädchens auf den Tod ihrer Gespielin, welche im Alter
von vierzehn Jahren starb.

(Dialekt von Vico.)

(Das Mädchen singt:)

Heute früh ist meine Gespielin
Mit dem schönsten Staate gezieret,
Denn vielleicht wird sie verlobet,
Vater und Mutter sie verlieret.
Ist sie schon bereit und fertig,
Daß man sie zum Bräutigam führet?

Allbeisammen ist der Piere,
Und man höret nichts als Klagen;
Traurig läuten alle Glocken,
Kreuz und Fahne wird getragen.
Und wie ist doch deine Feier
So in Trauer umgeschlagen!

Heut' verreiset meine Gespielin,
Reiset nach entfernten Landen,
Meinen Vater will sie besuchen,
Wo sich unsre Vorfahren fanden,
Wo ein Jeder muß verweilen,
Wo man gehet Hand in Handen.

Weil du Land und Luft willst ändern,
Deiner Heimat dich entschlagen,
Ist es gleich noch viel zu frühe,
Sich so jung hinaus zu wagen —
Hör' ein bischen deine Gespielin,
Dir so lieb in früheren Tagen.

Ein klein Briefchen will ich schreiben,
Alsogleich und will es dir geben,
Gar nicht will ich es versiegeln,
Weil ich kann der Hoffnung leben,
Daß du gleich nach deiner Ankunft
Meinem Vater es wirst geben.

Und dann sage ihm auch mündlich
Neuigkeiten von den Seinen,
Daß die Kleine, die am Herde
Er verlassen in bitterm Weinen
Wol gedeiht und groß ist worden
Und sich aufnimmt, wie sie meinen.

Und daß seine älteste Tochter
Einem Manne wurde zu eigen,
Daß ein Söhnchen sie geboren,
Einen Ast voll Blumenzweigen,
Daß er schon den Babu kennet,
Mit dem Finger ihn kann zeigen.

Daß er seinen Namen führet,
Den ich hoch in Ehren halte,
Und er hat so schöne Glieder
Zierliche und wolgestalte.
Alle die das Kindlein sehen,
Sagen gleich: ganz wie der Alte.

Sage auch dem lieben Onkel,
Daß sein Dorf ist wol geborgen,
Seit er mit so vielen Kosten
Jenen Brunnen ließ besorgen.
Und daß alle an ihn denken,
Wie den Abend so den Morgen.

Wenn wir in die Kirche kommen,
Wenden wir uns zu der Stelle,
Wo wir ihn bestattet haben,
Dort an jener Altarschwelle;
Dann thut gleich das Herz uns wehe,
Und die Tränen fließen helle.

Seht! nun kommt der Herr Curate,
Dich mit Wasser einzuweihen;
Alle stehn mit bloßem Haupte —
Um den Sarg sich andre reihen —
Geh' nun ein zum Himmel, Liebste,
Mit dem Herren dich zu freuen.

Vócero

auf den Tod des Giovanni von Bescovato.

(Eine Frau singt:)

Bin ein Vogel aus dem Busch,
Schlimme Mähre komm ich sagen;
Steiget schnell herab zur Kammer,
Müsset schnell den Tisch aufschlagen.

(Santia des Verstorbenen Weib singt:)

Aufgeschlagen ist die Tola
Für fünfhundert Speisegäste;
Herr Juvanni läßt euch bitten,
Daß ihr alle kommt zum Feste.

Eine Tafel also kostbar,
Froh die Gäste und unverdrossen —
O Juvà, Juvà, was hast du
Mir ein solches Leid beschlossen,
Einen Pfeil mir in die Seele
Mitten durch das Herz geschossen!

Nein! nach oben laßt uns gehen,
Dies ist ja das Fremdenzimmer,
Und du weißt es wol Juvanni,
Hier verweilet sind wir nimmer.
Wie ist doch dein Haus gefallen,
Hingesunken so in Trümmer!

Ach! daß du kein Wort sollst sagen,
Wer Juvà hat's dich geheißen?
Aus dem Leibe will mein Herz ich
Mir mit allen Wurzeln reißen,

Weil du solche Jammertage
Hinzuleben mich geheißen.

Nimm den Ring zurück von Demant,
Den du mir zum Pfand gegeben.
Weißt du nicht, daß ich dein Weib bin,
Du mit mir als Mann sollst leben?
Ach! du warst wie Nebelwolken,
Die in blauer Luft verschweben.

Willst im Dorf du nicht mehr wohnen,
Kannst du nach Bastia gehen,
Und dort wird an deiner Seite
Deine Annunziata stehen.
Denn vielleicht, bist du mir böse,
Willst dein Weib nicht gerne sehen.

Wo sind Felix und Lilina,
Unsre Kinder hingetragen?
Will das Herz in meinem Leibe
Mit der eignen Hand zerschlagen,
Wenn es wahr ist was die Leute
In dem Dorfe von dir sagen.

(Eine Frau von Venzolasca fällt ein:)
Gebt zufrieden euch Signora,
Herrn Juvà Abe zu sagen,
Und das Volk von Vescovato
Wird ihn ewiglich beklagen.
Wollen ihn nach Venzolasca
Heute früh hinübertragen.

(Santia nimmt den Gesang auf:)
Doch ich glaube Vescovato
Läßt ihn nicht von dannen tragen.

Ach! drei Dörfer sind gekommen,
Daß sie dich zur Gruft geleiten;
Ach! Juvà, willst du nicht sehen,
Wie sie Stricke um dich breiten?

O ihr Herren von Venzolasca,
O ihr Sieger nun, ihr großen,
Habt genommen mir Juvanni,
Mich in Einsamkeit gestoßen.

Abthun will ich meinen Schleier,
Will in der Falvetta wandern,
Und so will ich weiter gehen,
Wie die Armen gehn, die andern.

Vôcero

auf den Tod des Matteo.

(Die Schwester singt:)

Fluch komm' über seinen Stamm,
Ueber alle, die dran hangen;
Meinen Bruder schluget ihr todt,
Der dem Frieden ist nachgegangen.
Wo ihr ihn zur Stelle locktet,
Habt im Netz ihr ihn gefangen.
Aber alles was gesät ist,
Früh oder spat ist's aufgegangen.

Was er war will ich nicht sagen,
Noch wie jetzo ich ihn fand;

Jeden laß ich in seinem Hause,
Jeden laß ich in seinem Stand.
Du allerhöchster Jesu,
Alles geb' ich in deine Hand.

Zum Flußrand will ich mich wenden,
Dort wo im blutigen Staube
Ihre Federn und Flügel ließ
Meine liebliche Taube.
Auf der Straße ist sie gewandelt,
Sorglos fiel sie Falken zum Raube.
Gemein ist der Tod, es ist wahr,
Doch dieser ist einzig, wie ich glaube.

Weiter kann ich nichts mehr sagen,
Mich thut Schmerz zu sehr verwunden,
Weil doch meine fünf Gebrüder
Alle bis auf zwei geschwunden.
Das Blut vom Petracchiolo
Wie habt ihr's doch so süß erfunden.

Wir sind umrungen von Gendarmen,
Von Sergeanten, die stehn auf der Hut;
Ihre Zähne sie uns weisen,
Meine Brüder triefen von Blut.
Wenn Gelegenheit ist kommen,
Wird sich zeigen, wie uns zu Mut.

Wer doch war's, der dich, o Jammer,
Ausgeblasen, o meine Kerze?
Daß ich an ihn kommen könnte,
Ihm zerdolchen doch sein Herze!

O Matteju, wirst meinem Herzen
Blutegel sein nun immerdar.
Wie so oft sagt' ich's, o Bruder,
Mehr als zwanzig Male fürwahr,
Daß im Herzen dieser Grimmen
Nichts als Gift von Schlangen war.

O du gottverfluchte Neidschaft,
Möchtest du durch Pest doch enden,
Immer stehn sie auf der Wache,
Lassen uns nicht aus den Wänden.
Aber Zeit ist's sich zu rächen,
Und zur Hölle sie zu senden.

O Mattè, wie grimme Stiche
In der Nacht mein Herz durchdringen!
Neunmal haben sie geschossen,
Eh' die Mordthat wollt' gelingen.
Helfet mir, o meine Schwestern,
Weil die Adern mir zerspringen.

Vôcero

auf den Tod des Matteo eines Arztes.

(Dieses alte Lament aus dem Jahre 1745 wurde gesungen von einer Bluts=
verwandten des Todten. Als Chorführerin an der Spitze der Scirrata zur
Klage gehend, kommt sie an eine Brücke und begegnet hier denen, welche den
Todten nach seinem heimischen Dorfe tragen, worauf sie das Lament beginnt:)

Wie ich an die Brücke kommen,
War es wie Wolken, die dort stunden;
Doch nicht Priester mit der Stola,
Noch das Kreuz hab' ich gefunden.
Das Mandile nur alleine
Um den Hals ihm war gebunden.

(Indem sie den Leichnam zu grüßen sich weigert, noch irgend einem ein
Zeichen der Freundschaft geben will, fährt sie fort:)

Setzet nieder hier Matteju,
Daß ich ihm die Hand mag reichen,
Andern will ich sie nicht geben,
Denn sie sind nicht Seinesgleichen.
O Matteju, meine Taube,
Du bist todt von ihren Streichen.

Ach! erhebe dich doch, Matteju,
Deine Krankheit wolle uns klagen.
Fieber ist es nicht gewesen,
Noch hat Schlagfluß dich erschlagen.
Deine Krankheit heißt Negretti
Und Natale muß man sagen.

Wenn die Not es hatte geboten,
Tint' und Feder zu beeilen,
Wenn nicht italienisch genügte,
Schrieb lateinisch er die Zeilen.
Ach! du konntest gehn nach Corru,
Einen Kain selbst zu heilen.

(Eine andere Blutsverwandte des Todten kommt herbei und fällt ein:)

Wenn ich denke an meinen Vetter,
Fühl' die Erde ich zerspringen;
Wenn ich denke daß er gestorben,
Will mich Schauder all durchdringen.
Gehn wir weiter, liebe Nachbarn,
Daß wir heim die Leiche bringen.

Dieser war die Turteltaube,
Einem Bruder gleich geachtet,

War ein Schatz begehrt von Fremden,
Labsal dem der arm verschmachtet.
Wo er ging, von den Balconen
Hat im Dorf man ihn betrachtet.

Wütender bist du gewesen,
Denn ein Hund, o Hund Natale;
Weil er seinen Arzt verraten,
Wie der Judas nach dem Male.
Weil er wähnte, daß aus dem Blute
Man den Beuteteil ihm zahle.

Doch das Blut von dem Matteju
Ungerochen darf es nicht fließen.
Schuldlos habt ihr ihn erschlagen,
Und sein Blut sollt ihr nun büßen.
Ehe will ich zur Mohrin werden,
Als es ungerochen wissen.

(Die Chorführerin nimmt den Gesang auf:)

Ja! das Blut von dem Matteju
Wird in Bälde schon gerochen;
Denn es sind schon seine Brüder
Und die Vettern aufgebrochen.
Und wenn diese nicht genügen,
Hats der ganze Stamm versprochen.

(Während der Leichenzug durch ein Dorf von Soro zieht, kommt ein Paesan
dieses Dorfes und bietet allen eine kleine Erfrischung, aber die Chorführerin
singt:)

Nein, von euch in Sorru droben
Sei uns Labe nicht geboten.
Wir erwiesen euch nur Gutthat,
Uebles habt ihr uns entboten.

Den wir lebend euch gegeben,
Gebt zurück ihr uns als Todten.

Esset nur von eurem Brode,
Trinket nur von eurem Weine.
Denn wir wollen' das nicht haben,
Wollen euer Blut alleine.
Einen schickten wir zum Buschwald,
Daß der Rächer uns erscheine.

Ist das nicht das Dorf da droben,
Wo mein Vetter mußte erblassen?
Möge Feuer es verschlingen,
Lieg' es veröbet und verlassen!

(Eine Alte fällt ein:)

Stille, stille, o ihr Schwestern,
Hört nun auf mit diesem Toben.
Denn Matteju will nicht Rache,
Er ist nun im Himmel droben.

Schwestern seht auf diese Bahre,
Seht das Kreuz darüber schweben.
Jesus Christus will uns lehren,
Unsern Feinden zu vergeben.
Stachelt nicht die Männer weiter,
Sturm genug hat ja das Leben.
Heute stehn wir noch in Gnaden,
Morgen ach! schon fluchbeladen.

Vôcero

auf den Tod der Chilina von Carcheto d'Orezza.

(Die Mutter singt:)

Ach! sie sagten schon das Ave,
Und ich lag hier an der Bahre;
Schon gekommen sind die Frauen,
Dich zu sehn den Kranz im Haare —
O Chilina, Mutterwonne,
Meine schöne, demantklare.

Weißer warst du denn der Bergschnee,
Mehr denn Reis warst du erlesen;
Ach! dein Leib ist auf der Tola,
Doch dein Geist im Herrn genesen.
O Chilina, Mutterwonne,
Bist so eilig mir gewesen.

O mein Hahn du in den Nächten,
Meine Taube du am Morgen,
Nimmer wirst du heut' erwachen,
Meine Lust du und mein Sorgen.
Ach! Chilina, deine Augen
Haben all' ihr Licht verborgen.

Niemals schickt' sie mich zum Brunnen,
Niemals ließ sie Holz mich spalten,
Denn es hat mich meine Tochter
Einer Herrin gleich gehalten.
Ach! der Tod hat ihr die Flügel
Nun mit einem Mal entfalten.

Wo ist blieben meine Schönhand,
Die Schmalfingerlein die raschen,
Wenn die Fäden sie geknüpft hat
Und die Knoten und die Maschen.
Ach! der Dieb der Fußzehschleicher
Mußte sie so plötzlich haschen.

Nimmer konnt' ich das mir denken,
Alsobald zu sein alleine.
O wie wird nun Annadea
Stralen dort im Freudenscheine,
Wenn die Schwester sie empfanget,
Ach Chili, Chili du Meine.

Ach! was willst du doch Chilina
In so bösem Ort verschwinden!
Nimmer geht dort auf die Sonne,
Feuer kann man da nicht zünden.
O Chilina, Mutterwonne,
Nirgend mehr werd' ich dich finden.

Du wirst nicht mehr in die Messe,
Zu dem Ave nicht mehr gehen,
O Chilina, Mutterwonne,
Nimmermehr werd' ich dich sehen.
Ach! das will mir nicht gefallen,
Daß ich soll verlassen stehen.

(Ein Mädchen tritt in die Todtenkammer und singt:)

Nun steh auf, steh auf, Chilina,
Weil dein Pferdchen ist bereitet,
Und wir wollen nach Carcheto,
Wo die Hochzeitsglocke läutet;

Denn du bist schon aufgeboten,
Und der Brautzug dich geleitet.

Du bewegst dich nicht, du sagst nichts,
O Chill willst keinen sehen —
Deine Händchen sind gebunden,
Deine Füßchen sind gebunden —
Schwestern, lösen wir die Binden,
Weil sie gern will mit uns gehen.

(Eine Frau fällt ein:)

Stille, still o Madalena,
Denn ich will sie etwas fragen:
Eh' vielleicht als ihrer Mutter
Wird sie mir die Antwort sagen,
Weil zu Haupt ihr doch die Mutter
Also weint und schluchzt in Klagen . . .

Text des zweiten Vocero in dieser Reihe.

Eo partu dalle Calanche
Circa quattr' ore di notte:
Mi ne falgu cu la teda
A circà per tutte l'orte,
Per truvallu lu mio vabu:
Ma li avianu datu morte.

Cullatevene più in su,
Chi truvarete a Matteju;
Perchè questu è lu mio vabu.
E l'aghiu da pienghie eju.

Via, pigliatemi u scuzzale
La cazzola e lu martellu.
Nun ci vulete anda, vabu,
A travaglià a San Marcellu?
Tombu m'hann lu mio vabu,
E feritu u mio fratellu.

Or circatemi e trisore,
E qui prestu ne venite:
Vogliu tondemi i capelli
Per tuppalli le ferite;
Chi di lu sangue di vabu
N'achiu carcu le mio dite.

Di lu vostru sangue, o vabu,
Bogliu tinghiemi un mandile;
Lu mi vogliu mette a collu
Quandu avrachiu oziu di ride.

Eo collu per le Calanche
Falgu per la Santa Croce,
Sempre chiamanduvi, vabu:
Rispunditemi una voce.
Mi l'hann crucifissatu
Cume Ghesù Cristu in croce.

Ich habe den Text dieses Vôceio mitgeteilt, damit sich
aus einem Ganzen ein Urteil über den corsischen Dialett
bilden lasse und der Kundige im Stande sei, ihn mit dem
Italienischen zu vergleichen. Ich finde eine nicht geringe Aehn=
lichkeit zwischen dem Dialekte Corsica's und dem römischen,
wie er in Trastevere gesprochen wird. Aber überhaupt ist den
italienischen Volksmundarten die Eigenschaft gemein, die Verbal=
endungen are und ire abzuschleifen oder abzuplatten, ferner

oft das l in r zu verwandeln. Der Corse sagt auch soretra statt sorella. Durchgehend ist die Neigung der corsischen Mundart, den Vocal o in das u abzudämpfen. Sprachkenner haben es ausgesprochen, daß der corsische Dialekt einer der reinsten unter denen Italiens sei, und besonders rühmt ihn Tommaseo in seiner Sammlung toscanischer, corsischer und griechischer Volkslieder, in welcher er auch die corsischen Vôceri, aber ziemlich verstümmelt, aufgenommen und erläutert hat. Er nennt in diesem Buch das Corsische eine mächtige Sprache und einen der am meisten italienischen Dialekte Italiens. Mich dünkt sie ächtes Gold gegen das Patois der Piemontesen und Lombarden und die Mundarten von Parma und Bologna. Schon aus dem mitgeteilten Klageliede wird man erkannt haben, daß die corsische Sprache, wiewol eine platte Mundart, doch weich und graziös ist.

Zweites Buch.

Erstes Kapitel.

Durch die Balagna nach Corte.

Ich verzichtete auf eine Wanderung längs der Küste von Calvi bis Sagone, wo die Golfe von Galeria und Girolata und die größeren von Porto und Sagone in das Land einschneiden. Diese Gegenden sind größtenteils uncultivirt, die Wege abschreckend.

Mit der Post, welche von Calvi nach Corte geht, machte ich mich auf, durch das herrliche Tal der Balagna zu fahren. Wie ich schon erwähnt habe nennt man dieses große und bestens cultivirte Land den Garten von Corsica. Himmelhohe Berge umschließen dasselbe, Schneehäupter wie der Tolo und der gewaltige Grosso, Höhen von den prächtigsten Formen, die den Landschaftsmaler entzücken würden. An den Abhängen stehen Ortschaften in großer Zahl, welche der Blick überlaufen kann, Santa Reparata, Muro, Belgodere, Costa, Speloncato, Feliceto, Nessa, Occhiatana, alle ehedem Sitze des Adels und der Caporali und voll von Erinnerungen alter Zeiten. Einst herrschten hier die Markgrafen Malaspina, die aus Massa und der lunigianischen Mark zu Hause waren, ein mächtiges Herrengeschlecht, welches auch Dante rühmt. Im Fegefeuer findet er Currado Malaspina und sagt zu ihm:

Ich bin in euer Land noch nie gekommen,
Doch wo man in Europa mag verkehren,
Wo hätte seinen Ruf man nicht vernommen.
Man hört den Ruhm von eures Hauses Ehren
Von Herr'n und Land aus jedem Munde kommen.

Fünf Grafen ihres Hauses Guglielmo, Ugo, Rinaldo, Jsuardo und Alberto Rufo waren seit dem Jahre 1019 nach Corsica gekommen. Ihr zahlreiches Geschlecht ist in vielen Zweigen über die italienischen Lande verbreitet. Sie bauten in der Balagna Speloncato.

Später verloren die Barone ihre Macht durch die Verfassung der Terra del Commune. Man hielt hier häufig die Volksversammlungen, wie auf dem Feld von Campiolo. Der corsische Geschichtschreiber erzählt einen Zug von Heroismus, welchen Renuccio della Rocca auf einer dieser Bebuten an den Tag legte. Renuccio stand gerade vor dem Volk, als sein vierzehnjähriger Sohn über das Feld ritt, und von dem wild gewordenen Roß in die Lanze geschleubert wurde, welche sein hinter ihm reitender Schildknappe hielt. Man brachte den sterbenden Jüngling zum Vater. Aber Renuccio, ohne die Miene zu ändern, fuhr in seiner Rede fort, das Volk zum Aufstand gegen Genua zu entflammen. Dieser spartanische Zug, der Heroismus Gaffori's, jener Heldensinn Leoni's vor dem Turm von Ronza, an welchem sein Sohn gefallen war, erinnert an die eherne Männlichkeit Xenophons. Als Xenophon beim Opfern war, brachte man ihm die Nachricht, daß sein Sohn Gryllus gefallen sei. Der Vater nahm bestürzt den Opferkranz vom Haupt, aber als man ihm sagte, daß sein Sohn tapfer gekämpft habe, setzte er den Kranz wieder auf und opferte ruhig den Göttern.

Ich fand in der Balagna viele schon gesichelte Getreidefelder, ein tröstlicher Anblick in corsischen Landen. Ueberall, zumal in der Nähe von Ortschaften, gibt es herrliche Haine von Castanien, Wallnußbäumen und Mandeln, Gärten voll von Orangen und Citronen, und Oelwäldern. Die gute Straße führt am Fuß des Bergcirkels hin, und von allen Punkten genießt man der reizendsten Fernsichten in die Berge oder auf das Meer. Die größten Orte der Balagna sind Muro und Belgodere, namentlich das letztere, welches seinen Namen der schönen Lage verdankt. Um Belgodere her ist das rechte palladische Land der Olivenhaine.

Man behauptet, daß es in ganz Italien keinen Ort gebe, wo der Oelbaum zu solcher Größe erwachse, wie in der Balagna. Sein Wuchs, seine Fülle von Gezweig und sein Fruchtsegen sind erstaunlich. Er ist stark wie die Buche, und im heißen Mittag ruht man beschirmt unter seinem Frieden. Wie muß man den Oelbaum lieb gewinnen! Er ist nicht prächtig anzu= schauen wie die Platane oder die Eiche; sein Stamm, seine graulich grünen, langen, schmalen Blätter erinnern an die heimische Weide, aber außer dem Reichtum, den er trägt, haftet an ihm die Poesie der menschlichen Cultur. Wenn man unter einem grauen Oelbaum am Meeresstrande sitzt, wird man in das fromme, sonnige Morgenland entrückt, wo unsre Phan= tasie zu Hause ist, seitdem uns die Mutter die Bilderbibel auf= schlug und vom Oelberg in Jerusalem erzählte. Wie oft haben wir uns nicht jene Olivenhaine gedacht! Und wieder rauscht aus diesem Baume die Poesie der Hellenen und die Weisheit der Minerva, und sie versetzt uns in das Land des Homer, des Pindar und Aeschylus und unter die Musen und Götter des Olymp. Ein christlich hellenischer Baum ist der Oelbaum, ein doppelheimischer; sein Zweig köstlicher als der des Lorbeers, das schönste Sinnbild des Glücks und des Friedens, und der Mensch sollte die ewigen Götter zu allererst bitten: schenkt mir ins Leben einen grünen Oelzweig. Sie schenken allerlei ins Menschenleben, den Lorbeerzweig, die Mirte, den Dorn=

und den Cypressenzweig. Mit Demut soll's der Mensch hin=
nehmen. —

Es gibt in der Balagna mehrere Gattungen von Oelbäumen,
die sabinischen sabinacci, die saraceni, die genovesi, so
nennt man sie nach ihrer Abkunft gleich eblen Signorenfamilien.
Die dritte ist die häufigste. Man schreibt sie Agostino Doria
zu, welcher die Corsen zwang, die Olive reichlich zu pflanzen.
Das ist denn ein friedliches Denkmal der Genuesenherrschaft in
Corsica. Wann dort die Olive überhaupt heimisch geworden
ist, weiß ich nicht zu sagen. Im Epigramm Seneca's wird
noch geklagt, daß der Pallas Geschenk auf der Insel nicht zu
finden sei. Doch scheint es mir kaum glaublich, daß man nicht
schon vor Seneca den Oelbaum auf Corsica sollte cultivirt
haben. Heute gilt von den corsischen Oelbäumen der Ruhm,
daß sie unter allen andern der Welt den Witterungsveränbe=
rungen am kräftigsten trotzen, und dieses Lob hat ihnen
Humboldt gespendet. Sie bedürfen weniger Pflege. Man
schneidet, um sie zu kräftigen, ihre ältesten Aeste ab, umgräbt
den Baum, oder trägt etwas Dünger um den Stamm auf.
Wenn die Oliven abfallen, sammelt man sie. Zwanzig Pfund
geben fünf Pfund klares Oel. Das thut man in Steinkrüge,
worin es bis zum Monat Mai stehen bleibt. Der Oelbaum
trägt alle drei Jahre sehr reichlich.

Es kommen die Vögel und tragen die Olivenkerne nach
allen vier Winden und streuen sie aus. Da bedeckt sich die
Insel mit wilden Oelgebüschen, welche in Berg und Tal lustig
grünen und der Veredelung warten. Im Jahr 1820 hat man
sie, ich weiß nicht auf welche Weise, zu zählen unternommen
und man will ihrer zwölf Millionen rechnen. Heute sind die
reichsten Oelländer Corsica's die Balagna, das Nebbio und die
Gegend von Bonifazio.

Ich verließ die Balagna bei dem Ort Novella. Von dort
geht es in das bergige Innere hinein, und stundenweit rollt

das Fuhrwerk durch enge Täler und zwischen unfruchtbaren Felsenhügeln hin, ohne daß sich eine Ortschaft zeigt, bis man nach Ponte alla Leccia in dem Golotal gelangt, wo die Hauptstraßen von Calvi, Ajaccio und Bastia sich treffen. Man fährt nun längs des Golo fort in einem anmutigen Tale. Zur Rechten hat man das Hirtenland Niolo, den heutigen Canton Calacuccia; es ist muschelförmig von den höchsten Bergen umgeben, in denen die Seen Neno und Creno liegen. Dies merkwürdige Gebiet ist eine natürliche Festung, denn nur an vier Stellen öffnet es sich, nach Vico, Venaco, Calvi und nach Corte. Ein steiler Weg, die scala di Santa Regina, führt nach Corte. In jenem Ländchen wohnen die stärksten Männer Corsica's, patriarchalische Hirten, welche die Sitten der Altvordern treu bewahrt haben.

Mancher merkwürdige Ort liegt auf der Straße nach Corte, wie zuerst Soveria, die Heimat der Cervoni. Thomas Cervoni war es, welcher Pasquale Paoli aus dem Kloster von Alando befreite, als Matra ihn dort belagerte. Man wird sich erinnern, daß er Pasquale's Feind war, daß aber seine Mutter ihm selbst die Waffen in die Hand gab und unter der Drohung, ihn zu verfluchen, ihn forttrieb, Pasquale zu retten. Cervoni eilte nach dem bestürmten Kloster, und Matra ward erschlagen.

Cervoni's Sohn war der tapfere General, welcher als Officier bei Toulon neben Napoleon die ersten Waffenehren davontrug. Er glänzte bei Lodi; im Jahr 1799 war er Commandant von Rom. Er kündigte dem Papst Pius VI. an, daß seine Herrschaft zu Ende sei und daß er den Vatican verlassen müsse. Er war das Schrecken von Rom. Valery erzählt, daß derselbe Cervoni in den Tuilerien an der Spitze der Generale vor Pius VII. trat und ihn begrüßte. Sein schönes Organ und seine italienische Aussprache setzten den Papst in Erstaunen, so daß er ihm Schmeicheleien sagte. Santo Padre, sagte hierauf Cervoni, sono quasi italiano — Oh! — Sono

Corso — oh! oh! — „Sono Cervoni!" — oh! oh! oh! und bei dieser Erinnerung wich der Papst bis an das Kamin zurück. Im Jahr 1809 riß dem Marschall Cervoni eine Kanonenkugel bei Regensburg den Kopf hinweg.

Nahe bei Soveria steht Alando, berühmt durch den Namen Sambucuccio, jenen Lykurg der Corsen, welcher die demokratische Verfassung dieses Volkes gründete. Man zeigt kaum kenntliche Trümmer seines Schlosses. Einer seiner Nachkommen war vierhundert Jahre später, im Jahr 1466, Vicar der corsischen Nation. Caporali wohnten hier, namentlich im nahen Omessa. Erst Tribune des Volks und durch die Demokratie Sambucuccio's berufen, die Rechte der Communen zu vertreten, erlagen sie dem allgemeinen Uebel, welches die besten Verfassungen untergräbt, dem Ehrgeiz und der Herrschsucht, und sie machten sich ebenso wie die Signoren zu Despoten. Noch zu seiner Zeit klagt Filippini, daß die Caporali die schrecklichste Geißel Corsica's seien.

Rings um Alando gedeihen Castanien, aber das Land ist arm. Auf den Berghaiden haben schwarze Schafe und Ziegen ihre Nahrung. Ihre Wolle wird hier zu dem pelone verwirkt.

Sobald man über das Gebirg Alluraja gekommen ist, welches sich hoch zwischen dem Golo und dem Tavignanoflusse erhebt, steigt man auf der vortrefflichen Straße nach Corte nieder.

Zweites Kapitel.

Die Stadt Corte.

Das Arondissement von Corte, das centrale Gebiet der Insel, umfaßt in 15 Cantons und 113 Communen eine Zahl von 55000 Menschen. Die kleine Hauptstadt selber zählt etwa 5000 Seelen.

Corte ist eine Binnenstadt von herrlicher Lage. Das Pano=
rama der braunen Berge, in deren Mitte sie liegt, die Cita=
delle auf einem unersteiglich schroffen Felsenriff, geben ihr eine
sehr ernste Physiognomie. Von allen Seiten erheben sich Berge
und in den mannigfachsten Formen. Nach Norden sind sie
niedriger und meist kuppelförmige Höhen, welche bebuscht oder
mit Getreidefeldern bedeckt sind. Der Sommer hat sie in tiefes
Braun gekleidet. Es sind dies die letzten Absenkungen der
Bergreihen, welche die Wasserscheide zwischen dem Golo und
dem Tavignano bilden und zwei Täler trennen, Niolo und
Tavignano. An der Oeffnung des letzteren, wo der Tavignano
mit der Restonica zusammenströmt, liegt Corte. Drei hohe
und ganz mit Felsen gepanzerte Berge beherrschen den Ein=
gang in dieses Gebirgstal; beide Flüsse haben sich durch tiefe
Schluchten ihre Wege gebahnt und rauschen über Trümmer=
gestein in einander. Zwei steinerne Brücken führen über sie
hinweg.

Die untere Stadt hat nur eine Hauptstraße, welche neu
ist, den sogenannten Corso, dem eine Allee von Ulmen ein
ländliches Ansehn gibt. Und auch hier überraschte mich die
idyllische Stimmung, welche den corsischen Orten ein so eigen=
tümliches Gepräge verleiht. Man glaubt sich wahrlich in dem
fernsten Teil der Welt und von allem Verkehre abgeschieden.

Ehrwürdig ist die Stadt durch Erinnerungen der Geschichte.
Zur Zeit Paoli's war sie der Mittelpunkt seiner Regierung,
in ältesten Zeiten Sitz maurischer Könige, in allen Jahrhun=
derten als Mittelpunkt der Insel wichtig und durch ihre Festung
oftmals entscheidend für den Gang der Kriegsereignisse.

Die Citadelle von Corte ist die Akropolis von Corsica.
Sie steht auf einem schwarzen, schroffen, zackigen Felsen, welcher
über dem Tavignano aufsteigt. Mauern, Türme, die alte
Stadt, welche sie umschließt, Alles sieht schwarz, verwittert,
grauenvoll wüste aus und von unablässigem Kampf zerhauen.

Oefter als Belgrad ist dieses Schloß bestürmt und verteidigt worden. Den Grund zu seiner jetzigen Gestalt legte Vincentello d'Istria im Anfang des fünfzehnten Jahrhunderts.

Man zeigt hier noch die Schießscharte, aus welcher die Genuesen den jungen Sohn Gaffori's heraushingen, um den Vater vom Sturm abzuhalten.

Gaffori's Name ist die schönste Zierde der Stadt Corte, und sein kleines von Kugeln noch durchlöchertes Haus ihr glänzendstes Monument. Es bewahrt noch eine andere Erinnerung, die an sein heldengroßes Weib. Die Genuesen benutzten einst die Abwesenheit Gaffori's, sein Haus zu überfallen und sich seines Weibes zu bemächtigen, wie es ihre Politik war, die Familien gefürchteter Corsen als Geißeln zu gebrauchen und die Vaterlandsliebe durch die Natur zu bekämpfen. Aber Gaffori's Weib verschanzte sich in ihrem Hause, und verteidigte sich darin mit den wenigen Freunden, die ihr zugesprungen waren, die Flinte in der Hand, Tage lang. Als die Not immer höher stieg, rieten ihr ihre Freunde zur Capitulation. Sie aber brachte ein Pulverfaß in ein unteres Zimmer, ergriff eine Lunte und schwor das Haus in die Luft zu sprengen, wenn man aufhöre auf die Stürmenden zu feuern. Die Freunde kannten den verzweifelten Mut dieses Weibes und hielten Stand, bis Gaffori selbst mit einer Corsenschaar herbeikam und seine Gattin befreite. Als er ermordet war, nahm dasselbe Weib seinen jungen Sohn, den man einst an jene Mauer des Castells gebunden hatte, und ließ ihn schwören, die Genuesen zu hassen und seinen Vater zu rächen. So that auch Hasdrubal mit Hannibal in alten Zeiten.

In demselben Hause wohnte im Jahr 1768 Carl Bonaparte mit Lätitia; es war würdig einem Napoleon die Entstehung zu geben.

Viele Erinnerungen an Paoli haften an einem andern Gebäude, welches Palazzo de Corte heißt, und Sitz der Regierung

Paoli's wie seine Wohnung war. Da ist sein Zimmer, in welchem er arbeitete, ärmlich und schlecht, wie es dem Gesetz=geber der Corsen geziemte. Man weiß zu erzählen, daß der große Mann, nicht sicher vor den Mörderkugeln, das Fenster dieses Zimmers stets verbarrikadirt hielt; und in der That sieht man noch die Fensterladen mit Kork ausgefüttert. Die Nationalversammlung hatte ihm eine Garde von 24 Mann bewilligt, wie ehedem Demokratien Griechenlands ihren Volks=männern solche Garden gaben. Stets hatte er sechs Hunde als Wache bei sich. Ich muß hier an seinen Zeitgenossen und Bewunderer Friedrich den Großen denken, wie auch er in seinem Cabinet stets von Hunden umgeben war; doch waren es Spiel=hunde, die reizende Alcmene und die zierliche Biche und andere Windhunde. Wollte man Paoli in dieser Hundegesellschaft malen, wie man den alten Fritz in der seinen so oft dargestellt hat, so würde es ein wildes Bild geben: der corsische Held in seinem ärmlichen Cabinet am Kaminfeuer schreibend, in einen groben Rock gehüllt, hinter einem verbarrikadirten Fenster, auf dem Boden kauernd zottige Wolfshunde — da hat man ein corsisches historisches Genrebild.

Ein anderes Zimmer, ehemals der Sitzungssaal des Staats=rats der Neun, bewahrt eine nicht minder interessante Merk=würdigkeit. Da sieht man nämlich noch die Stangen, welche den Baldachin über einem Tron Paoli's tragen sollten. Paoli und ein Tron! das ist unglaublich — hat dieser große Volks=mann Gelüste nach königlichen Emblemen getragen? Man will es behaupten und erzählt davon Folgendes. Eines Tags sah man im Nationalpalast einen Tron aufstellen. Er war von carmoisinrotem Damast, mit goldenen Franſen verziert und trug über dem Wappen Corsica's eine goldene Krone, welche so angebracht war, daß wenn Paoli auf dem Stule saß, sie über seinem Haupte stand. Zu diesem Tron gehörten kleinere Seſſel für die Neunmänner. Als nun der Rat der Neun in

dem Saal sich versammelt hatte, öffnete sich die Thüre und
Paoli trat herein, in einem prächtigen Staatsgewand, das
Haupt bedeckt, den Degen an der Seite, und schritt auf den
Tron zu. In diesem Augenblick erhob sich ein Murmeln des
Staunens und Unwillens unter den Neunmännern, und dann
folgte tiefe Stille. Paoli hat sich nie auf den Tron gesetzt.

Ich finde diese Erzählung so oft bestätigt, daß sie zu be-
zweifeln mir fast gewagt scheint. Wenn sie wahr ist, wäre
das ein merkwürdiger Zug in der Seele des großen Bürgers,
ein Beweis, daß menschliche Schwachheit überall eindringt,
daß kein Sterblicher vor dem Augenblick sicher ist, wo ihn
die Eitelkeit beschleicht. Paoli und ein Tron — es gibt kaum
einen größeren Widerspruch. War doch das corsische Volk und
die Freiheit der höchste Tron für den edlen Mann, und nie
hat Einer auf einem herrlicheren gesessen als der hölzerne
Schemel war, auf welchem Paoli der Gesetzgeber und Befreier
seines Volkes saß.

Seine Feinde haben ihm vorgeworfen, daß er nach der
Königskrone strebte, doch thaten sie ihm Unrecht, und jener
Vorwurf wird durch die Geschichte Lügen gestraft. Wollte er
vielleicht durch königliche Embleme seinem Staat nach außen
ein erhöhtes Ansehn geben, da dieser stets den althergebrachten
Titel des Königreichs Corsica führte? Sonst hat er nie fürstlichen Prunk zur Schau getragen. Er, wie alle Glieder der
Regierung, trug die Kleidung des Landes, das Tuch Corsica's,
und er lebte nach der schlichtesten Landesart. Die Häupter des
Staats unterschieden sich nur durch ihre Intelligenz von dem
Volk, und nur um den Franzosen auch äußerlich den Schein
einer geregelten Regierung zu geben, bestimmte Paoli für
den Staatsrat eine auszeichnende Kleidung, einen grünen Rock
mit Goldstreifen, den Farben Corsica's. Er selbst legte ihn
an und ließ dieses Staatsgewand von den Räten tragen, als
die französischen Officiere zum erstenmal nach Corte kamen.

In würdiger Weise sollten die Landesregenten erscheinen. Dies war ein Zugeständniß an die französische Etikette, das schon bedauerlich ist, weil sich Paoli hier nicht mehr frei vom Schein erhielt, und jene demokratische Gleichheit durch ein paar Goldtressen aufhob; und doch durften die Corsen ihren wollenen Kittel mit größerem Stolz tragen, als die Franzosen ihre prunkenden Uniformen. So geringfügig und in der Betrachtung untergeordnet diese Dinge an sich erscheinen mögen, so geben sie doch zu denken. Denn die Zeit macht unwesentliche Unterschiede zu wesentlichen und das Aeußere auch zum Innern. Es liegen in ihr unsichtbare Einflüsse des Schlechten, welche alles Reine trüben und alles Edle verunedlen. Die Menschenwelt ist einmal so, daß ihre erhabensten Erscheinungen nur da zu finden sind, wo nach einem hohen Ziel erst gerungen wird. Es hat mich in Corsica manchmal traurig gemacht, wenn ich daran dachte, daß alle diese heroischen Anstrengungen des Volks um die Freiheit fruchtlos gewesen sind, daß nun im Lande Sampiero's, Gaffori's und Paoli's die Nation der Eitelkeit die Herrschaft führt. Doch schmerzlicher noch wäre die Erfahrung, wenn der Staat Paoli's in sich selber erkrankte und dem menschlichen Eigennutze erlag. Ich glaube wenigstens, daß er diesem Schicksal · nicht entgangen wäre. Denn die wahre Freiheit lebt nur in Utopien. Die Menschheit scheint ihrer nur in geweihten Augenblicken fähig zu sein.

Einmal empfing Paoli in diesem Palazzo nationale auch eine pomphafte Gesandtschaft. Ein tunesisches Schiff war an den Küsten der Balagna gestrandet, und Paoli hatte den schiffbrüchigen Barbaren nicht allein all' ihr Hab und Gut zurückstellen, sondern sie gastlich verpflegen und von zwei Officieren zum Bey von Tunis heimwärts geleiten lassen. Der Bey schickte deshalb eine Gesandtschaft an Paoli, welche ihm seinen Dank und die Versicherung bringen sollte, daß er sein und seines Volkes Freund bleiben wolle, und daß in seinen Staaten

keinem Corsen je ein Leid zugefügt werden dürfe. Der Ge=
sandte von Tunis kniete vor Paoli nieder, und die Hand an
die Stirne führend sagte er: il bey ti saluta e ti vuol bene,
der Bey läßt dich grüßen und will dir wol. Er brachte ihm
ein schönes, kostbar bedecktes Pferd, zwei Strauße, einen Tiger,
einen mit Diamanten besetzten Säbel; und nachdem er einige
Tage in Corte gewohnt hatte, kehrte er nach Afrika zurück.

In der unmittelbaren Nähe Corte's liegt das alte Francis=
canerkloster, eine ansehnliche Ruine. Hier versammelte sich zu
Paoli's Zeit das corsische Parlament in der Kirche, von deren
Kanzel herab so mancher Patriot feurige Reden hielt. Der
Freiheit wurde in dieser Kirche viel geopfert, und ihr Name
klang hier nicht als wesenlose Phrase. Die ihn anriefen,
starben auch dafür. Im Jahr 1793 waren auf dem Platz vor
diesem Kloster die Corsen zu einer Versammlung vereinigt;
die Zeit war stürmisch, denn der französische Nationalconvent
hatte Paoli des Hochverrats angeklagt. Da kletterte hier Pozzo
di Borgo, jener unerbittliche Feind Napoleons, gleich ihm ein
Bürger aus Ajaccio, auf einen Baum und hielt eine be=
geisternde Verteidigungsrede Paoli's; für infam wurden hier
erklärt Paoli's Ankläger, die wütenden Clubbisten Arena und
die Bonaparte.

Wenn man heute in dem grabesstillen Städtchen umher=
wandert, unter dessen schattigen Ulmen ärmlich aussehende
Corsen stehn, als wollten sie den Tag und die Welt ver=
träumen, so will's einem gar nicht in den Sinn, daß vor
kaum hundert Jahren die aufgeklärteste Staatsweisheit in
solchem verborgnen Erdenwinkel ihren Sitz aufgeschlagen hatte.

Auch eine Universität hatte Paoli in Corte gegründet, wie
er hier auch die erste corsische Druckerei und die erste Zeitung
ins Leben rief. Von dieser hohen Schule sollten sich Aufklärung
und Wissenschaft als ein Lichtstrom über die Berge und in
alle Täler Corsica's verbreiten, und vor ihm sollte die mittel=

altrige Barbarei verschwinden. Ich habe schon dieser Univer=
sität gedacht und gesagt, welch ein patriotisches Institut sie
war. Viele wackere Männer gingen aus ihr hervor, tüchtige
Advocaten, die auf dieser Insel meist auch die Schriftsteller
sind. Auch Carl Bonaparte, Napoleons Vater, studirte hier.
Die junge Anstalt ging mit dem Verlust der Freiheit unter.
Jene wiederherzustellen, setzte Paoli auf seinem Todtenbette
ein Legat aus, und mit Hülfe dieses Capitals wurde im Jahr
1836 eine Hochschule neu errichtet. Sie hat heute einen Director
und sieben Professoren für Wissenschaften, doch erfreut sie sich
keiner großen Blüte. Vielleicht auch möchte eine Anstalt aka=
demischer Art den Bedürfnissen Corsika's weniger entsprechen,
als tüchtige Realschulen.

Ich habe unter den Corsen wolgebildete und gelehrte
Männer getroffen, und auch hier in Corte machte ich die
Bekanntschaft eines Mannes, dessen Belesenheit in den roma=
nischen Literaturen mich in Erstaunen setzte. Es war der Sohn
eines der tapferen Capitäne, die nach der Schlacht von Ponte
Nuovo bis zum letzten Augenblick die Waffen hielten, und
den ich namentlich genannt habe. Sein Gedächtniß ist so groß,
daß er die besten Stellen aus Italienern, Franzosen und
Lateinern auswendig kannte, und es ihm nicht darauf ankam,
ganze Seiten aus dem Tasso oder Ariost, lange Sentenzen
aus Voltaire oder Macchiavelli, aus Livius, Horaz, Boileau
und Rousseau herzusagen. Mit ihm über Literatur sprechend,
fragte ich ihn einmal: lasen Sie je etwas von Göthe? Nein,
sagte der wolbelesene Mann, von den Engländern kenne ich
nur Pope.

Meine freundlichen Tischgenossen, unter ihnen der einzige
corsische Maler, den ich auf der Insel kennen lernte, führten
mich zu den Marmorbrüchen Corte's. Der Stein ist von bläu=
licher Farbe mit rötlichweißem Geäder und brauchbar für Archi=
tectur und Ornamente. Man war in der Grube beschäftigt,

einen Säulenbloc den Berg hinunter zu schaffen. Man hatte ihn auf Walzen gelegt und schob ihn mit der archimedischen Schraube bis an den Rand des abschüssigen Weges, der von dem Bruch an die Stelle führte, wo die Blöce behauen wer=den. Der mächtige Stein fuhr den Weg hinunter, wühlte sich durch, hüllte sich in eine schwarze Staubwolke, und so hinab=gleitend erklang er hell und rein wie eine Gloce. Am Fuß dieses marmorreichen Berges treibt die Restonica eine Mühle, in welcher Marmorplatten geschnitten werden. Man braucht sieben Tage, um einen Bloc in 30 Platten zu zerschneiden. In Corte also wird Seneca's Ausspruch über Corsica zu Schanden: non pretiosus lapis hic caeditur; hier wird kein köstlicher Stein gehauen. — Sonst besteht Seneca's Wort noch in Kraft; die köstlichen Steine sind hier todtes Kapital.

Drittes Kapitel.

Unter den Ziegenhirten des Monte Rotondo.

> — tomo un puño de bellotas en la mano, y mirandolas atentamente solto la voz a semejantes razones: Dichosa edad y siglos dichosos aquellos a quien los antiguos pusieron nombre de dorados —
> Cervantes, Don Quijote.

Ich hatte mir vorgenommen, den höchsten Berg Corsica's, den Monte Rotondo zu besteigen, welcher eine halbe Tagereise südwestlich von Corte liegt und fast als Mittelpunkt der Insel betrachtet werden kann. Obwol man mir die Mühe als sehr groß schilderte, hoffte ich doch einen klaren Tag und hinreichende Entschädigung zu finden. Am meisten war mir daran gelegen, einen Blic in das noch ganz ursprüngliche Naturleben der Hirten zu thun.

Ich mietete einen Führer und ein Maulthier, und aus=gerüstet mit Brod und einigen Kürbisflaschen voll Wein, ritt

ich am 28. Julius in der Morgenfrühe in die Berge hinein.
Der Weg, ein Hirtenpfad, führt immer durch ein und dasselbe
Tal der wilden Restonica, von ihrer Mündung in den Tavignano hart an der Stadt bis hinauf zum Gipfel des Rotondo, über den ihre Quellwasser hinabströmen. Das Bette
dieses schönen Bergstroms ist jene tiefe und schauerliche Tal-
schlucht. In der Nähe Corte's öffnet sie sich zu ziemlicher
Breite, und da gedeihen Castanien- und Wallnußbäume am
Wasser. Weiter hinauf wird sie enger, die Ufer türmen sich
schwarz und gigantisch zu beiden Seiten und tiefgrüne Ur-
wälder von Pinien und Lärchenbäumen umschatten sie.

Das Maulthier kletterte sicher auf den schmalsten Pfaden
an Abgründen hinauf, und oft war der Blick in die Tiefe,
durch welche die Restonica schäumt, schön und furchterregend.
Wie die Sonne empor stieg, nahm mich ein prächtiger Wald
auf. Herrlich sind diese Riesenbäume und malerisch, die Pinie
mit ihrem grünen breiten Dach, der Lärchenbaum gleich einer
Ceder knorrig, mächtig aufgestrebt und vielästig. Die Stämme
umbuscht der wilde Waldgarten von blühenden Mirten, von
hochaufgeschossener Erika und von Buxus. Erquickend und lab-
sam war der Waldduft von all' dem medicinalen Kraut, woran
die Berge Corsica's so reich sind.

Mein Führer schritt rasch voran. Manchesmal überfiel
mich doch ein Grauen, wenn ich mich in dieser dunkeln Felsen-
und Waldwildniß mit ihm allein sah und er einen Blick nach
mir zurück warf. Er war ein häßlicher Mensch und in seinen
Augen lag nichts Gutes. Ich sollte erst nachher erfahren, daß
an seiner Hand Blut klebte.

In dieser romantischen Bergwildniß stundenweit reitend,
hört man nichts als das monotone Rauschen der Wasser, das
Schreien der Falken und bisweilen den hellen Pfiff eines
Hirten, der seinen Ziegen ruft.

Die Hirten wohnen zerstreut in Hölen oder in Capannen

an den Abhängen des Monte Rotondo, bis zu dessen Kamm
hinauf ihre Heerden klettern. Die letzten Hirtengemeinden
hausen in einer Höhe von mehr als 5000 Fuß über dem
Meeresspiegel. Ihre wunderlichen Stationen haben ihre Namen.

Nach einem dreistündigen Ritte kam ich an die erste Hirten=
station, die Rota del Dragone, das Drachenrad. Vom Ufer
der Schlucht ans Wasser hinreitend, sah ich eine schwarze
rußige Höle vor mir, tief in den Fels gebogen, aus unge=
heuren Granitblöcken aufgewölbt. Wenige Schritte vor ihrem
Eingange tobte die Restonica vorüber, zwischen Felsgetrümmer
hinwegrasend — ringsum Felsen und dichter Wald. Um den
Eingang der Grotte waren als Umfriedung Steine aufge=
schichtet. Ein Feuer brannte in der Höle, um dasselbe kauerte
die Hirtenfamilie. Ein elend aussehendes Weib saß daran
und besserte an einem Kleide, neben ihr ein fieberkranker
Knabe in eine braune Decke von Ziegenwolle eingehüllt, aus
der sein bleiches Gesicht und seine flackernden Augen fragend
herausschauten.

Der Hirte war aus der Höle getreten; er lud mich freund=
lich ein, abzusteigen und frische Milch und frischen Käse zu
essen. Ich nahm das mit Dank an und besah das Innere
dieser wunderlichen Felsenklause. Die Grotte zog sich tief in
den Berg hinein und hatte Raum für eine Heerde von 200
Ziegen und Schafen, welche der Hirte jeden Abend dort hinein
treibt, sie zu melken. Es war das so wahrhaft die Höle des
Polyphem, daß Homers Beschreibung nach ihr gemacht zu
sein scheinen konnte. Denn alles fand ich hier wieder, selbst
die Reihen von Gefäßen voll Milch und mehr als hundert
Stück plattrunder Käse auf frisches Blätterwerk gelegt. Nur
den Polyphemos selber fand ich nicht, denn mein Gastwirt,
so räuberisch und wild er in seinen zottigen Kleidern aussah,
war die Gastlichkeit selbst.

Kommen bisweilen die Banditen vom Berge zu euch? fragte

ich den Troglodyten. — Die kommen wol, sagte der Mann, wenn sie hungrig sind. Seht hier diesen Stein, auf dem ich sitze — vor zwei Jahren versteckten sich hier zwei Banditen=jäger, die wollten den Serafin erlauern. Aber der kam Nachts herbeigeschlichen, und mit zwei Stichen hatte er die Beiden auf diesem Steine stumm gemacht, dann ging er wieder in die Berge.

Der Führer mahnte zum Aufbruch. Ich sagte dem Hirten Dank für seine Gabe, und ritt hinweg, nicht ohne Schaudern.

Der Pfad, der nun durch die Restonica aufs andere Ufer führte, wurde immer steiler und beschwerlicher. Endlich erreichte ich nach zwei Stunden, vom Nebel durchnäßt, während eines prächtigen Gewitters die letzte Hirtenstation auf den Unter=bergen des Rotondo, wo ich übernachten sollte. Sie heißt Co di Mozzo.

Ich hatte von den Capannen auf dem Monte Rotondo viel gehört, und dachte sie mir in den wilden Bergen origi=nell genug, vielleicht gar idyllisch, kleine Hütten im grünen Pinienwalde oder auf duftigen Alpenhängen in schäferlichster Natur. Wie ich nun bei Donner und Blitz und im Sprüh=regen hinaufritt, sah ich nichts als wüstes Gestein, titanisch zertrümmert, durcheinandergeworfene Granitklippen auf dem Hange eines großen grauen, trostlos öden Felsenkegels. Aus dem Gesteine stieg leichter Rauch empor. Das Grau der Regen=wolken, die matten Blitze, das Rollen des Donners, das Rauschen der Restonica und die tiefe Melancholie der Berge umher stimmte die Seele traurig.

Einige vom Sturm zerzauste Lärchenbäume standen auf dem steilsten Rande einer nackten Schlucht, durch die in Wellen=stürzen von Block zu Block die Restonica herabschäumte. Rings umher nichts als die ödesten Klippen und ein großer Blick in das verrebelte Tal, aus dem ich heraufgekommen war. Ich suchte mit den Augen lange die Capannen, auf die mein

Führer hinwies. Endlich sah ich sie im Gestein und den selt=
samsten Hirtenstaat vor mir, bestehend aus vier Wohnungen
im ursprünglichsten Baustile der Welt, ja vielleicht mit weniger
Kunst gebaut als Termiten oder Biber an ihre Häuser zu
wenden wissen.

Jede dieser Capannen besteht aus vier Wänden von ein=
fach über einander gelegten Steinen. Sie sind etwa 3 Fuß
hoch. Auf ihnen liegt ein Dachgiebel von schwarzberußten
Baumstämmen und Brettern, welche mit großen Steinen be=
schwert sind. Eine Oeffnung in der Vorderwand dient als
Thüre. Der Rauch sucht durch diese seinen Ausgang und quillt
aus dem Dach oder aus den Wänden, wo er immer eine
Ritze findet. Vor der Hütte umschließt eine Umfriedung von
Steinen einen kleinen Raum, in welchem Gefäße stehn. In
dessen Ecke erhebt sich der palo, ein Pfahl mit wenigen Aesten,
an welchen Kessel, Kleidungsstücke und Striemen von Ziegen=
fleisch hängen.

Ein paar zottige Hunde sprangen mir entgegen als ich auf
die Capanne zuritt, und die Hirtengemeinde, Männer und zer=
lumpte Kinder, krochen aus den Hütten heraus und betrachteten
neugierig den Fremdling. Sie sahen seltsam genug aus in
diesen wüsten Steinen, den pelone, ihren zottigen braunen
Mantel umgeschlagen und das rote berretto auf dem Kopf,
die Gesichter bronzen und dunkelbärtig. Ich rief ihnen zu:
Freunde, gebt einem Fremden Gastfreundschaft, der über Meer
gekommen ist die Hirten von Co di Mozzo zu besuchen. —
Sie riefen freundlich: Evviva! und Benvenuto!

Tretet in die Capanne, sagte der Eine, und trocknet euch
am Feuer; drinnen ist es warm. Ich zwängte mich sogleich
durch die Thüre, neugierig, das Innere zu sehen. Ich fand
einen dunklen Raum von etwa 14 Fuß Länge und 10 Fuß
Breite — da war kein Gerät, kein Stul, kein Tisch, nichts
als der nackte schwarze Steinboden, die nackten schwarzen Stein=

wände und ein Rauch des Kienfeuers, welcher mir unerträg=
lich schien. An der Wand brannte auf dem Boden ein mäch=
tiger Holzstamm, ein Kessel hing darüber.

Angelo, mein Wirt, breitete die Decke, die ich mitgebracht
hatte, auf dem Boden aus und gab mir den Ehrenplatz so
nahe am Feuer als möglich. Bald kauerte darum die ganze
Familie, das Weib, drei kleine Mädchen und ein Bube, der
Hirt, ich und mein Führer. Die Capanne war voll. Unterdeß
warf Angelo einige Striemen von getrocknetem Ziegenfleisch
in den Kessel, und Santa sein Weib holte Käse und Milch.
Das Gedeck war originell hirtenmäßig, die Tafel nämlich be=
stand aus einem drei Fuß langen abgerandeten Brette, welches
auf die Erde gelegt wurde. Darauf stellte die Hirtin ein höl=
zernes Gefäß voll Milch, einen platten Käse und ein Brod.
Eßt, sagte sie, und denkt daß ihr bei armen Hirten seid; zu
Abend geben wir euch Truten (Forellen), denn mein Sohn ist
gegangen sie zu fischen.

Hole den Broccio, sagte der Hirte, das ist das Beste was
wir haben, und es wird euch schmecken. Ich war auf den
Broccio neugierig; ich hatte ihn schon in Corte als den größten
Leckerbissen der Insel und als die Blume der Hirtenindustrie
preisen hören. Santa brachte ein bedecktes rundes Korbgeflecht,
stellte es vor mich hin und that es auseinander. Da drinnen
lag denn der Broccio, weiß wie Schnee. Es ist eine Art ge=
ronnener süßer Ziegenmilch. Mit Rum und Zucker genossen
ist's allerdings ein Leckerbissen. Die armen Hirten verkaufen
einen Broccio=Kuchen in der Stadt für 1 oder 2 Franken.

Wir langten mit den Holzlöffeln wacker in den Broccio
— nur das Weib und die Kinder durften nicht mit essen.
So am Feuer auf dem Boden kauernd in der engen, ganz
von Rauch erfüllten Capanne, um mich her wilde und neu=
gierige Gesichter, den Holzlöffel in der Hand, überkam mich
die Laune, und ich hob an das Leben der Hirten auf den

Bergen zu preisen, welche sich genügen lassen mit dem was ihre Heerden geben, und das Elend von Mein und Dein und die goldne Sorge des Palastes nicht kennen.

Aber der wackere pastore schüttelte den Kopf und sagte: vita povera, vita miserabile!

Und so ist es in der That. Diese Menschen führen ein sehr elendes Leben. Vier Monate lang, Mai, Juni, Juli und August hausen sie in diesen Capannen, alles entbehrend was das Leben menschlich macht. In ihrer Welt gibt es keinen andern Wechsel als den der Elemente, von Sturm, Wollen, Regenflut, Hagel und Sonnenwärme; Abends ein trauriges Lied, ein Lamento zur Schalmei, eine Banditengeschichte am Feuer, ein Jagdstück vom Muffro und vom Fuchs, und hoch über sich und um sich die Riesenpyramiden des Urbergs und die gestirnte Herrlichkeit des Aeters, in der Brust vielleicht, trotz der vita povera, ein genügsames, heiteres, gottergebenes und ehrliches Menschenherz.

Wenn der Morgen graut, erheben sich diese armen Men= schen von dem harten Boden, auf dem sie in ihren Kleidern und ohne Decke geschlafen haben und jagen die Heerden auf ihre Waideplätze. Dort verzehren sie ihr dürftiges Mal, den Käse und die Milch. Die Alten, welche zu Hause bleiben, liegen in der Capanne am Feuer oder beschäftigen sich mit der notdürftigsten Hausarbeit. Abends kehrt die Heerde heim und wird gemolken, und dann bricht wieder die Nacht an, und es ist Zeit sich niederzulegen.

Der Schnee und die Regengüsse des September vertreiben die Hirten aus ihren Bergcapannen. Dann steigen sie mit den Heerden nach der Küste hinunter. Dort haben sie in der Regel ihre wohnlicheren Hütten, in denen oft auch das Weib mit den Kindern den Sommer über bleibt. Meine Wirtin Santa war das einzige Weib in dem Hittenstaat von Co di Mozzo, welcher aus sechs Familien besteht. Warum, fragte ich sie,

seid ihr vom Paese in diese düstre Capanne herauf gezogen?
Seht, fiel Angelo ein, sie ist heraufgekommen sich zu erfrischen.
Ich hätte beinahe aufgelacht, wie er dies sagte, denn der
Rauch in der Capanne preßte mir Thränen aus und die
Atmosphäre war infernalisch. Ich sollte also den elenden Stein=
haufen gar als Sommervilla betrachten, wohin eine Familie
gekommen war sich zu erquicken. Ja, sagte Angelo, wie ich
ein bedenkliches Gesicht machte, unten ist es warm und hier
oben weht der Bergwind, und das klare Wasser kommt her=
unter, das ist frisch wie Eis. Wir leben so wie es uns Gott
gesegnet. — Mir aber war, wie Angelo sprach, und ich die
lachenden braunen Kindergesichter um mich her sah, als wäre
ich auf den wunderbaren Berg der Brahmanen gekommen,
und als wäre Angelo Jarchas aller Brahmanen und Berg=
philosophen Weisester. Er sprach ernst, kurz, und war schweig=
sam wie einem Philosophen ziemt.

Angelo besaß 60 Stück Ziegen und 50 Stück Schafe. Der
Ertrag der Milch ist gleichwol nicht groß. Im Sommer reicht
er hin die Familie notdürftig zu nähren. Der Broccio und
der Käse wird unten verkauft, aus dem Erlös wird Brod und
das Kleid beschafft. Im Winter gibts wenig, denn die Milch
geht drauf die jungen Lämmer und Ziegen zu füttern. Man=
cher Hirte hat einige hundert Stück in seiner Heerde. Wenn
es an die Teilung unter die Kinder kommt, gilt es das
Glück der Patriarchen zu haben und die Heerde zu mehren.
Die Aussteuer einer Hirtentochter besteht in 12 Ziegen wenn
sie arm, wenn sie reich ist, nach dem Vermögen.

Die Nebelwolke hatte sich verzogen. Ich trat aus der Ca=
panne in die frische Luft und schöpfte Odem. Die Hirten
saßen auf den Steinen umher und rauchten aus ihren hölzer=
nen Pfeifen. Sie wählen unter sich den Aeltesten oder den
Angesehensten zu ihrem Vorstande und Friedensrichter. Mich
überraschte diese Bemerkung, die ich zufällig machte; denn sie

ließ mich in dieser kleinen Hirtendemokratie einen Blick gleich=
sam in den Urzustand der menschlichen Gemeinschaft und in
die Anfänge der Staatenbildung thun. So können denn nicht
sechs Menschen neben einander leben ohne daß ihre Gesellschaft
zu einer Regel wird, aus der sich Gesetze entwickeln. Ich
grüßte den kleinen stämmigen Podestà voll Ehrfurcht, und in=
dem ich ihn schweigend betrachtete, dünkte er mir noch ehr=
würdiger zu sein als Dejoces, der erste und weiseste aller
Könige der Meder.

Neben den Capannen bemerkte ich kleinere überdeckte Stein=
hütten von runder oder von länglicher Form. Das waren die
Vorratskammern. Angelo öffnete eine kleine Thüre in der
seinigen, und in das Innere hineinkriechend winkte er mir zu
folgen. Ich begnügte mich hineinzusehn. Da lagen auf grünen
Zweigen die platten Käse und in kleinen Körbchen Kugeln von
weißlicher Ziegenbutter.

Nun setzte ich mich auf einen Stein und zeichnete die Ca=
pannen. Die ganze Gemeinde umringte mich und drückte ihr
höchstes Vergnügen aus. Es wollte nun ein jeder gezeichnet
sein, um nachher in Paris gedruckt zu werden, wie sie sagten.
Sie blieben dabei daß ich aus Paris sei, und ich konnte ihnen
gar nicht begreiflich machen daß es außer Paris noch ein Land
gebe, welches Germania heiße. Germania also, sagte mein
Wirt, heißt euer Paese, und dieses Paese hat Könige, und
es gehört zu Paris. Dabei blieb es denn.

Die Nachmittagssonne schien warm und lockte mich in die
Berge. Ich nahm die Hirtenkinder mit mir, Antonio einen
Jungen von 13 Jahren, der wie ein zottiger Bär aussah,
Paola Maria und Fiordalisa. Fiordalisa heißt auf deutsch
Lilienblume. Man denke sich diese 12jährige Lilienblume vom
Monte Rotondo in einem zersetzten Kleide, die dunklen Haare
wild um das braune Gesicht hängend, und mit nackten Füßen
flink wie eine Gemse auf den Felsen kletternd. Ihre Augen

waren munter wie die Augen des Bergfalken und ihre Zähne
weiß wie Elfenbein. Wir botanisirten an der Restonica. Ich
sah schöne rote Nelken auf einer mir schwer ersteiglichen Felsen=
kante und wies darauf hin. Aspettate! rief die Lilienblume,
und wie ein Blitz war sie hinweg und oben hinauf gesprungen,
und nach kurzer Zeit mit einer Handvoll Nelken wieder unten.
Nun wetteiferten die Kinder im Klettern und tanzten auf den
gefährlichen Felsblöcken gleich den Kobolden, furchtlos, denn
es waren die Kinder des Berges. Als wir wieder nach Hause
zurückkehrten und über die Restonica hinüber mußten, sprang
die Lilienblume ins Wasser und machte sich das tolle Vergnü=
gen, mich waiblich zu taufen. Ich fand in den Bergen unsern
rotblühenden Fingerhut in großer Zahl. Die kleinen Teufel
brachten mir davon die Menge, und heimkehrend umkränzten
wir die rauchende Capanne mit einer Guirlande der schönen
Giftblumen — ein Schmuck, welcher ihr schwerlich noch wider=
fahren war. Und dies sollte das Festzeichen an der Capanne
sein, denn für gute Menschen ist es immer ein Festtag, wenn
ein Gast in ihr Haus einzieht.

Die Lilienblume hatte eine närrische Freude an der Guir=
lande. Morgen, sagte sie, wenn ihr oben auf dem Berge sein
werdet, da werdet ihr eine blaue Blume finden, die ist die
allerschönste Blume in ganz Corsica. — Wenn du es sagst,
Fiordalise, so wird es wahr sein und ich werde morgen die
blaue Wunderblume finden.

So kam der Abend in der großen stillen Wildniß. Müde
von dem Tage setzte ich mich vor den Capannen nieder und
betrachtete das wechselvolle Schauspiel der Wolkenbildung. Die
Nebel stiegen aus den Schlünden, und von den Bergen an=
gezogen und abgestoßen ballten sie sich in den Tälern zusam=
men, oder zerfloßen und zergingen in die Gewölke, welche sich
langsam über die Berggipfel von oben herunterwälzten. Die
Heerden kamen heim. Ich betrachtete mit Vergnügen diese

langen Züge von schwarzen zierlichen Ziegen und von schwar=
zen Schafen, denen die armen Hirten ihre Existenz verdanken.
Jeder Hirte trieb oder lockte sie durch einen hellen Ruf in
eine Umzäunung neben seiner Capanne, wo er sie melkte.
Diese Arbeit geht erstaunlich schnell von statten. Der Hirte
sitzt unter der Heerde und greift eine Ziege nach der andern
bei den Hinterbeinen. Alle Thiere ruft er bei ihrem Namen,
jedes kennt er genau, und irgend eine Marke, hauptsächlich
am Ohre ist das Zeichen, welchem Besitzer das Thier gehört.
Vierzig Stück Ziegen meines Hirten gaben einen nur mäßigen
Eimer voll Milch.

Jn der Umzäunung bleiben nun die Heerden bei Nacht.
Die zottigen Hunde beschirmen sie, nicht vor dem Wolfe, der
in Corsica nicht zu finden ist, aber wol vor dem Fuchs, wel=
cher in den Bergen auffallend stark und mutig ist und die
Lämmer überfällt. Der Rosso und der Mustaccio meines
Wirtes waren ein paar prächtige Hunde.

Unterdeß kam der älteste Sohn mit seiner Beute von
Forellen heim, und Angelo rüstete die Abendmalzeit. Es fiel
mir auf daß stets der Mann kochte und nicht das Weib.
Wollte er vielleicht seinen Gast ehren? Denn sonst steht das
Weib in Corsica in niedrigem und dienendem Verhältnisse.
Wie ich nun das bedachte, fiel mir ein, daß ja auch beim
Homer die Männer alles selber verrichten, das Fleisch an den
Spieß stecken, braten und vortragen; und da hatte ich denn
den Menschen der epischen und einfachen Culturepoche leibhaftig
vor mir.

Es gabe eine Brodsuppe, Käse und Milch und zur Aus=
zeichnung des Gastes gebratenes Ziegenfleisch. Denn der wol=
geborne und göttliche Ziegenhirte nahm das Fleisch vom palo
und nach uralter Menschenweise steckte er es an einen Spieß,
und am Feuer knieend hielt er es über die glühenden Kohlen.
Sorgsam wurde das abtröpfelnde Fett von Zeit zu Zeit auf

ein Stück Brod gedrückt, auf daß von dem duftigen Lenden=
stücke das Köstlichste nicht verloren gehe. Die Forellen kochte
er in einer Brühe von Ziegenfleisch, und als sie nun gehörig
gesotten waren, stellte er sie vor mich hin, schöpfte mir aus
dem großen Löffel und gab mir aus demselben Löffel zu essen,
so viel als das Herz begehrte. Ich sah es den Kindern an
den Augen an, daß dies ein ungewöhnliches Mal war, und
noch vortrefflicher hätte es mich erquickt, wenn jene auch hätten
mitessen dürfen.

Nun die Nacht in der Capanne. Ich war gespannt darauf,
wie wir uns in dem engen Raume einrichten würden. Doch
war es schnell geschehn. Die Decke ward für mich auf die
Erde gebreitet, ich streckte mich an der innersten Wand darauf
hin, und des Menschen Sohn hatte nichts worauf er sein
Haupt legen sollte. Ich sah Angelo an. Göttlicher und weiser
Angelo, sagte ich, mögest du diese meine Rede hören und in
deinem Herzen wol erwägen. Niemals, so schwöre ich dir,
war Schwelgerei meine Gewohnheit, immer aber ein Kopf=
tissen. Wenn du mir also ein kissenartiges Ding geben willst,
so wird das eine der edelsten Thaten deines Lebens sein.
Hierauf sann Angelo der Ziegenhirte nach, und nachdem er
nachgesonnen und alles reiflich erwogen hatte, reichte er mir
den Zaino seinen Ziegenschlauch und sprach die geflügelten
Worte: nun schlaft, und felicissema notte!

Nach und nach legten sich auch die Andern nieder, Weib
und Kinder auf nackter Erde, den Kopf an die Wand gelehnt.
Angelo aber legte sich neben die Schwelle, neben sich das
kleinste Kind Maria, dann Santa sein Weib, die Lilienblume,
Paola Maria und ich. So lagen wir friedlich beisammen,
alle die Füße gegen das Feuer hingekehrt. Es dauerte nicht
lange, so waren sie in Schlaf gesunken, und ich betrachtete
mit Freude diese glücklich schlummernde Gymnosophisten=Familie
und gedachte des tiefsinnigen Sancho, wie er den zu preisen

anhob, welcher den Schlaf erfunden hat, „den Mantel, der alle menschlichen Sorgen zudeckt, das Essen, das den Hunger stillt, das Wasser, das den Durst vertreibt, das Feuer, das die Kälte erwärmt, die Kälte, die die Hitze mildert, und kurz das allgemeine Geld, für welches alle Dinge gekauft werden können, die Wage und das Gewicht, welches den Schäfer und den König gleich macht." Die rote Glut übergoß die wunderliche Gruppe mit ihrem Schein. Ich bedauerte, daß ich nicht Maler war. Aber die entsetzliche Hitze des Harzbrandes und sein Rauch ließen mich nicht schlafen. Ich stand von Zeit zu Zeit auf und stieg über die Schlafenden durch die Thüre ins Freie. Ich kann sagen, ich stieg aus der Capanne geradezu in eine Wolke, denn diese hatte Berg und Hütten bedeckt, und so stieg ich aus der Hölle in den Himmel, und wieder zurück aus dem Himmel in die Hölle.

Die Nacht war kalt und nebelfeucht, doch verzogen sich die Wolken, und der unendliche Himmel warf seine Myriaden Lichter auf die Nebel, die Felsenzacken und die dunkeln Lärchenbäume. Ich saß lange an der brausenden Restonica, deren wildes Rauschen diese erhabene, äterreine Nacht durchbrach. Nimmer noch war mir der schauerliche Geist der Einsamkeit so nahe gekommen, als in dieser Nacht unter schwarzen Felsenbergen, am Wellensturz eines rasenden Baches, so hoch in den Wolken, auf der Urstätte der Natur, unter wilden Hirten, auf fremder Insel mitten im Meer verloren. In solchem Augenblick möchte das Gefühl der Vereinsamung das Gemüt erschrecken und der plötzliche Gedanke kränkt die Seele, wie das menschliche Wesen doch nur ein Atom sei — vielleicht auch könnte dies Geistesatom seine Beziehung zu allen ihm verwandten auf einmal verlieren, vergessen, im leeren Raume bleiben. Aber siehe da! die Seele breitet von dem einsamen Inselberge ihre Schwingen aus, und heiter schwingt sie sich zu dem Heimischen und durchfliegt wandernd das Geisterreich,

und ist nimmer allein. — Ich horche in die Berge: manch=
mal ist's als stoßen sie ein wildes Gelächter aus — es ist die
Restonica, welche so rast. Diese Steine sind stumme Zeugen
von alten, fürchterlichen Schöpfungsqualen, Kinder von feu=
rigsten Umarmungen des Uranus und der Gäa.

Die kalte Luft trieb mich wieder ans Feuer. Endlich vor
Müdigkeit eingeschlafen, weckte mich plötzlich die helle Stimme
Santa's, welche mehrmals rief: spettacoli divini, spettacoli
divini! Sie legte ihre Kinder zurecht, die sich in komischen
Stellungen umhergeworfen hatten. Die Lilienblume lag wie
eine Schlange zusammengeringelt halb über ihrer Mutter, die
kleine Paola aber hatte ihren Arm um meinen Hals geschlun=
gen. Das Kind hatte vielleicht eine Eule im Schlaf gehört
oder den Vampyr im Traum gesehn, welcher kommt das Herz=
blut auszusaugen.

Ich verbrachte den Rest der Nacht sitzend und in die
Flamme blickend, und unterhielt mich damit mir die Ketzer zu
vergegenwärtigen, welche die heilige römische Kirche zu Ehren
Gottes verbrannt hat.

Viertes Kapitel.

Der Berggipfel.

Der Morgen graute. Ich ging hinaus und erfrischte mich
an den Wellen der schlummerlosen Restonica, welche jung und
klar vom Felsen sprang und in das Tal hinunterraste. Der
Quell hat ein schönes Leben. Nach zwölf Stunden eines wonne=
samen Laufes durch die immergrünen Wälder stirbt er in den
Wassern des Tavignano. Ich gewann die Restonica lieb. Ich
kenne ihre ganze Lebensgeschichte, denn von ihrem Ursprunge
an habe ich sie an einem Tage bis an ihr Ende begleitet,
und manchen herrlichen Trunk hat sie mir kredenzt. Ihr Wasser

ist so klar, so frisch und so leicht wie der Aeter, und im ganzen Lande Corsica ist es weit und breit berühmt. Nie trank ich besseres Wasser, es hat mich mehr gelabt als der köstlichste Wein. Dieser unvergleichliche Quell besitzt eine solche Schärfe, daß er Eisen in kürzester Zeit spiegelblank reinigt und es vor Rost bewahrt; schon Boswell weiß, daß die Corsen zur Zeit Paoli's ihre rostigen Flintenläufe in die Restonica steckten, um sie zu reinigen. Alle Kiesel und Steine, welche der Quell überflutet, macht er schneeweiß, und bis zu seiner Mündung in den Tavignano ist sein Bette oder sein Ufer mit diesem milchweißen Gestein geziert.

Als ich meinen Führer aufforderte, nunmehr auf den Gipfel des Rotondo zu steigen, gestand er, daß er den Weg nicht wisse. Es wurde nun Angelo mein Führer auf den Berg. Nach drei Uhr des Morgens begannen wir die Wanderung. Sie war gefahrloser aber unendlich mühevoller als ich geglaubt hatte.

Es erheben sich mehrere Felsenkämme über einander, die man erst zu ersteigen hat bis man zum Trigione, dem letzten Vorberge des Rotondo gelangt. Es ist eine gewaltige Scala, die hier die Natur über einander gelegt hat, von Kolossal= stufen aus dem prächtigsten rötlichen Urgranit; plumpe Gigan= ten, welche den Himmel stürmen, Felsblöcke mit den Riesen= händen fassend, möchten sie beschreiten. Block liegt hier über Block, ungeheuer und ungestaltet wie die Urzeit und so grau, ins Unendliche fort emporgetürmt, daß der Menschenfuß ver= zagen will. Das überströmende Herbstwasser hat den Granit oft so sehr geglättet, daß der schöne Stein große Flächen dar= bietet, welche wie im Flusse erstarrt zu sein scheinen. Das Wasser rinnt aus tausend Rinnen in unerschöpflicher Fülle. Die Baumvegetation aber hört gänzlich auf, nur Erlenbüsche bezeichnen den springenden Lauf der Restonica.

Nach zwei Stunden hatten wir den Trigione erklettert,

und vor uns lag der weiß beschneite Berggipfel. Seine zer-
splitterten schroffen Felsen bilden einen kraterförmigen Halb-
trichter, und diese Form hat dem Berge seinen Namen gegeben. Wo dies ungeheure Felsenamphitheater sich öffnet liegt
dunkel hingegossen ein kleiner See, der Lago di Monte Rotondo, von grünen Wiesen sanft umkränzt; ein eisig kühler
Trank in einer granitnen Riesenschale. Schneefelder ziehen sich
vom See bis zum Gipfel auf, in der Glutzeit des Hunds-
gestirns und unter dem 42sten Breitengrade, unter südlichem
Himmel ein seltsamer Anblick und ein wunderliches Gefühl.
Sie waren mit einer Eiskruste überlegt und hauchten eine kalte
Luft aus. Aber obwol ich in der Region des ewigen Schnees
war, blieb die Temperatur angenehm frisch und erquicklich,
ohne je empfindlich zu werden.

Der Gipfel erschien dem Auge nahe genug, und doch
mußten wir zwei volle Stunden mit großer Anstrengung oft
auf Händen und Füßen über das Getrümmer klettern, ehe
wir ihn erreichten. Am schwierigsten war der Aufgang über
einen Schneestreifen, auf dem der Fuß nicht haften wollte.
Wir halfen uns, indem wir mit einem spitzigen Steine nach
und nach Stufen ausschlugen, in welche wir vorsichtig den
Fuß setzten. So gelangten wir endlich sehr erschöpft auf die
äußerste Spitze, welche von einem grauen durchrissenen Felsen-
obelisken gebildet wird und in einem schmalen Zacken endigt,
so daß man ihn umklammernd auf schwindelnder Felsenhöhe
gleichsam schwebend sich erhält.

Von diesem 9000 Fuß (genau 2764 Metres) über dem
Meere gelegenen höchsten Gipfel Corsica's übersah ich denn
den größten Teil der Insel und das Meer tief zu ihren Füßen
und zu ihren beiden Seiten, ein Anblick von unsäglicher Größe,
und den einmal gehabt zu haben man sein Lebenlang sich
freuen darf. Der Horizont, welchen man vom Rotondo über-
blickt, ist bei weitem großartiger als der des Mont-Blanc.

Weit hin streift das Auge über das Inselland weg in die stralenden Meeresfernen, hinaus über die toscanischen Inseln nach dem Festlande Italiens, welches bei heitrer Luft die weißen Seealpen und den ganzen Uferbogen von Nizza bis nach Rom zeigt. Auf der andern Seite tauchen die Berge von Toulon auf, und so kann der Blick ein wunderbares Panorama umspannen, welches Berge und Meere, Eilande, die Alpen, die Apenninen und Sardinien in einen Zauberring schließt. Nicht ganz so glücklich war mir die Stunde, denn die rastlos aus den Schluchten sich spinnenden Wolken und Dünste entzogen mir einen Teil der Ferne. Nach Norden sah ich die Halbinsel Cap Corso lang ausgestreckt wie ein Dolch, nach Osten die Ebenen der Küste in sanften Linien niedersteigend, die Inseln des toscanischen Meers, Toscana selbst, nach Westen die Golfe von Prato, Sagone, Ajaccio und Valinco. Deutlich zeigte sich Ajaccio auf seiner Landzunge in der schönen Bai, eine Reihe von weißen Häusern, die auf dem Meere schwimmende Schwäne zu sein schienen. Das Meer selbst glich einem Lichtocean.

Nach dem Süden zu versperrt der breitbrustige Monte d'Oro die Aussicht in das Inselland. Viele Berggipfel, wenig kleiner als der Rotondo und ebenfalls vom Schnee umglänzt, zeigen sich umher, wie der Cinto und der Capo Bianco nach Norden zu, die Gipfel des Landes von Niolo.

Die Insel selbst erscheint als ein ungeheures Felsenskelett. Der Monte Rotondo liegt zwar nicht auf der Gebirgskette, welche sie von Norden bis zum Süden durchzieht, sondern auf einem etwas östlich fortgewichnen Zweige. Aber der Standpunkt erlaubt einen Blick in das ganze Bergsystem und sein riesiges Zellengewebe. Man sieht die Hauptkette nahe vor sich, von diesem Grat die Gebirgsrippen nach beiden Seiten parallel fortlaufen und die Reihen von Tälern bilden, welche bebaut und bewohnt sind. Jedes dieser Täler ist von einem Flusse durchströmt, und wiederum strömen von dem Hauptgebirgsstock

die drei großen Flüſſe der Inſel, nach der Oſtküſte der Gelo
und Tavignano, nach dem Weſten der Liamone.

Blickt man vom Gipfel in deſſen nächſte Umgebung, ſo
erſchrickt das Auge vor den Felſenwüſten und todtenſtillen Berg-
ruinen rings umher. Die Blöcke liegen hier endlos ungeheuer
wie ein Mal des Kampfs der Elementargeiſter mit dem Licht
des Himmels. Fürchterlich ſteile Bergwände bilden ein Gewebe
von öden Tälern. In den meiſten derſelben liegt mitten inne
ein kleiner unbewegter See. Je nachdem er Licht oder Schatten
vom Himmel oder von den Felſen empfängt, iſt ſeine Farbe
azur, grau oder tiefſchwarz. Ich zählte mehrere ſolcher Seen
rings umher, den Rinoſo, Mello, Rielluccio, Pozzolo, aus
denen Quellen nach der Reſtonica hinunterſließen, den Oriente,
aus welchem die Hauptquelle der Reſtonica ſelbſt entſpringt.
Weiter nach dem Nordweſten lag vor mir das berühmte Hirtenland Riolo, das höchſte Baſſin Corſica's, und ſein ſchwarzer
See Nino, aus welchem der Tavignano entſpringt.

Alle dieſe Seen ſind ſehr kleine und tiefe Waſſerbeden;
die meiſten wimmeln von Forellen.

Man hört, auf dem Gipfel ſtehend, beſtändig die Waſſer
rauſchen, die zum Teil ihre unterirdiſchen Wege ſich bahnen
müſſen. Alſo ſtrömt, obwol ſtarr und verwittert, dieſe Felſen-
wildniß dennoch von lebendigen Quellen über, deren Segen
in die Täler quillt und Cultur und Menſchengeſellſchaft möglich macht. Da ſieht man denn an den Hängen dieſer Berge
tief unten hie und da ein Paeſe und grüne Gärten ſowie
Streifen gelblicher Felder.

Das Gewölk umzog allmälig die Gipfel, wir mußten hinab-
ſteigen. Wir nahmen nun den beſchwerlichen Rückweg nach der
Seite des Lago di Pozzolo. Dort erhebt ſich der gewaltige
Frate, ein Felskoloß des Rotondo und die mächtigſte Granit-
pyramide des Berges. Schwarze Zinnen und Zacken umſtarren
ihn, und chaotiſches Urgeſtein, in unzählige graue Trümmer

zerschmettert und herabgestürzt, bedeckt seinen plumpen Fuß, der sich in das melancholische Felsental des Pozzolo hinabsenkt. In den Ritzen des Gesteins stand die blaue Wunderblume, von der mir Fiorbalise gesagt hatte, daß ich sie finden würde. Angelo hatte sie gepflückt und rief mir zu: ecco, ecco in fiore! Ich nahm sie aus seiner Hand; es war unser Vergißmeinnicht. Camillen, Tausendschön und Ranunkeln blühten in Menge in dem Gestein des Gipfels selber, und den Rand der Schneefelder zierten unsere Veilchen.

Es kostete gar große Mühe über das Gestein des Frate hinwegzusteigen, und endlich drüber weggekommen, drohte uns ein Schneestreif den Weg zu versperren: der Ziegenhirte wollte ihn umgehen, doch hätte es mir als einem Nordländer zu sehr wehe gethan, dies vortreffliche Rutschfeld unbenutzt zu lassen. Ich setzte mich also auf Angelo's Pelone und fuhr getrost hinunter. So bin ich denn in der Sommersonnenglut und obenein in Italien, unter dem 42. Breitengrade auf Schnee gefahren.

Wir hielten unser Frühstück an dem Fuße eines Kegels, und gestärkt durch etwas Brod und frisches Wasser wanderten wir weiter abwärts. Vergebens sah ich mich nach den wilden Thieren um, welche die Felsen des Monte Rotondo bewohnen, nach dem Muffio nämlich und dem Banditen. Wiewol mir Angelo versicherte, daß deren genug in dem Geklüfte hausen, an dem wir vorüber gingen, konnte ich doch keinen entdecken. Ich sah nur ein einziges vogelfreies Wesen auf jener Höhe, die zierliche Bergamsel, einen grauen Vogel mit rot-, schwarz- und weißgefiederten Flügeln.

Das corsische Wildschaf, der Muffro oder Mufflone, ist ein sehr merkwürdiges Erzeugniß der Insel. Es ist ein schönes Thier mit spiralen Hörnern, braunschwarz und seidenhaarig, und stark von Gliedern. Es lebt in den höchsten Regionen des ewigen Schnees und steigt immer höher hinauf, je mehr die

Sommerfonne den Schnee von den Bergen zehrt. Tags schweift es um die Felfenfeen, wo es grüne Weide findet, Nachts sucht es wieder den Schnee. Denn der Muffro schläft auf dem Schnee, sein Weibchen wirft auf den Schnee auch die Jungen. Wie die Gemfe stellt auch der Muffro Schildwachen aus. Bisweilen kommen diese Wildschafe im harten Winter, wenn tiefer Schnee ihre Weiden bedeckt, unter die Ziegen der Hirten, und man sieht sie oft in den Tälern von Vivario, von Niolo und von Guagno friedlich neben den Heerden weiden. Das junge Thier läßt sich zähmen, nicht so das alte. Man stellt ihnen häufig nach, und wenn man oben in den corsischen Bergen eine Jagd toben hört und Schuß auf Schuß in den Felsen donnert, so weiß man, es wird gejagt der Muffro oder der Bandit. Beide sind Wildbrüder und gleiche Berggenossen und klimmen bis zum ewigen Schnee.

Nach dreistündigem Herabsteigen erreichte ich die Capannen wieder, und da mein Zweck erfüllt war, erschienen mir diese Hütten so traurig und im Vergleich zu dem reinen Aeter, den ich eben geatmet hatte, ihre Luft so infernalisch, daß ich nach einer Stunde Rast das Maulthier satteln ließ und mich auf den Rückweg nach Corte machte. Freundlich sagte ich dem guten Völkchen von Co di Mozzo Lebewol, und wünschte ihnen, daß ihre Heerden sich mehren möchten wie die Heerden Jacobs und daß es ihren Kindern wol erginge. Sie geleiteten mich alle bis zum Ausgange der Capannen, und wie ich hinabritt riefen mir Männer und Kinder noch ein ehrlich gemeintes Evviva nach.

Nach einigen Stunden befand ich mich wieder in der climatischen Region, wo Castanien und Citronen reifen, und ich hatte also an einem Tag vom ewigen Schnee herab bis in die Gärten von Corte drei cümatische Zonen durchwandert, was einer Reise gleichkommt von dem hohen Winter Norwegens bis zu den Südländern Europa's.

Fünftes Kapitel.

Vendetta oder nicht?

Nicht ganz im Frieden sollte ich von dem stillen Corte scheiden, und das verschuldete mein Führer auf den Monte Rotondo. Nach der Stadt zurückgekehrt erfuhr ich erst, welchem jähzornigen Menschen ich mich anvertraut hatte. Obwol er mir die Unwahrheit gesagt und, des Weges auf den Gipfel nicht kundig, mich genötigt hatte, den Ziegenhirten Angelo zum Führer zu nehmen, gab ich ihm dennoch den vollen voraus= bedungenen Lohn. Aber der Mensch forderte in der unver= schämtesten Weise noch die Hälfte darüber. Seine und meine heftigen Worte zogen einige corsische Herren herbei, welche sich meines Rechtes annehmen wollten. Seht, sagte der Eine zu dem Führer, dies ist ein Fremder, und der Fremde hat bei uns immer Recht. Ich entgegnete dem artigen Parolanten, daß ich mein Recht nicht als Fremder sondern als Mensch beanspruche und die Behörde der Stadt augenblicks angehen würde, wenn der Wütende mich noch weiter belästige. Der warf seinen Lohn auf den Tisch und indem er rief, daß er sich an dem Deutschen schon zu rächen wissen würde, stürmte er davon. Auf dieses kam die Wirtin der Locanda herbei und sagte mir, ich solle auf meiner Hut sein, denn der Mensch sei in höchstem Maße jähzornig, im vorigen Jahre habe er einen Burschen auf dem Markt erstochen.

Bestürzt fragte ich nach dem Grunde. Weil, sagte die Wirtin, der Lucchese den kleinen Bruder des Menschen ge= schlagen hatte, der sich an den Wagen gehängt, wie Kinder thun. Der Knabe lief weinend und klagend zu seinem Bruder, und dieser sprang augenblicks mit dem Dolch dem Burschen nach und mit einem Stoß hat er ihn gemordet.

Wie hat man ihn bestraft? — Mit fünf Monaten Ge= fängniß, denn man konnte ihm die That nicht so recht beweisen. — Nun ich gestehe, la giustizia Corsa è un po' corta.

Aber, gute Frau, Ihr kanntet die jähe Art dieses Menschen, wußtet daß er Blut vergossen, und doch habt Ihr mir diesen Teufel selber zum Führer bestellt und ließet einen Fremden ohne Waffen mit einem Mörder in das einsame Gebirg ziehn?

Ich glaubte, Herr, Ihr würdet es ihm an den Augen ansehn, auch habe ich Euch ein paar Male zugeblinzelt. Der Mensch hatte sich angeboten, und wenn ich der Grund gewesen wäre, daß Ihr ihn abwieset, dann hätte ich's mit ihm gehabt.

Jetzt erst fiel mir ein, daß die gute Frau, wie ich mit dem Führer hinwegzog mich fragte: wann denkt Ihr wieder zu kommen? und daß sie auf meine Antwort: nach zwei Tagen, die Achseln zuckte und mit den Augen etwas zu sagen schien.

Nun laßt's gut sein, sagte ich, ich gebe dem Menschen nicht einen Quatrino mehr, als Recht ist, und dabei soll es sein Bewenden haben. Abends kam der Wütende und holte sich von der Wirtin bescheiden sein ihm gebührendes Geld. Aber obwol er so sein Unrecht eingesehen zu haben schien, glaubte ich doch mich hüten zu müssen, und ging Nachts nicht vor die Stadt.

Am folgenden Abende machte ich einen Spaziergang in Begleitung des mir bekannt gewordenen Officiers. Vor dem Tore sah ich ein kleines Probestück von corsischem Temperament. Ein Junge von ungefähr 15 Jahren hatte ein Pferd an einen Zaun gebunden, und steinigte dasselbe, ganz außer sich vor Wut und sinnlos gleich einem rasenden Thiere treischend. Wahrscheinlich hatte das arme Thier ihm nicht gehorchen wollen. Ich blieb stehen, und indem mich eine solche bestialische Bosheit erbitterte, rief ich dem Burschen zu, daß er aufhören solle, das Pferd zu steinigen. Augenblicks sagte mir mein Begleiter: um Himmels willen, kommen Sie und seien Sie still. — Ich that, wie er sagte, und war nicht wenig nachdenklich über die Scene und die besorgliche Weise in der mein Begleiter mir die Worte halblaut zugerufen hatte. Es war das auch ein Blick in die Zustände der Corsen.

Nach kurzer Zeit jagte der Bursche auf seinem Pferd vor=
über, wie ein Rachegeist, die Haare flatternd, das Gesicht
flammend, die Augen zwei Blitze — die ganze Erscheinung
jach vorüber wie ein Wutausjauchzen.

In dem Augenblicke fiel mir ein, daß ich doch unter Bar=
baren war, und mich überkam eine plötzliche Sehnsucht nach
Florenz und seinem milden Volke.

Indeß häufte sich auf diesem Gange das Unheimliche.
Denn kaum eine Viertelstunde weiter in die Berge hineinge=
kommen, sah ich meinen Führer, seine Flinte geschultert seit=
ab vom Wege auf eine nahe Höhe gehen und auf einem
Felsen niedersitzen, das Gewehr auf die Kniee nehmend. Ich
wußte nicht, ob er noch einen Groll auf mich habe und Böses
im Schilde führe, aber es war möglich. Ich zeigte ihn meinem
Begleiter; denn nicht ein Zeichen von Furcht sehen zu lassen,
ging ich ruhig vorüber, doch dünkte mich der Gang ein wenig
schwül. Er wird nicht auf euch schießen, sagte mein Begleiter,
wenn ihr ihn nicht durch ein Wort beleidigt habt. Thatet ihr
aber das, so kann man für nichts stehen, denn diese Menschen
können eine Beleidigung nicht ertragen. Und so schoß er denn
auch nicht, und dies war recht freundlich von diesem Vampyr,
dem armen Teufel wollte ich sagen, der mehr unglücklich als
schuldig zu nennen ist. Denn mehr sündigt hier die Natur als
der Mensch. Das Blut, das in den corsischen Bergen fließt,
fließt selten um gemeine Habsucht, Gewinn und niedres Gut,
zu allermeist um falsche Ehre.

Sechstes Kapitel.

Von Corte nach Ajaccio.

Die Straße von Corte nach Ajaccio steigt nach Süden
bis zu dem Berge Monte d'Oro mehrere Stunden lang auf.

Sie führt durch ein freundliches und wolbebautes Hügelland und die herrlichsten Castanienhaine. Nichts ist lachender als die Landschaften des Cantons von Serraggio, welcher ehemals die Pieve von Venaco war. Bäche, die vom Monte Rotonbo herabfließen, durchströmen ein grünes Land, auf dessen Hügeln Dörfer stehen, wie Pietro, Casa-Rova, Riventosa und Poggio.

Poggio di Venaco bewahrt die Erinnerung an Arrigo Colonna, welcher im zehnten Jahrhundert Graf von Corsica war. Im Vorüberfahren hascht man manches Bild romantischer Sagen auf, und das ist von Wanderfreuden immer ein gutes Teil. Arrigo war so schön von Gestalt und so holdselig von Wesen, daß er Bel-Messere hieß; mit diesem Namen lebt er noch im Munde des Volks. Schön und edel war auch sein Weib, und seine sieben Kinder waren alle lieblich und jung. Aber seine Feinde wollten ihm die Herrschaft rauben, und ein grimmiger Sarde verschwor sich mit ihnen gegen sein Leben. Eines Tages überfielen ihn die Mörder und erstachen ihn, und die sieben Kinder nahmen sie und warfen sie in den kleinen See „der sieben Näpfe." Wie nun die böse That geschehen war, erhob sich eine Stimme in den Lüften, die klagte und rief: Bel Messere ist todt! armes Corsica, nun hoffe kein Glück mehr! — Alles Volk hob an zu klagen um Bel Messere. Sein Weib aber nahm Schild und Speer, und mit den Vasallen zog sie vor das Schloß von Tralavedo, in welches die Mörder sich geflüchtet hatten; das Schloß brannte sie nieder und schlug alle Mörder zu Tod. Heute sieht man noch auf den grünen Hügeln von Venaco in mancher Nacht neun Geister herumschweifen, das sind die Geister des Bel Messere, seines Weibes und der sieben armen Kinder.

Es war Sonntag. Das Volk wandelte in den Dörfern umher, und zumeist saßen sie wie die Väter in uralten Tagen um die Kirche — ein schönes Bild; in der Sabbatruhe feiernde Menschen, welche den Gottesfrieden halten. Doch auch Sonntags und vor der Kirchenthüre kann plötzlich ein Flintenschuß fallen, und dann gibt's eine andere Scene.

Bei Vivario wird die Gegend wüster und die Berge werden bedeutender. Vor der Schwelle der kleinen Kirche steht mancher still und betrachtet einen Grabstein. Auf ihm steht der lateinische Bibelvers geschrieben: Maledictus qui percusserit clam proximum suum et dicet omnis populus amen. Verflucht sei wer seinen Nächsten heimlich erschlägt, und alles Volk wird sagen Amen (5. Mos. Cap. 27). Der Stein erzählt eine Geschichte der Blutrache aus dem siebenzehnten Jahrhundert; unter ihm liegt der Bluträcher begraben. Gesegnet sei das Andenken des Geistlichen, der diesen Fluch aus der Bibel nahm und auf den Stein schrieb. Er ist, sagt man, der Talisman von Vivario; denn auf ihm steht die letzte Blutrache des Dorfs verzeichnet. Wäre doch die Hand die ihn schrieb eine Riesenhand gewesen, und hätte sie in Riesenlettern über ganz Corsica schreiben können: Maledictus qui percusserit clam proximum suum et dicet omnis populus amen!

Ein Blockhaus mit einer Besatzung von zehn Mann steht in den Bergen von Vivario, einsam und wild gelegen. Hier schließt sich das große Tal des Tavignano, und ein Höhenzug bildet die Wasserscheide zwischen ihm und dem in entgegengesetzter Richtung nach S.W. bis Ajaccio hinströmenden Gravone. An der Grenze beider Täler stehen die beschneiten Berge, der Monte Renoso und der Monte d'Oro, der nur um wenige Metres kleiner ist als der Rotondo und ihn an mächtigen Formen übertrifft.

Viele Stunden lang hat man ihn vor Augen.

Nun fährt man zwischen beiden Bergen durch den herrlichen Forst von Vizzavona. Er besteht größtenteils aus Lärchenbäumen (pinus larix), die oft eine Höhe von 120 Fuß und eine Dicke von 21 Fuß erreichen. Unter allen Nadelholzbäumen ist dieser breitästige, duftende Lärchenbaum nächst der Ceder wol der prächtigste; da ich die Cedern Asiens nicht kenne, darf ich wol behaupten, daß der Lärchenbaum Corsica's der erhabenste aller Bäume ist, den ich noch irgend sah. Ihn zu sehn in seiner stillen, dunkeln Majestät auf den gewaltigen Granitfelsen jener Berge, war für mich stets ein entzückender Anblick. Diesem kaiserlichen Baume will es wol geziemen, daß er auf Granit stehe. Er wächst hoch hinauf über den Felsen, welche seine Wurzeln gewaltsam durchbringen, und an vielen Stellen, die nur der Adler oder das Wildschaf kennt, steht er herrlich und majestätisch. Es gibt in dem Walde auch Pinien, Rotbuchen, immergrüne Eichen (Ilex) und Tannen. Viel Wild birgt sich in ihm, namentlich Hirsche, welche in Corsica klein sind; das Wildschwein zieht sich nach den Küsten hinab, wo es eifrig gejagt wird.

Der Forst von Vizzavona ist der zweite an Größe nächst dem von Aitone im Canton von Evisa, welcher zu Ajaccio gehört. Alle diese Forsten stehn in den gebirgigen Gegenden. Einige gehören dem Staat, die meisten den Communen. Auch hier sind noch große Schätze zu heben. Ich sah eine Schlange im Wege sich sonnen. Nur zwei Schlangenarten besitzt Corsica und kein giftiges Thier, außer einer Spinne, Malmignatto genannt, deren Biß plötzliche Erkaltung des Körpers und bisweilen den Tod herbeiführt, und der giftigen Ameise Innafantato.

Es war um die Mittagszeit, als ich den Forst passirte. Die Luft war erstickend heiß, aber der Wald bot seine kühlen Quellen. Ueberall rieseln sie von den Felsen dem Gravone zu, ihr Wasser ist kalt und leicht. Seneca muß niemals corsische Bergquellen gekostet haben, weil er in seinem Epigramme sagt, daß Corsica keinen Trunk Wassers habe.

Endlich erreichten wir das Bergjoch, den höchsten Punkt der Straße von Ajaccio, welcher 3500 Fuß über dem Meeresspiegel liegt. Es ist dies der Paß von Vizzavona, welcher in manchem corsischen Liede genannt wird.

Nun fällt der Weg in das Gravonetal hinunter. Dieses fruchtbare Tal wird von zwei Bergketten gebildet. Die nördliche geht vom Monte d'Oro aus und endet oberhalb Ajaccio in der Punta della Parata. Sie trennt das Wassergebiet des Gravone von dem des Liamone. Die südliche läuft vom Monte Renoso in paralleler Richtung fort und trennt das Gravonetal vom Tale des Prunelli. Zu beiden Seiten des Gravone stehen Ortschaften auf den Bergen. Sie sahen freundlicher aus, als ich sie noch in Corsica gefunden hatte.

Der erste Cantonsort ist Bocognano, welcher nahe vor dem wilden Schlunde von Vizzavona liegt. Rings umher waldbedeckte dunkle Berge mit beschneiten Häuptern, die ganze Gegend von einem ernsten, grandiosen Charakter. Arme Hirten wohnen hier, starkes und tapferes Volk. Wer nicht von der Milch sich nährt, nährt sich von der Castanie. Viele wirken den Pelone. Waffen sind hier überall. Der Anblick so starker Männer mit ihren Doppelflinten, der Carchera und dem braunen Wollenrock stimmt gut zu den düstern Alpenbergen und den Pinienforsten rings umher. Eisern sehen diese Bergcorsen aus, wie ihre Fucili, die sie tragen. Das Volk schien mir hier im Mittelalter stehen geblieben und eingerostet zu sein.

Der Weg fällt immer ab nach Ajaccio zu. Endlich sahen wir den herrlichen Golf. Es war fünf Uhr Abends als wir uns der Stadt nahten. Die reicher bebauten Hügel, Weingärten und Oliven und eine fruchtbare Ebne, das Campoloro genannt, in welches das Gravonetal am Golfe endigt, verkündigten die Hauptstadt Corsica's. Sie zeigte sich endlich als eine in den Golf gezogne Reihe von weißen Häusern zu Füßen einer Hügelkette und umgeben von Villen. Eine Allee von Ulmenbäumen führt längs des Golfs in die Stadt, und so betrat ich den kleinen Heimatsort des welterschütternden Mannes mit freudiger Erregung.

Drittes Buch.

Erstes Kapitel.

Ajaccio.

Ajaccio liegt am nördlichen Ende eines Golfes, welcher zu den herrlichsten der Welt gezählt wird. Seine beiden Uferlinien sind von ungleicher Länge. Die nördliche ist die kürzere; sie läuft in westlicher Richtung fort bis zur Punta della Parata, einer Landspitze, vor welcher die Isole Sanguinarie oder Blutinseln liegen. Die südliche Seite zieht sich von Nord nach Süd in vielen Einsprüngen weithin bis zum Cap Muro, um welches herumfahrend man in die Bai von Valinco gelangt.

Man sieht auf dem nördlichen Ufer keine, auf dem südlichen wenige Ortschaften und mehre Türme und Fanale. Das Nordende des Golfs überragen hohe Berge, unter ihnen der Pozzo di Borgo; es sind die Grenzgebirge des Gravonetals, welches in der fruchtreichen Ebne Campo di Loro endigt. Die Lage Ajaccio's hat Aehnlichkeit mit der Neapels.

Man behauptet, daß Ajaccio eine der ältesten Städte Corsica's sei. Die fabelnden Chronisten leiten sie von Ajax ab, andere von Ajazzo dem Sohne des trojanischen Fürsten Corëo, welcher mit Aeneas in das Westmeer wanderte, Sica, eine Nichte der Dido, entführte und der Insel so den Namen Corsica gab. Nach den Angaben des Ptolemäus lag an diesem Golf Urcinium, welches das Adjacium des frühesten Mittelalters gewesen sein soll, und diese Stadt wird stets mit den ältesten der Insel, mit Aleria, Mariana, Nebium und Sagona genannt, Städten die untergegangen sind.

Das alte Ajaccio lag aber nicht auf der Stelle des heutigen, sondern auf einem nördlicher gelegenen Hügel, San Giovanni. Auf seiner Spitze liegen noch die Trümmer eines Castells, castello vecchio genannt, und ehedem sah man dort die Ruinen der alten Kathedrale, auf denen die Bischöfe von Ajaccio lange Zeit fortfuhren sich einweihen zu lassen. Sie sind verschwunden; nichts verrät mehr, daß hier eine Stadt gestanden habe. Aber man fand in den Weinbergen viele Römermünzen und große Gefäße von terra cotta in ovaler Form, Graburnen, welche jedesmal ein Skelett und einen Schlüssel enthielten. Man will dort auch die gewölbten Gräber der Maurenkönige gezeigt haben, welche verschwunden sind.

Die neue Stadt legte mit der Citadelle die Bank des heiligen Georg im Jahre 1492 an. Sie war der Sitz eines Leutnants des Gouverneurs von Bastia, und erst im Jahr 1811 wurde sie zur Hauptstadt der Insel erhoben, auf Betreiben der Madame Letitia und des Cardinals Fesch, welche ihren und des Kaisers Geburtsort durch diese Erhebung auszeichnen wollten.

Von jenem Hügel San Giovanni übersieht man die Stadt und ihre Umgebung am besten. Sie gewährt das freundlichste Bild, das man sich vorstellen mag, und keine andere Stadt Corsica's kommt ihr gleich. Ihr Horizont ist unvergleichlich. Wolkenhohe Berge weit ins Land hinein, der majestätische Golf in azurblauem Licht, der Himmel des Südens und eine italienische Vegetation; man kann sich keinen besseren Verein denken, und da liegt nun ein schweigsam harmloses Städtchen von 11500 Einwohnern, im Laub der Ulmenbäume versteckt, und gebietet über eine Gegend, welche bestimmt zu sein scheint, eine Weltstadt zu tragen.

Ajaccio steht auf einer Landzunge, deren Spitze das Castell

einnimmt. Auf ihr reiht sich die Stadt auf und zieht sich
weiter zu beiden Seiten am Golf entlang. Die Allee von
Ulmen und Platanen setzt sich in ihrer Hauptstraße, dem
Cours Napoleon, fort. Denn diese ist eigentlich die Fortsetzung
der Straße von Corte. Man hat sie zum Teil in die Felsen
sprengen müssen, von denen zwei noch an ihrem Eingange
und an den Häusern stehn. In diesem Corso verwandeln sich
die Ulmen in Orangenbäume von ziemlicher Höhe, welche der
Straße ein festliches und reiches Ansehn geben. Die Häuser sind
hoch aber ohne schöne Architectur. Charakteristisch sind die
grauen Jalousien, welche man in Corsica liebt, während sie
in Italien von einer muntern grünen Farbe zu sein pflegen.
Dieses Grau stumpft die Gebäude ab und macht sie monoton.
Alle ansehnlicheren Häuser des Corso stehn auf der rechten
Seite, das kleine Gabrieltheater, die zierliche Präfectur und
eine Militärcaserne.

Mich überraschte die ländliche Stille auf allen diesen Straßen;
nur ihre Namen rufen den Wandrer an und erzählen die Geschichte Napoleons. Da liest man cours Napoléon, rue
Napoléon, rue Fesch, rue Cardinal, place Letitia und
rue du roi de Rome. Die Erinnerung an Napoleon ist die
eigentliche Seele der Stadt, und so geht man einher in Gedanken an den wunderbaren Menschen und an seine Kindheit,
aus einer Gasse in die andere, und bald sind sie alle durchwandert. Parallel mit dem Cours Napoleon läuft die Straße
Fesch. Jene führt auf den breiten Platz des Diamanten am
Meer, welcher eine köstliche Aussicht auf den Golf und sein
südliches Ufer gewährt; diese endigt in dem Marktplatz und
führt nach dem Hafen. Das nun sind die beiden Hauptstraßen
Ajaccio's und seine beiden Hauptplätze. Kleine Seitengassen
verbinden sie und durchschneiden alle die Landzunge. Die Stille
ist so recht einladend zum Erinnern, und so still liegt auch
der blaue Golf vor den Blicken ausgebreitet. Man sieht ihn

faſt aus jeder Straße. Nirgend bleibt das Auge in Mauern gefangen, denn die Hauptſtraßen ſind breit, die Plätze groß, mit grünen Bäumen bepflanzt, und Meer und Oelberge, welche hart über dem Städtchen auffſteigen, bliden überall herein wo man gehn und ſtehen mag. Ajaccio iſt Landſtadt und See= ſtadt zugleich, man lebt dort mitten in der Natur.

Abends belebt ſich der Corso und der Diamantplaß mit Wandelnden, welche die Kühle genießen wollen. Die Muſik= bande ſpielt; in Gruppen geht, ſteht das Volk umher. Die Frauen tragen meiſt ſchwarze Schleier, die vom Mittelſtande die maleriſche Falbetta. Man kann ſich einbilden, irgendwo auf einer ſpaniſchen Küſte zu ſtehn.

Die Ajacciner haben wahrlich die ſchönſten Promenaden der Welt, ſei es auf dem Plaß der einen ſo märchenhaften Namen führt, oder längs des Golfes unter Ulmenalleen und Wein= und Olivengärten. Ich kenne wenige Plätze, die eine ſo ſchöne Anſicht gewährten, als dieſer Diamantplaß von Ajaccio. Unmittelbar an ihm rauſchen die Meereswellen, nach der Land= ſeite zu ſchließen ihn freundliche Häuſerreihen, darunter ein ſtattliches Militärhoſpital und ein zierliches Seminar der Prieſter, und hart über ihm ſteht ein grüner Berg. Eine ſteinerne Wehr faßt ihn gegen den Golf ein; mit wenigen Schritten iſt man am Strand, welchen eine Allee umkränzt.

Ich fand nichts Angenehmeres in Ajaccio als in der Abend= friſche, wenn der Weſtwind über den Golf wehte, auf jenem Diamantplaße zu luſtwandeln oder auf der Wehr zu ſitzen und an dem zauberiſchen Panorama von Meer und Bergen mich zu waiden. Der Himmel Italiens ſtralt dann im feen= haften Licht; die Luft iſt ſo klar, daß die Milchſtraße und der Venusſtern lange Schimmer über den Golf werfen und die Wellen von einem ſanften Glanze wiederſcheinen. Wo ſie ſchwanken oder ein vorübergleitender Kahn Furchen hinter ſich zieht, erzittern ſie von phosphorescirenden Funken. Gerade über

hüllt sich das Ufer in Nacht; Fanale brennen auf den Landspitzen, und an den Bergen sieht man mächtige Feuer lodern.
Dort brennt man nämlich um die Zeit des August die Buschwälder nieder, um urbares Land zu gewinnen, welches durch
die Asche zugleich gedüngt wird. Ich sah diese Feuer viele
Tage lang fortbrennen. Tags wälzen sie weiße Dampfwolken
über die Berge, Nachts leuchten sie über dem Golf wie Vultane,
und dann wird die Aehnlichkeit mit Neapel überraschend. Man
kann also jeden Abend auf dem Diamantplatz von Ajaccio die
herrlichste Illumination genießen.

Auch der Marktplatz ist nicht minder schön, wenn auch
seine Aussicht nicht so umfassend ist. Man übersieht von ihm
den sichern und prächtigen Hafen, der durch einen granitnen
Molo, eine Anlage Napoleons, begrenzt wird. Ein schöner
Kai von Granit schließt die Hafenseite des Marktplatzes, der
mit Bäumen bepflanzt gar ländlich und friedlich aussieht. An
seinem Eingange steht Ajaccio's Hauptbrunnen, ein großer
Würfel von Marmor, aus dessen Seiten das Wasser in halbrunde Becken strömt. Er ist vom Morgen bis zum Abend um-
lagert, und niemals konnte ich diese Gruppen von Wasser
schöpfenden Frauen und Kindern betrachten, ohne an die
Brunnenscenen des alten Testamentes zu denken. In einem
heißen Lande ist die Wasserquelle wahrhaft die Quelle der
Poesie und der Geselligkeit; Feuerherd und Brunnen sind wol die
altgeheiligten Sammelpunkte der menschlichen Gemeinschaft. —
Die Weiber schöpfen hier nicht mehr mit den antiken Erzgefäßen
wie in Bastia, sondern mit kleinen Tonnen oder Steinkrügen von
Terra Cotta, über deren Oeffnung ein Henkel geschlagen ist. Auch
diese Krüge sind althergebracht; sie haben aber auch Steingefäße
mit langem schmalem Halse, welche ganz und gar etruskisch aussehen. Die armen Leute auf der unfruchtbaren Insel Capraja
erwerben sich zum Teil ihren Unterhalt mit der Anfertigung
solcher Gefäße, welche weit und breit versendet werden.

Auf demselben Marktplatz steht vor dem Hafen und dem
Stadthause eine Marmorstatue Napoleons, auf einem übertrieben hohen und unschönen Piedestale von Granit. Die Inschrift lautet: dem Kaiser Napoleon seine Vaterstadt am 5. Mai
1850, im zweiten Jahre der Präsidentschaft Louis Napoleons.
Lange hatte sich Ajaccio um ein Denkmal Napoleons bemüht
und immer vergeblich. Die Ankunft eines Kunstwerks in
Corsica war daher ein nicht kleines Ereigniß. Nun traf es
sich, daß die Familie Bonaparte einst dem Herrn Ramolino
die Statue eines Ganymed schickte. Als diese ausgeschifft wurde
und das Volk sie erblickte, hielt es den Adler des Zeus für
den Kaiseradler, den Ganymed aber für Napoleon. Es sammelte
sich auf dem Marktplatz und verlangte, daß man die Bildsäule sofort auf dem Brunnenwürfel aufstelle, damit man
endlich den großen Mann in Marmor vor sich habe. Indem
die wackern Corsen den trojanischen Jüngling zu ihrem Lands-
manne Napoleon machten, schienen sie die Fabel der Chronisten
zu bestätigen, daß die Ajacciner von einem trojanischen Prinzen
abstammen.

Eigentlich war die schöne Napoleonbildsäule des Florentiners
Bartolini für Ajaccio bestimmt; man wurde indeß um den
Preis von 60,000 Franken nicht einig, und so schmückt Bar-
tolini's Werk Ajaccio nicht. Die Statue Napoleons auf dem
Marktplatz ist eine mittelmäßige Arbeit Laboureurs; nur ihre
Stellung im Angesicht des Golfs hebt sie zur vortrefflichsten
Wirkung. Sie ist eine Consularstatue. Der Consul blickt vom
Sockel auf das Meer, von der winzigen Vaterstadt in das
Element hinausgewendet. Er trägt die römische Toga und
auf dem Haupt einen Lorbeerkranz; die rechte Hand hält ein
Steuerruder, welches auf der Weltkugel aufsteht. Die Idee
ist gut, denn im Angesicht des Golfs ist das Steuerruder ein
ganz natürliches Symbol, zumal in der Hand des Insulaners.
Der Beschauer verweilt hier bei der Geschichte nicht des voll-

enbeten, sonbern des werbenben Herrschers, indem er die kleine
Welt von Ajaccio um sich her sieht, auf welcher der gewaltigste
Mensch Europa's als Kind und Jüngling umherging, nicht
wissend wer er sei und wozu ihn das Geschick bestimmt hatte.
Dann schweift die Erinnerung wieder auf das Meer und in
diesem Golfe hier sieht sie das Schiff ankern, welches den
General Bonaparte von Egypten nach Frankreich trug. Nachts
saß er am Bord und durchflog mit hastiger Seele die Jour=
nale, die man in Ajaccio für ihn auftreiben konnte, und hier
war es, wo er den Entschluß faßte, jenes Steuerruder zu
ergreifen, mit dem er dann nicht Frankreich allein, sondern
ein Kaisertum und die halbe Welt regieren sollte, bis es in
seinen Händen zerbrach, und der Mann von Corsica an der
Insel Sanct Helena scheiterte.

Dem Maestrale nicht ausgesetzt wie die Bai von S. Fiorenzo,
sondern vor allen Stürmen geschützt, könnte dieser Golf die
größesten Flotten beschirmen. Aber der Hafen ist todt, denn
es mangelt der Verkehr. Einmal in der Woche kommt ein
Dampfschiff aus Marseille und bringt Nachrichten aus der
Welt und Gebrauchsartikel. Ich hörte oft die Corsen klagen,
daß die Vaterstadt Napoleons, obwol durch eine unvergleich=
liche Lage und Zone so sehr begünstigt, nichts mehr sei als
ein Städtchen irgend einer Provinz von Frankreich. Wie ge=
ring der Absatz der Waaren und wie dürftig die heimische
Industrie ist, zeigt gleich ein Umgang auf dem Marktplatze,
wo die meisten Verkaufsläden im Untergeschoß der Häuser sich
befinden. Man sieht keinen Luxusladen, nur das nothdürftigste
Handwerk, namentlich Schneider und Schuhmacher; was nach
Luxuswaaren aussieht, hat ein veraltetes und verlegenes
Ansehn.

Ich fand eine einzige Buchhandlung in Ajaccio, aber auch
diese ist mit einem Kleinwaarenlager verbunden, und Seife,
Band, Messer und Flechtwerk verkauft man dort neben Büchern.

Doch hat das Stadthaus eine Bibliothek von 27,000 Bänden. Lucian Bonaparte hat zu ihr den Grund gelegt, und man sagt, er habe sich durch diese Büchersammlung größere Verdienste um Corsica erworben als durch seine Epopöe in zwölf Gesängen: La Cyrneide. Auch die Präfectur besitzt eine schätzenswerte Bibliothek, namentlich ist ihr Archiv reich an Documenten corsischer Geschichte.

Im Stadthause wird auch die Bildersammlung aufbewahrt, welche der Cardinal Fesch seiner Vaterstadt vermacht hat. Es sind 1000 Bilder an der Zahl. Die armen Bürger von Ajaccio können diese Gemälde nicht aufstellen, weil sie kein Museum dafür haben. Sie liegen also schon seit Jahren in der Rumpelkammer. Fesch bestimmte auch sein Haus zu einer Stiftung, erst für die Jesuiten, dann zu einem Collegium, welches nun seinen Namen trägt. Es besteht aus einem Principale und 12 Lehrern für verschiedene Wissenschaften.

Groß ist die Armut Ajaccio's an Anstalten, wie an öffentlichen Gebäuden. Sein größter Schatz ist das Haus Bonaparte.

Zweites Kapitel.

Die Casa Bonaparte.

Aus der Gasse S. Charles tritt man auf einen kleinen viereckigen Platz. Ein Ulmbaum steht dort vor einem gelbgrau übertünchten Hause von drei Stockwerken, mit plattem Dach und einem Balkonaufsatz darüber, mit sechs Fenstern Fronte und mit verbraucht aussehenden Thüren. An der Ecke dieses Hauses liest man die Aufschrift „Place Letitia."

Keine Marmortafel sagt dem Fremden, der aus Italien kam, wo die Häuser großer Menschen ihre Inschriften tragen, daß er vor der Casa Bonaparte steht. Er klopft vergebens

an der Thüre; keine Stimme antwortet; alle Fenster sind mit
grauen Jalousien versperrt, als befinde sich das Haus im
Verteidigungsstande der Vendetta. Kein Mensch zeigt sich auf
dem Platze. Alles ringsum ist todt und scheint hinweggestorben
oder hinweggescheucht von dem Namen Napoleon.

Endlich erschien ein alter Mann an einem Fenster der
Nachbarschaft und beschied mich nach zwei Stunden wiederzu-
kommen, wo er mir den Schlüssel besorgen wollte.

Bonaparte's Haus, seither wenig verändert, wie man mir
versicherte, ist, wenn auch kein Palais, so doch immer die
Wohnung einer angesehenen Familie gewesen. Dies zeigt sein
Aussehn, und geradezu ist es ein Palast zu nennen im Vergleich mit der Dorfcapanne, in welcher Pasquale Paoli geboren wurde. Es ist geräumig, wohnlich und sauber. Aber
alle Meubel sind aus den Zimmern verschwunden, nur die
Tapeten hat man auf den Wänden gelassen, und auch sie
sind veraltet. Der Fußboden, welcher nach corsischem Gebrauch
mit kleinen sechskantigen roten Fliesen ausgelegt ist, zeigt sich
schon hie und da schadhaft. Ganz unheimlich machte die Zimmer
ihre Leere und ihre Dunkelheit bei verschlossenen Läden.

Einst glänzte dieses Wohnhaus zur Zeit der schönen Letitia
von einem großen Familienleben und von froher Gastlichkeit,
heute gleicht es einem Todtengewölbe, und vergebens sucht
man nach einem Gegenstande umher, an dem die Phantasie
einen Anhalt für die Geschichte der rätselhaften Bewohner fände.

Ich weiß nicht, wann das Haus gebaut wurde, doch
schwerlich ist es alt. Damals beherrschte Genua die Insel,
und vielleicht erfüllte Ludwig XIV. die Welt mit seinem und
mit Frankreichs Ruhme. Ich dachte an die Zeit, da der Meister
dieses Haus richtete und seinen üblichen Segen sprach, und
nach geheiligter Sitte die Sippschaft die Familie hineingeleitete,
welche es hatte bauen lassen; ahnungslos, daß einst das launen-
hafte Schicksal Kaiser- und Königstronen über dieses Dach

ausschütten würde, und daß es die Wiege eines länderver-
schlingenden Fürstengeschlechtes werden sollte.

Die erregte Phantasie sucht sie in diesen Zimmern und
sieht sie um ihre Mutter versammelt, Kinder, gewöhnlich wie
andere Menschenkinder, Schulbuben, welche bei ihrem Plutarch
oder Julius Cäsar schwitzen, vom ernsten Vater und von dem
Großonkel Lucian gemeistert, und die drei jungen Schwestern,
welche sorglos und ziemlich wild aufwachsen wie ihre Nach-
barinnen in der halbbarbarischen Inselstadt. Da ist Joseph,
der älteste, da Napoleon, der zweitgeborne, Lucian, Louis,
Jerome, da Caroline, Elise und Pauline, die Kinder eines
Notars von mittelmäßigem Einkommen, der mit den Jesuiten
von Ajaccio unausgesetzt und vergebens Processe führt, ein
ihm bestrittenes Gut zu gewinnen, dessen seine sehr zahlreiche
Familie benötigt ist. Denn die Zukunft seiner Kinder macht
ihm Sorgen. Was werden sie einmal in der Welt werden,
und auf welche Weise ein wolhabendes Dasein sich sichern? —

Und siehe da! dieselben Kinder langen sich eines Tages
eins nach dem andern die mächtigsten Kronen der Erde, reißen
sie von den Häuptern der unnahbarsten Könige Europa's,
tragen sie vor aller Welt, lassen sich von Kaisern und Königen
als Brüder und Schwäger umarmen, und große Völker fallen
zu ihren Füßen und geben den Söhnen des Notars von Ajaccio
Blut und Vermögen preis. Napoleon ist europäischer Kaiser,
Joseph König von Spanien, Ludwig König von Holland,
Jerome König von Westfalen, Pauline eine Fürstin Italiens,
Elise eine Fürstin Italiens, Caroline eine Königin von Neapel.
So viele gekrönte Herrscher gebar und erzog in diesem kleinen
Hause eine der Welt unbekannte Bürgerstochter einer kleinen
kaum genannten Inselstadt, Letitia Ramolino, welche vierzehn
Jahre alt einen eben so unbekannten Mann heiratete. Ihre
Wehen waren wahrhaft Wehen der Weltgeschichte.

Es gibt kein Märchen aus tausend und einer Nacht, das

märchenhafter wäre als die Geschichte der Familie Bonaparte.
Daß aber dieses Märchen in den ganz nüchternen Tagen der
modernsten Zeit Wahrheit geworden ist, muß man als eine
große That der Geschichte und als ein großes Glück betrachten.
Hat es doch die Geschichte der Menschheit, welche durch die
politische Regel in Verknöcherung versank und in einem legitimen Kastenwesen erstarrte, gewaltsam durchbrochen, neu bewegt, mit neuem Geist erfüllt und den Mann über das politische Schicksal gestellt. Es hat die Menschenkraft und Menschen-
leidenschaft vom Banne der traditionellen Ständebeschränkungen
losgerissen, und gezeigt, daß der Einzelne, auch wenn er im
Staube geboren ist, alles werden darf, weil die Menschen
sich gleich sind. Daß nun die Geschichte der Bonaparte märchen-
haft erscheint, ist allein die Schuld der mittelalterigen Zustände,
in denen sich das Leben noch bewegt und jener überkommenen
Ansichten von den unerschütterlichen Unterschieden der Gesellschaft. Napoleon ist der politische Faust. Nicht in seinen
Schlachten, sondern in seinem revolutionären Wesen liegt seine
weltgeschichtliche Größe. Er hat die legitimen Götter der Tra-
dition gestürzt. Die Geschichte dieses prädestinirten Menschen
ist darum sehr einfach, menschlich und natürlich, aber heute
kann sie noch nicht geschrieben werden.

Auch die Geschichte ist Natur. Es gibt eine Kette von
Ursachen und von Wirkungen, und was wir Genie oder einen
großen Menschen nennen, ist immer das Resultat von bestimmten Bedingungen und notwendig.

Ein mehr als tausendjähriger fast ununterbrochener Kampf
Corsica's mit seinen Bezwingern war vorangegangen, ehe der
große Sieger Napoleon geboren wurde, in dessen Natur sich
dies felsenfeste Eiland und dies im Schlachtenkampf gestählte,
auf engstem Raum zusammengedrängte Inselvolk ein Organ
geschaffen hat, dessen Gesetz war: die Schrankenlosigkeit. Dies
ist die Reihe aufwärts, der corsische Bandit, der corsische

Soldat, Renuccio della Rocca, Sampiero, Gaffori, Pasquale Paoli, Napoleon.

Ich trat in ein kleines Zimmer mit blauen Tapeten und zwei Fenstern, von denen das eine nach einem Hofbalkon, das andere nach der Straße geht. Man sieht darin einen Wandschrank hinter einer Tapetenthüre, und einen Kamin, der mit gelbem Marmor eingefaßt und mit mythologischen Reliefs geziert ist. In diesem Zimmer kam am 15. August 1769 Napoleon zur Welt. Es ist doch ein seltsames Gefühl, welches die Seele auf einer Stätte ergreift, wo ein großer Mensch geboren ward. Es ist, als werfe man einen Blick hinter den Vorhang der Natur, wo sie die Organe ihrer Bewegung schafft. Aber nichts erkennt der Mensch als das Erscheinende, und nach dem Wie fragt er stets vergebens. Vor den Geheimnissen der Natur zu stehen und die leuchtenden Gestalten bewundernd anzuschauen, die dem Dunkel entsteigen, das ist auch Religion. Den Denkenden ergreift wol nichts so tief als der gestirnte Himmel der Nacht, und als der gestirnte Himmel der Welt= geschichte.

Noch andere Räume zeigt man, den Tanzsaal der Familie, das Zimmer der Madame Letitia, das kleine Zimmer Napoleons, wo er schlief, und das, worin er arbeitete. Es sind dort noch die beiden kleinen Wandschränke zu sehen, in denen seine Schulbücher standen. Auch jetzt stehen Bücher darin. Neugierig griff ich darnach, als ob es die Napoleons gewesen wären; es waren vergilbte Rechtsbücher, theologische Dinge, ein Livius, ein Guicciardini und andere, wol Eigentum der Familie Pietra Santa, die mit den Bonaparte verwandt ist und gegenwärtig ihr Haus besitzt.

In diesem Hause ist es gut die Jugendgeschichte Napoleons sich zu vergegenwärtigen, welche noch immer nicht gehörig be= gründet ist. Was ich davon weiß, hörte, las, will ich erzählen. Vieles verdanke ich dem eben erschienenen Buche eines Corsen

Nasica: Mémoires sur l'enfance et la jeunesse de Napoléon jusqu'à l'age de vingt-trois ans. Das Buch ist dem Neffen des Onkels gewidmet, geistlos geschrieben, aber es enthält unbezweifelt richtige Thatsachen und einige schätzens= werte Documente.

Drittes Kapitel.
Die Familie Bonaparte.

Der Ursprung der Bonaparte ist gar nicht mehr mit Sicher= heit zu ermitteln. Niedrige Schmeichelei hat die lächerlichsten Dinge herbeigezogen, um Napoleon die ältesten und höchstge= stellten Ahnen zu geben. Man hat sogar einen Stammbaum angefertigt, welcher mit Emanuel II., dem achten Kaiser aus dem Hause der Comnenen anhebt, dessen zwei Söhne nach dem Falle Constantinopels unter dem Namen Bonaparte erst nach Corfu, dann nach Neapel, nach Rom und Florenz ge= gangen sein sollen. Von ihnen stammen dann lächerlicher Weise die corsischen Bonaparte ab.

Daß die Familie der Bonaparte im Mittelalter eine Rolle unter den Signoren italienischer Städte spielte, ist geschichtlich erwiesen. Sie waren in das goldne Buch von Bologna, unter die Patricier von Florenz und in das Adelsbuch von Treviso eingeschrieben. Als Napoleon Schwiegersohn Oesterreichs ge= worden war, ließ der Kaiser Franz Nachforschungen über dessen Familie anstellen und übersandte seinem Schwiegersohne einige Documente, welche beweisen sollten, daß die Bonaparte lange Zeit Herren von Treviso gewesen seien. Napoleon dankte und entgegnete, er finde sich geehrt genug, der Rudolf von Habs= burg seines Stammes zu sein. Und auch sonst beseitigte er die alten Adelsdiplome, die man ihm vorkramte, mit dem Worte: ich datire meinen Adel von Millesimo und von Montenotte.

Ich habe an einer andern Stelle die Vermutung ausgesprochen, daß der Name Bonaparte eine Italianisirung des longobardischen Namens „Bonipert" sei, welcher sich in Urkunden des achten Jahrhunderts in tuscischen Landen häufig findet. Wann die Bonaparte nach Corsica kamen, ist ungewiß. Muratori hat ein Document vom Jahr 947 angeführt, in welchem drei corsische Signoren Othon, Domenico und Guido dem Klosterabt Silverio von Monte Cristo ihre Besitzung Venaco in Corsica schenken; unter den Zeugen, welche dieses Instrument in Mariana zeichnen, befindet sich auch ein Bonaparte. Es müßte demnach die Familie oder vielmehr ein Zweig derselben schon frühe aus Toscana nach Corsica gegangen sein. Andere vielleicht folgten in späteren Jahrhunderten nach, denn die toscanischen Bonaparte waren teils Guelfen, teils Ghibellinen und wurden abwechselnd mit der einen oder der andern Partei vertrieben. Man weiß, daß einige von ihnen in die Lunigiana, nach Sarzana, gingen und in den Dienst der mächtigen Herren Malaspina traten, mit denen sie, wie ich behaupten möchte, auch nach Corsica wanderten. Ein anderer Zweig blieb in Toscana und machte sich hier ganz heimisch, erst in Florenz, dann in dem Castell San Miniato al tedesco. Die Familie hatte ihre Gruft in Santo Spirito zu Florenz, und dort las ich im Kreuzgang des Convents auf einem Grabstein diese Inschrift:

S. di Benedeto
Di Piero di Giovanni
Buonaparte. E di sua Descendenti.

Das Wappen zeigt über und unter den Querbalken je einen Stern, bezeichnend genug, denn zweimal ist der Stern über dem Hause Bonaparte aufgegangen.

In San Miniato blieben noch bis auf Napoleons Zeit Glieder seiner Familie. Nach seiner Expedition von Livorno fand er dort einen alten Canonicus Filippo Bonaparte, welcher den jungen Helden zu seinem Erben einsetzte und im Jahre 1799 starb.

Was die Bonaparte in Ajaccio betrifft, so steigen sie mit Sicherheit auf bis zum Messire Francesco, der im Jahre 1567 starb; ohne Zweifel war der corsische Zweig der Bonaparte von Sarzana herüber gekommen. Ich gebe der Uebersicht wegen diese Stammtafel:

Francesco Bonaparte 1567.

|

Gabriele Bonaparte Messire,
baute in Ajaccio Türme gegen die Barbaresken.

Geronimo Bonaparte Egregius, procurator nobilis,
Haupt der Aeltesten von Ajaccio.

|

Francesco Bonaparte,
Capitano der Stadt.

Sebastiano Bonaparte.	Fulvio Bonaparte.
Carlo Bonaparte nobilis.	Lodovico Bonaparte 1632, vermält mit Maria von Gonbi.
Giuseppe Bonaparte, Aeltester der Stadt.	

Sebastiano Bonaparte, magnificus, Aeltester der Stadt. 1760.	Luciano Bonaparte, Archidiaconus.
Carlo Maria Bonaparte, geb. 30. März 1746, Vater Napoleons, vermält mit Letitia Ramolino.	

Die Bonaparte haben keine Rolle in der corsischen Geschichte gespielt. Angesehn in ihrer Stadt, von den Genuesen, welchen diese gehorsam blieb, mit Titeln als Edle geehrt, beschränkten sie sich auf die Teilnahme an der bürgerlichen Verwaltung. Erst mit Carlo Bonaparte wird dieser Name im ganzen Lande Corsica angesehn und geschichtlich.

Napoleons Vater war am 29. März 1746 in Ajaccio geboren, in einer stürmischen Zeit, da die Corsen alle ihre Kraft zusammen nahmen, um das Genuesenjoch abzuschütteln. Gaffori war damals Haupt der Corsen, Pasquale noch in der Verbannung zu Neapel. Bei den Bonaparte in Ajaccio war es Sitte geworden, ihre Kinder nach Toscana zur Ausbildung zu schicken, und besonders sie in Pisa studiren zu lassen. Denn sie erinnerten sich ihres florentinischen Adels, welchen sie geltend zu machen nie aufhörten. Carlo selbst nannte sich Nobile und Patrizier von Florenz. Er machte seine ersten Studien auf Paoli's neu gestifteter Hochschule in Corte und dann ging auch er nach Pisa, wo er viele Landsleute fand. Er studirte die Rechtswissenschaften, und man erzählt von ihm, daß er sich durch seine Kenntnisse Achtung und durch seine Freigebigkeit Neigung zu gewinnen wußte. In sein Vaterland zurückgekehrt, nachdem er zum Doctor der Rechte promovirt war, wurde er der beliebteste Advocat Ajaccio's.

Carlo Bonaparte, sehr schön, beredt und von glänzendem Verstande, erregte die Aufmerksamkeit Paoli's, welcher einen richtigen Blick für die Menschen zu haben pflegte. Er zog ihn an sich und wußte ihn in Staatsgeschäften zu gebrauchen. Im Jahre 1764 lernte der junge Advocat das schönste Mädchen von Ajaccio kennen, Letitia Ramolino, welche 14 Jahre alt war. Beide entbrannten in heftiger Neigung für einander, aber die Ramolini waren genuesisch gesinnt und wollten ihre Tochter einem Paolisten nicht zum Weibe geben. Da legte Paoli selbst sich ins Mittel und wußte die Eltern Letitia's zu gewinnen. Ihre Mutter hatte als Wittwe Herrn Fesch geheiratet, Capitän im Schweizerregiment in genuesischen Diensten, und aus dieser Ehe stammte der nachherige Cardinal Fesch.

Den jungen Carlo machte unterdeß Paoli zu seinem Secretär und nahm ihn mit sich nach Corte, dem Sitze der Regierung. Nur ungern folgte Letitia. Nun brach die Katastrophe über

die Corsen herein; die Franzosen hatten nach dem Vertrage
von Fontainebleau bereits die Insel betreten; das Volk war
zu einem Parlament zusammen gekommen, um über die zu
nehmende Entschließung zu ratschlagen. Hier stimmte Carlo
Bonaparte in einer feurigen Rede für den Krieg gegen
Frankreich.

Nach der unglücklichen Schlacht von Ponte nuovo, da alles
sein Heil in der Flucht suchte und die Franzosen bereits Corte
sich näherten, flüchteten einige hundert angesehene Familien
auf den Monte Rotondo, unter ihnen auch Carlo Bonaparte
und sein Weib, welches gerade mit Napoleon schwanger ging.
Der Berg bot einen traurigen Anblick von Verzweifelnden und
Wehrlosen, von Weibern und Kindern. So vergingen Tage
der Angst und Ungewißheit in jenen Wildnissen unter den
Ziegenhirten. Endlich erschienen französische Officiere mit der
Friedensfahne, Gesandte des Grafen Devaux, welcher in Corte
eingerückt war. Sie kündigten den Flüchtlingen an, daß die
Insel unterworfen und Paoli im Begriffe sei, sich einzuschiffen,
daß sie nichts zu fürchten hätten und in ihre Heimat herabsteigen könnten. Sogleich schickten die Flüchtlinge eine Deputation nach Corte, an deren Spitze Carlo Bonaparte und
Lorenzo Giubega von Calvi standen, und nachdem diese Abgesandten Sicherheitspässe für alle ihre Familien empfangen
hatten, kehrten sie auf den Monte Rotondo zurück, um diese
abzuholen.

Bonaparte stieg mit seinem Weibe ins Niolo, um auf
diesem schwierigeren Wege nach Ajaccio zu gelangen. Sie mußten den Liamone passiren, und da dieser Fluß angeschwollen
war, kam Letitia in Gefahr zu ertrinken. Nur ihr Mut und
die Schnelligkeit ihrer Begleiter retteten sie. Carlo wollte nun
Paoli, seinen Gönner und Freund, ins Exil begleiten, indem
er es für schimpflich hielt, in Corsica zu bleiben, nachdem
das gemeinsame Vaterland in Franzosengewalt gefallen war.

Aber die Bitten seines Onkels, des Archidiaconus Lucian und
die Tränen seines Weibes vermochten ihn von diesem ver=
zweifelten Gedanken abzubringen. Er kehrte nach Ajaccio zurück
und wurde dort unter französischem Regiment Assessor des
königlichen Gerichtshofes. Marbeuf behandelte ihn mit Aus=
zeichnung; durch seine Verwendung erhielt er für seinen ältesten
Sohn Joseph eine Stelle im Seminar zu Autun, für seinen
zweitgebornen Napoleon eine in der Militärschule zu Brienne.
Marbeuf, der Eroberer Corsica's war es also, welcher dem
jungen Napoleon seine Laufbahn möglich machte. Er besuchte
das Haus Bonaparte sehr häufig und verlebte in der Gesell=
schaft der schönen Letitia manche angenehme Stunde; dies und
die Gönnerschaft, welche der französische Graf dem jungen Na=
poleon schenkte, hat dessen Feinde veranlaßt, ein scandalöses
Gerücht über Marbeufs Verhältniß zu Letitia zu verbreiten.

Uebrigens war Marbeuf dem Vater Napoleons verpflichtet.
Als nämlich der General Narbonne=Fritzlar in Corsica gegen
jenen intriguirte, um den Oberbefehl zu erhalten, stimmte Carlo
das französische Ministerium dahin, Marbeuf in der Regierung
Corsica's zu belassen. Diesen Dienst vergalt ihm der Graf
mit seiner Freundschaft, mit seinem Wolwollen und mit der
Empfehlung des jungen Militärschülers Napoleon an die ein=
flußreiche Familie Brienne. Carlo zeigte Marbeuf auf jede
Weise seine Anhänglichkeit; ich las von ihm ein Sonett auf
den Grafen, welches ich nicht mitteilen will, weil es unbe=
deutend ist.

Im Jahre 1777 wurde Napoleons Vater Deputirter des
Adels für Corsica und reiste über Florenz nach Paris. Noch
einmal begab er sich dahin, um seinen Proceß mit den Jesuiten
von Ajaccio wegen gewisser Besitzungen zu Ende zu führen.
Darüber starb er in seinem 39sten Jahre zu Montpellier an
demselben Magenübel, an welchem auch sein Sohn Napoleon
sterben sollte, im Februar 1785. In den Phantasien des

Todes träumte er beständig von Napoleon, ein Beweis, daß er auf diesen Sohn alle seine Hoffnungen gesetzt hatte; er rief sterbend: „Wo ist Napoleon, warum kommt er nicht mit seinem großen Degen seinem Vater zu helfen?" In den Armen seines Sohnes Joseph verschied er. Man begrub ihn in Montpellier. Als Napoleon Kaiser geworden war, machten ihm die Bürger dieser Stadt den Antrag, seinem Vater ein Denkmal zu er= richten. Napoleon aber antwortete, daß man die Todten solle ruhen lassen, denn wenn er seinem Vater, der nun schon so lange todt sei, eine Statue setze, so würden sein Großvater und sein Urgroßvater mit demselben Recht eine gleiche ver= langen. Später ließ Louis Bonaparte, König von Holland, seines Vaters Leiche ausgraben und in St. Leu beisetzen.

Napoleon war, als Carlo Bonaparte starb, auf der Schule in Paris. Dies ist der Trostbrief, welchen der 16jährige Jüng= ling an seine Mutter schrieb:

Paris, den 29. März 1785.

Meine teure Mutter!

Heute hat die Zeit die ersten Ausbrüche meines Schmerzes ein wenig beruhigt, und ich beeile mich Ihnen die Dankbarkeit zu bezeugen, welche mir die Güte einflößt, die Sie immer für uns gehabt haben. Trösten Sie sich, meine teure Mutter. Die Umstände gebieten es. Wir werden unsre Sorge und unsre Erkenntlichkeit verdoppeln und glücklich sein, wenn wir durch unsern Gehorsam Sie in Etwas für den unschätzbaren Verlust eines geliebten Gatten entschädigen können. Ich schließe, meine teure Mutter; mein Schmerz befiehlt es, indem ich bitte, daß Sie den Ihrigen besänftigen. Meine Gesundheit ist aus= gezeichnet und alle Tage bitte ich den Himmel, Ihnen eine ähnliche zu schenken. Bringen Sie meine Hochachtung der Tante Gertrud, Minana Saveria, Minana Fesch 2c.

P. S. Die Königin von Frankreich ist mit einem Prinzen

niedergekommen, genannt Herzog der Normandie, am 27. März, 7 Uhr des Abends.

> Ihr sehr ergebener und affectionirter Sohn:
> Napoleon de Bonaparte.

Wenn dieser lakonische Brief des jungen Napoleon ächt ist, so ist er noch etwas mehr wert, als der Trostbrief Seneca's an seine Mutter Helvia.

Carlo war ein Mann von glänzenden Eigenschaften, ein klarer Verstand, ein warmer Redner, ein Patriot und doch wie man gesehn hat wol fügsam in die Umstände und von politischer Lebensklugheit. Er liebte Glanz und Verschwendung. Bei seinem Tode war Madame Letitia erst 35 Jahre alt und hatte ihm schon 13 Kinder geboren, von denen 5 gestorben waren. Jerome lag noch in der Wiege.

Das Haupt der Familie wurde der Archidiaconus Lucian, welcher das Familienvermögen verwaltete. Die Bonaparte besaßen einige Landgüter, Weinberge und Heerden.

Viertes Kapitel.

Napoleons Knabenjahre.

> Ich bin auch ein sterblicher Mensch,
> Gleich wie die andern, geboren
> Vom Geschlecht des ersten geschaffenen Menschen.
> Weisheit Salomonis.

Es hat einen großen Reiz, einen außergewöhnlichen Menschen als Kind und in dem Alter sich vorzustellen, wo er unter seinesgleichen verloren noch schicksalslos ist. Man fühlt sich versucht schon in der Kindesphysiognomie die Züge der Mannesgröße zu erraten; aber die Kindheit ist ein tiefes Mysterium, und wer kann in ihr die Gestalt des Genius oder des Dämon entdecken, wer gar die geheimnißvolle Macht wahrnehmen, die das schlummernde Ungeheure plötzlich ergreift und in die Zeit hinaussetzt.

Ich sah in den Uffizien von Florenz die Marmorbüste eines Knaben. Ihr unschuldiges Kinderlächeln zog mich an und mit Vergnügen betrachtete ich sie. Auf dem Sockel stand geschrieben: Nero.

Von der ersten Kinderzeit Napoleons ist nicht viel bekannt. Seine Mutter war beim Feste der Assunta in der Kirche, als sie die Geburtswehen empfand. Sie hatte nicht mehr Zeit, ihr eignes Zimmer zu erreichen, sondern gebar in dem kleinen Cabinet und wie man erzählt, auf einem Teppich, welcher Scenen aus der Heldengeschichte der Iliade darstellte. Ihre Schwägerin Gertrude verrichtete die Hebammendienste. Es war 11 Uhr des Morgens, da Napoleon zur Welt kam.

Er wurde erst am 21. Juli 1771 getauft, also fast zwei Jahre nach seiner Geburt, und zusammen mit seiner bald verstorbenen Schwester Maria Anna. Man erzählt, daß er sich heftig sträubte, als der Priester ihn mit Weihwasser begießen wollte; vielleicht wollte er sich selber taufen, wie er sich später selber krönte, dem Papst die Krone aus den Händen nehmend.

Als Knabe zeigte er ein heftiges Temperament und war in fortdauerndem Zank mit seinem ältesten Bruder Joseph. In den kindlichen Prügelscenen war Joseph immer der Zerzauste, und wenn er klagen lief, bekam Napoleon Recht. Zuletzt wurde Joseph dem kleineren Bruder ganz untertan, und die Familie schien Napoleon als das Haupt der Geschwister schon in früher Zeit betrachtet zu haben. Auf seinem Todtenbette sagte der Archidiaconus Lucian zu Joseph: „Du bist der älteste der Familie, aber dort steht ihr Haupt, das sollst du nicht vergessen."

Wir wollen es gerne glauben, daß der Knabe Napoleon eine unbezähmbare Leidenschaft für das Militär zeigte, und daß er nichts lieber that, als neben dem Militär in Ajaccio herlaufen. Er quälte seinen Vater mit Bitten, ihm eine Kanone

anzuschaffen, und noch lange zeigte man die kleine metallne
Kanone im Hause Bonaparte, mit welcher dieser Pulverwolken=
sammler Zeus als Kind zu spielen pflegte. Bald erstreckte sich sein
Ansehn über die Jugend von Ajaccio, und wie Cyrus die Hirten=
kinder der Meder und Peter der Große seine Gespielen, ver=
einigte er die Kinder der Stadt in eine Soldatencompanie,
welche gegen die feindliche Jungenschaft des Borgo tapfer zu
Felde zog und Schlachten mit hölzernen Säbeln lieferte.

Im Jahre 1778 brachte ihn der Vater auf die Militär=
schule nach Brienne, wo der nachher berühmte Pichegrü sein
Lehrer war. Man weiß, daß Napoleon dort anfangs sanft
und fleißig sich zeigte. Nur bisweilen brach sein Temperament
und reizbares Ehrgefühl gewaltsam hervor. Sein Quartier=
meister verurteilte ihn eines Tags um eines Vergehens willen
zu der schimpflichen Buße im Wollenkleide und auf den Knieen
an der Thüre des Refectorium zu essen. Das konnte der Stolz
des jungen Corsen nicht ertragen — er erbrach sich und be=
kam einen Nervenanfall. Der Père Petrault befreite ihn sofort
von der Strafe indem er sich beklagte, daß man seinen besten
Mathematiker so schmählich behandle.

Im Jahre 1783 ging Napoleon auf die Militärschule nach
Paris um seine Studien zu vollenden, bereits trefflich gebildet,
den Kopf voll Heldengestalten aus seinem geliebten Plutarch
und das Herz durchdrungen von den Thaten seiner großen
corsischen Väter, ein sprühend genialer Jüngling und ein aus=
geprägter Charakter. Es gährte damals in der Welt und durch
die Zeit ging der Geist großer Ereignisse. Es war eine lebens=
werte Zeit voll Werdedrang und voll titanischem Ungestüm;
sie gab der Natur den Befehl, in ihrer Werkstatt große Men=
schen zu bilden.

Der junge Officier Napoleon war im Jahre 1785 zu seinem
Regiment nach Valence gegangen. Das erregte Gemüt suchte
nach einem Ausdrucke seiner selbst. Er machte sich hier an die

Preisaufgabe der Akademie von Lyon: „Welches sind die Prin=
cipien und die Institutionen, die man den Menschen geben
muß, um sie glücklich zu machen" — ein in jener humanistischen
Periode beliebtes Thema, welches der Jüngling anonym löste.
Später warf er das Manuscript ins Feuer als er Kaiser ge=
worden war und Talleyrand dasselbe aus den Archiven von
Lyon hervorgezogen hatte, um dem Mächtigen zu schmeicheln.
Der junge Menschenbeglücker mußte den Tribut an seine Zeit
entrichten, und auch die Sentimentalität war ein Zug in ihr.
Was würde man wol dazu sagen, wenn eines Tages Napoleon
als Autor eines sentimentalen Romans im Charakter des Richard=
son und Sterne Furore gemacht hätte? Er hatte mit einem
seiner Freunde Demarris eine Reise auf den Mont Cenis unter=
nommen, und zurückgekehrt, das Herz angenehm bewegt von
seiner zärtlichen Neigung zu dem Fräulein Colombier in Valence,
mit welchem er verstolne Rendezvous hatte und unschuldige
Kirschen aß, setzte er sich an den Tisch und fing eine empfind=
same Reise auf den Mont Cenis zu schreiben an. Er kam
nicht weit damit; doch ist diese Anwandlung in der Seele
Napoleons merkwürdig, und hatte er nicht auch in Egypten
Werthers Leiden mit sich?

Noch Corse mit Leib und Seele schrieb er in Valence auch
eine Geschichte der Corsen, eine schöne Aufgabe für einen
jungen Napoleon. Das nicht vollendete Manuscript befindet
sich in der Bibliothek zu Paris und wird nun herausgegeben
werden. Er schickte es an Paoli, welchen er bewunderte, und
der damals in der Verbannung zu London lebte. Dieses ist
ein Teil seines begleitenden Schreibens an den großen Lands=
mann:

„Ich ward geboren als das Vaterland starb. Dreißigtausend
Franzosen, auf unsre Küsten gespieen, der Tron der Freiheit
in den Blutwellen versinkend, das war das verhaßte Schau=
spiel, welches zuerst meine Blicke erschreckte. Das Geschrei der

Sterbenden, das Geseufze der Unterdrückten, die Tränen der
Verzweiflung umgaben meine Wiege seit meiner Geburt.

„Sie verließen unsre Insel, und mit Ihnen verschwand
die Hoffnung des Glücks; die Sclaverei war der Preis unserer
Unterwerfung. Unter der gehäuften Last der dreifachen Kette
des Soldaten, des Gesetzgebers und des Steuereinnehmers,
lebten unsre Landsleute in der Verachtung ... in der Ver=
achtung derjenigen, welche die Gewalt der Regierung in der
Hand haben. Ist das nicht die grausamste der Martern die
derjenige erleiden kann, welcher Gefühl hat?

„Die Verräter am Vaterlande, die feilen Seelen, welche
die Liebe zu einem schmutzigen Lohne besticht, haben um sich
zu rechtfertigen gegen die nationale Regierung und gegen Ihre
Person im Besondern Verläumbungen ausgesät. Die Schrift=
steller adoptiren sie und überliefern sie als Wahrheiten der
Nachwelt.

„Indem ich sie las, geriet ich in Flammen, und ich habe
beschlossen, diese Uebel, die Producte der Unwissenheit, zu
zerstreuen. Ein frühe begonnenes Stubium der französischen
Sprache, gute Beobachtungen und Denkwürdigkeiten aus den
Papieren der Patrioten geschöpft, setzen mich in den Stand
sogar einigen Erfolg zu hoffen ... Ich will Ihre Verwaltung
mit der gegenwärtigen vergleichen ... Ich will die Verräter
der gemeinen Sache mit dem Pinsel der Schande in Schwarz
malen ... Ich will vor das Tribunal der öffentlichen Mei=
nung diejenigen laden, welche regieren, ihre Quälereien bis
ins Kleinste darstellen, ihre geheimen Schliche aufdecken, und
wenn es möglich ist, den tugendhaften Minister welcher den
Staat regiert, Herrn von Neder für das beklagenswerte Schick=
sal interessiren, welches uns so grausam niederschlägt.“

Dies sind die Gesinnungen und dies ist die Sprache des
jungen Corsen Napoleon, des revolutionären Demokraten und
Schülers von Plutarch. In seiner Geschichte der Corsen sagt

er einmal: „Wenn das Vaterland nicht mehr ist muß ein edler Bürger sterben." Es waren dies damals keine Phrasen aus dem Tacitus, es war die glühende Sprache einer zum Großen befähigten Jünglingsseele. Gibt es doch kaum einen Menschen, deffen jugendlich rasche Entwicklung man mit gleicher Freude verfolgen darf, als die des jungen Napoleon, etwa bis zum Frieden von Campo Formio. Ein Held, ein Halbgott fliegt an uns vorüber, noch unangetastet vom Eigennutz, bis das herrliche Menschenbild nach und nach sich zertrümmert und von uns zu denen gestellt wird, welche gewöhnliche Despoten waren. Denn es dauert keine Größe, und Macchiavelli hat Recht: Es gibt keine andern, als gewöhnliche Menschen. — Man nennt noch einige Jugendschriften Napoleons, welche nun gedruckt werden sollen, darunter zwei Novellen le Comte d'Essex und le Masque prophête, ein Dialog über die Liebe, Giulio betitelt und andere literarische Versuche.

Napoleon kam alle Jahre nach Ajaccio und machte dann seinen Einfluß auf die Erziehung seiner Geschwister geltend. Diese war einfach nach der Art des Landes und altväterisch strenge. „Man möchte sagen," heißt es in dem Buche Rasicas, „daß man in einem Collegium oder in einem Convente lebte. Das Gebet, der Schlaf, das Studium, die Erholung, die Luftbarkeit, alles war geregelt und gemessen. Die größte Har-monie, eine zarte und aufrichtige Liebe herrschte unter allen Gliedern der Familie. Sie war damals das Muster der Stadt, wie sie später ihre Zierde und ihr Ruhm wurde."

Der Archidiaconus Lucian verwaltete das Familiengut mit Oekonomie, und es kostete den jungen Napoleon viel Anstren-gung, wenn er vom Großonkel einiges Geld mehr zu seinen Ausgaben erhalten wollte. Indeß er erhielt es. Die ganze Familie fühlte den Einfluß des jungen Mannes und stand unter der Herrschaft dieses geborenen Gebieters. Denn gebieten mußte er einmal, und so ist es sehr charakteristisch, daß er nicht allein die jüngeren Geschwister, sondern auch seinen ältesten Bruder schulmeistert, und in ihre Erziehung bestimmend eingreift. Es war bald eine ausgemachte Sache, daß man dem jungen Napoleon zu gehorchen habe.

Ich finde einen authentischen Brief Napoleons an seinen Onkel Fesch, den nachherigen Cardinal, vom 15. Juli 1784 und datirt aus Brienne. Der 15jährige Knabe schreibt hier in der verständigsten und klarsten Anschauung der Lebensverhältnisse über die Laufbahn, die wol sein ältester Bruder Joseph zu ergreifen habe. Der Brief ist lesenswert genug, bedenkt man, daß dieser so bedenklich besprochene Joseph nachher König von Spanien war.

Napoleon an seinen Onkel Fesch.

Mein teurer Onkel, ich schreibe Ihnen, um Sie von der Reise meines lieben Vaters durch Brienne zu unterrichten, welcher nach Paris ging, Marianne (die spätere Elisa von Toscana) nach St. Cyr zu bringen und seine Gesundheit wiederherzustellen. Er ist hier am 21. angekommen mit Lucian und den beiden Demoisellen, die Sie gesehn haben. Diesen letzteren hat er hier gelassen. Er ist 9 Jahre alt, und 3 Fuß, 11 Zoll und 10 Linien groß: er ist in der Sechsten im Latein, und wird die verschiedenen Partieen des Unterrichtes lernen; er zeigt viel Talent und guten Willen, man darf hoffen, daß etwas Gutes aus ihm werden wird (que ce sera un bon sujet — Lucian war der Einzige, der es verschmähte, König zu sein). Er ist gesund, er ist kräftig, lebhaft und unbesonnen, und für den Anfang ist man mit ihm zufrieden. Er weiß das Französische recht gut und hat das Italienische ganz und gar vergessen. Uebrigens wird er meinem Briefe beischreiben; ich werde ihm nichts sagen, damit Sie wissen, wie es mit ihm steht. Ich hoffe, daß er Ihnen nun öfter schreiben wird, als

da er in Autun war. ... Ich bin überzeugt, daß mein Bruder
Joseph Ihnen noch nicht geschrieben hat. Wie wollten Sie das
verlangen? Er schreibt an meinen lieben Vater höchstens zwei
Zeilen, wenn er es noch thut. In Wahrheit, er ist nicht mehr
derselbe. Indeß an mich schreibt er sehr oft. Er ist in der
rhetorischen Klasse; und er würde besser thun, wenn er arbeitete,
denn der Herr Lehrer hat meinem lieben Vater gesagt, daß
es im Collegium (zu Autun) keinen Physiker, noch Rhetoriker,
noch Philosophen gebe, der so viel Talent hätte als er, und
der so gut eine Uebersetzung machte. Was den Stand betrifft,
den er wählen soll, so war es, wie Sie wissen, zuerst der
geistliche, welchen er wählte. Er blieb bei diesem Entschlusse
bis auf diese Stunde, wo er nun dem Könige dienen will.
Darin thut er aus mehren Gründen Unrecht.

1) Wie mein Vater bemerkt, hat er nicht Kühnheit genug,
um den Gefahren einer Schlacht die Stirne zu bieten; seine
schwache Gesundheit erlaubt ihm nicht, die Beschwerden eines
Feldzuges zu ertragen; und mein Bruder sieht den Soldaten-
stand nur von der Seite der Garnisonen. Ja, mein lieber
Bruder wird ein guter Garnisonofficier sein: da er einen
leichten Sinn hat und folglich zu frivolen Complimenten geschickt ist, wird er mit seinen Talenten immer eine gute Figur
in der Gesellschaft machen, aber in einer Schlacht? Das ists,
was mein teurer Vater bezweifelt.

Qu'importe à des guerriers ces frivoles avantages?
Que sont tous ces trésors sans celui du courage?
A ce prix fussiez vous aussi beau qu'Adonis,
Du Dieu même du Pinde eussiez-vous l'éloquence,
Que sont tous ces dons sans celui de la vaillance?

2) Er hat eine Erziehung für den geistlichen Stand empfangen; es ist zu spät, sie zu vergessen. Der Herr Bischof

von Autun würde ihm ein großes Benefiz gegeben haben, und er wäre sicher Bischof zu werden. Welche Vorteile für die Familie! Der Herr Bischof von Autun hat sein möglichstes gethan, um ihn zu bewegen zu bleiben, und ihm versprochen, daß er es nie bereuen solle. Vergebens: er beharrt. Ich lobe es, wenn er einen entschiedenen Geschmack für diesen Stand hat, den schönsten von allen Ständen, und wenn der große Beweger der menschlichen Dinge (le grand moteur des choses humaines) indem er ihn bildete ihm wie mir eine entschiedene Neigung für das Militär gegeben hätte.

3) Er will, daß man ihn im Militär placirt; das ist ganz gut, doch in welches Corps? Etwa in der Marine? 4) Er versteht nichts von der Mathematik. Es bedürfte zweier Jahre, um sie ihn zu lehren. 5) Seine Gesundheit verträgt sich nicht mit dem Meer. Etwa im Genie? Da brauchte er vier oder fünf Jahre, um das Nöthige zu lernen. Außerdem denke ich, daß den ganzen Tag beschäftigt zu sein und zu arbeiten sich nicht mit der Leichtigkeit seines Wesens verträgt. Derselbe Grund wie für das Genie ist für die Artillerie vorhanden, mit der Ausnahme, daß er nur 18 Monate zu arbeiten brauchte, um Eleve zu werden, und ebenso viel um Officier zu werden. Oh! das ist noch nicht nach seinem Geschmacke. Laßt also sehn: er will ohne Zweifel in die Infanterie. Gut, ich verstehe: er will den ganzen Tag nichts zu thun haben, er will den ganzen Tag das Pflaster treten: um so mehr, was ist denn ein winziger Infanterieofficier? Ein schlechtes Subject drei Viertel der Zeit hindurch. Und das wollen weder mein teurer Vater, noch Sie, noch meine Mutter, noch mein Onkel der Archidiaconus, denn er hat schon kleine Stückchen von Leichtsinn und Verschwendung gezeigt. Folglich, man muß einen letzten Versuch machen, um ihn für den geistlichen Stand zu gewinnen; wo nicht, so wird ihn mein lieber Vater mit sich nach Corsica nehmen, wo er unter seinen Augen sein

wird. Man wird versuchen, ihn in die Gerichtsschreiberei zu
geben. Ich schließe mit der Bitte, mir Ihr Wolwollen zu er=
halten; mich dessen wert zu machen wird für mich die wesent=
lichste und angenehmste Pflicht sein. Ich bin mit dem tiefsten
Respect, mein teurer Onkel,

Ihr sehr ergebener und sehr gehorsamer Diener und Neffe

Napoleon de Bonaparte.

P. S. Zerreißen Sie diesen Brief.

Doch können wir hoffen, daß Joseph mit den Talenten,
die er besitzt, und den Gesinnungen, welche seine Erziehung
ihm eingeflößt haben muß, sich zum Guten besinnen und die
Stütze unserer Familie sein werde. Stellen Sie ihm ein wenig
alle diese Vorteile vor."

Hätte man nicht ein Recht zu zweifeln, daß ein Knabe
von 15 Jahren diesen so selbstbewußten, entschiedenen und
klaren Brief geschrieben habe? Er ist bisher nicht herausge=
geben; ich fand ihn in dem Werte Tommaseo's: „Briefe des
Pasquale Paoli," welcher erklärt, daß er ihn dem Rate des
königlichen Gerichts von Bastia, Herrn Luigi Biadelli, zu
verdanken habe. Mich dünkt, dies ist ein unschätzbares Docu=
ment. Man blickt da recht tief in den Familienrat der Bona=
parte und sieht die kleine Sippschaft recht deutlich vor Augen.
Herr Fesch in Ajaccio trug, als er den Brief mit den Nach=
richten über den leichtsinnigen Joseph bekam, gerade seinen
schafswollnen Kittel und hatte die hölzerne Tabakspfeife im
Munde; denn so haben ihn noch viele Augenzeugen gesehen.
Später trug er den Cardinalshut, der leichtsinnige Junge
Joseph aber ward König von Spanien.

Napoleon kann man in diesem Briefe schon als den späteren
Tyrannen seiner Familie erkennen. Hier für seine Brüder
sorgend, an ihre Zukunft denkend, gab er ihnen dann Königs=
kronen und verlangte unbedingten Gehorsam. Seiner Tyrannei

widerstanden allein der bürgerliche Lucian und Louis König von Holland.

Fünftes Kapitel.

Napoleon als eifriger Demokrat.

So oft Napoleon zum Besuche nach Ajaccio kam, lebte er gern in Milelli, einem den Bonaparte gehörigen Landhause nahe bei Ajaccio, wo man noch heute den alten Eichbaum sieht, unter welchem der Jüngling Bonaparte zu sitzen, zu träumen, zu grübeln pflegte.

Da kam die Revolution in Frankreich, der Sturm auf die Bastille, der Umsturz der bestehenden Dinge.

Der junge Napoleon warf sich mit der ganzen Leidenschaft seines Wesens in die Bewegung der Geister. Das Schicksal aber hatte ihn zu anderen Dingen aufgespart, als in dem Kampfe der Parteien frühe sich aufzureiben. Von Paris ferne und auf seiner kleinen Insel mußte er die ersten Stürme der neuen Zeit gleichsam vorbereitend mitleben. Corsica wurde seine Schule.

Wir finden ihn in Ajaccio wieder als exaltirten Revolutionär, in den Clubs Reden halten, Adressen schreiben, die Nationalgarde organisiren helfen; kurz ganz in der Weise, wie wir das aus unsern Erfahrungen kennen, den großen Politiker machen.

Ajaccio war damals der Mittelpunkt der corsischen Revolutionäre, das Haus Bonaparte bald ihr Versammlungsort, die beiden Brüder Joseph und Napoleon Hauptführer der Demokratie. Die Stadt war in Aufruhr. Ihre Bewegung schien dem General Barrin, welcher die Insel befehligte, so bedrohlich, daß er Gaffori's Sohn, den Marschall Francesco abschickte, sie zu zügeln. Gaffori hatte keinen Erfolg, vielmehr war er froh im Hause Bacciocchi's, des nachherigen Fürsten von Lucca und Piombino, Schutz zu finden.

Napoleon und Joseph versammelten indeß die demokratische Partei in der Kirche San Francesco und redigirten ein Gratulationsschreiben an die Constituante, worin zugleich die bittersten Beschwerden gegen die bisherige Regierung von Corsica aufgesetzt und die Forderung ausgesprochen wurde, es möchte die Insel zu einem integrirenden Teile Frankreichs erklärt werden.

Napoleon erkannte seine Zeit; dem corsischen Patriotismus entsagend, wurde er entschieden Franzose und warf sich der Revolution in die Arme.

Im November 1789 kehrte er nach Valence zurück, und bald darauf ist er wieder in Ajaccio, wo der rührige Joseph, während man die Nationalgarde organisirte, sich eifrig um eine Officierstelle bemühte. Marius Peralbi, der reichste Mann Ajaccio's und Feind der Bonaparte, wurde zum Obersten der Nationalgarde erwählt, Joseph aber Officier.

Mittlerweile hatte man in Corsica den Antrag gemacht, die Exilirten zurückzurufen, und auf Betreiben der beiden Brüder Bonaparte und des Abbate Coti ernannte die corsische Landesversammlung vier Deputirte, welche Pasquale in Frankreich einholen und nach der Insel geleiten sollten; unter ihnen befand sich Marius Peralbi, und Napoleon wie Joseph schloßen sich der Deputation an.

Als Paoli nach Paris gekommen war, hatte die Constituante am 1. December 1789 die Einverleibung der Insel in Frankreich bereits decretirt, und dies Decret ihrer politischen Selbstständigkeit für immer ein Ende gemacht. Mirabeau und der Corse Saliceti, Abgeordneter des dritten Standes, der nachher berühmt gewordene Minister Murats in Neapel, hatten diesen Antrag gestellt.

Napoleon selbst eilte Paoli in Marseille zu bewillkommnen und war Zeuge der Freudentränen, welche der edle Patriot vergoß, als er im Cap Corso seinen vaterländischen Boden wieder betrat. Eine Landesversammlung kam in Orezza zusammen, um über die Angelegenheiten der Insel zu beraten und sie zu ordnen. Napoleon und sein Feind, der junge Carl Andrea Pozzo di Borgo, verdienten sich hier bei den Wahlversammlungen die ersten Sporen als öffentliche Redner. Schon um seines Vaters willen mußte er die Aufmerksamkeit Paoli's erregen, der über die Genialität und die glänzende Urteilskraft des Jünglings erstaunt, von ihm gesagt haben soll: dieser junge Mann wird Carriere machen, es fehlt ihm nur die Gelegenheit um ein Mensch des Plutarch zu sein. Man erzählt, daß Pasquale in eine Locanda einkehrte, und die Zimmer in Unordnung findend sich vom Wirt sagen ließ: ein junger Mann, Bonaparte, sei vor ihm hier logirt gewesen, der habe Tag und Nacht geschrieben und wieder zerrissen, in Unruhe auf und ablaufend, dann sei er fort auf das Schlachtfeld von Ponte Nuovo.

Der junge Napoleon hatte es an nichts fehlen lassen, um seinem Bruder Joseph zur Präsidentenstelle des Districts von Ajaccio zu verhelfen; als ein gewandter Parteimann hatte er die Ortschaften bereist, Stimmen geworben und Geld gespendet.

In Ajaccio war er unermüdlich thätig, den republicanischen Club in Feuer zu halten, die Priester und die Aristokraten zu überwältigen. Es gab zwischen beiden Parteien blutige Kämpfe; Napoleon schwebte in Lebensgefahr, ein Officier der Nationalgarde wurde neben ihm getödtet. Er erzählt die näheren Umstände selbst in einem Manifest. Mehrere Tage lang dauerte das Blutvergießen und mehrmals stand das Leben der Bonaparte auf dem Spiel.

Napoleon galt als die Seele des Clubs von Ajaccio. Gleich den jungen Politikern unserer jüngsten Vergangenheit, sehen wir ihn ein Pamphlet an einen Aristokraten schleudern. Es war dies der Graf Matteo Buttafuoco, derselbe welcher Rousseau

nach Pescovato eingeladen, welcher zur Zeit des Unabhängig=
keitskrieges der Corsen in französischen Diensten gestanden und
dem Landesfeinde gegen seine eignen Landesbrüder seinen Arm
geliehen hatte. Er war corsischer Abelsdeputirter, hatte gegen
die Vereinigung der Stände in Versailles gestimmt und sich
auch sonst durch seine aristokratischen Abstimmungen verhaßt
gemacht. Gegen diesen Mann nun schrieb der junge Napoleon
zu Milelli ein Manifest, welches er in Dôle drucken ließ und
dann dem Club von Ajaccio zusandte. Das überschwängliche,
doch sachlich wol begründete Pamphlet ist ein merkwürdiger
Beitrag zur Kenntniß Napoleons. Es hat all' den excentrischen
Schwung der jungen Revolutionäre, und wie ich es las in
dieser Welteinsamkeit von Ajaccio, erweckte es mir die heiter=
sten Erinnerungen aus den Jahren 1848 und 1849. Aber
es ist mehr als das bloße Pamphlet eines jungen Demagogen,
es ist das Exercitium für kaiserliche Edicte, es ist der Kaiser
selbst als Embryo. Man kann das Manifest nicht entbehren,
wenn man Napoleons Werden und Natur von der jugendlichen
Entwicklung an erkennen will.

Brief des Herrn Bonaparte an Herrn Matteo Buttafuoco,
Deputirten Corsica's zur Nationalversammlung.

Mein Herr!

Von Bonifazio bis zum Cap Corso, von Ajaccio bis nach
Bastia ist nur ein Chorus von Verwünschungen gegen Sie.
Ihre Freunde verbergen sich, Ihre Verwandten verleugnen
Sie, und der Verständige selbst, der sich von der Volksmeinung
nie meistern läßt, ist diesmal von der allgemeinen Erbitterung
mit fortgerissen.

Was haben Sie denn gethan? Welches sind denn die Ver=
brechen, die einen so allgemeinen Unwillen, ein so vollständi=
ges Verlassen rechtfertigen können? das mein Herr, will ich
eben ergründen und mich Ihres eignen Lichtes bedienen.

Die Geschichte Ihres Lebens, zum mindesten seit Sie auf den Schauplatz der Angelegenheiten geworfen sind, ist bekannt. Ihre Hauptzüge sind hier in Blutcharakteren gezogen. Indeß es gibt weniger bekannte Einzelheiten; ich könnte also irren, doch rechne ich auf Ihre Nachsicht und Ihre Zurechtweisung..

In den Dienst Frankreichs getreten, kamen Sie zurück Ihre Verwandten zu sehen; Sie fanden die Tyrannen niedergeschlagen, die Nationalregierung etablirt, und die Corsen, von großen Gesinnungen beherrscht, dem öffentlichen Wol um die Wette tägliche Opfer bringen. Sie ließen sich durch die allgemeine Gährung nicht verführen; weit entfernt, Sie hörten nur mit Mitleiden dies Geschwätz von Vaterland, Freiheit, Unabhängigkeit, Constitution, mit dem man selbst unsre letzten Bauern aufgebläht hatte. Ein tiefes Nachdenken hatte sie seitdem diese künstlichen Empfindungen schätzen gelehrt, welche sich nur mit dem allgemeinen Schaden aufrecht erhalten. In Wahrheit, der Bauer soll arbeiten und nicht den Helden machen, wenn er nicht vor Hunger sterben, wenn er seine Familie erziehn und die Autorität respectiren soll. Was die Personen betrifft, welche durch ihren Rang und ihr Glück zum Regieren berufen sind, so ist es unmöglich, daß sie lange Zeit so dumm sein sollten, ihre Gemächlichkeit und ihr Ansehn einer Chimäre zu opfern, und daß sie sich erniedrigen sollten, einem Schuhflicker zu hofiren, um den Brutus zu spielen. Indeß, als Sie auf das Project fielen, Herrn Paoli zu fesseln, mußten Sie heucheln. Herr Paoli war der Mittelpunkt aller Bewegungen des Staatskörpers. Wir wollen ihm Talent, selbst ein gewisses Genie nicht absprechen: er hatte eine Weile die Angelegenheiten der Insel auf einen guten Stand gebracht; er hatte eine Universität gestiftet, wo man vielleicht das erste Mal seit der Schöpfung in unsern Bergen die Wissenschaften lehrte, welche der Entwicklung unsrer Vernunft förderlich sind; er hatte eine Eisengießerei, Pulvermühlen, Befestigungen eingerichtet, welche die Verteidigungsmittel vermehrten; er hatte Häfen geöffnet, welche den Handel ermutigend die Agricultur hoben; er hatte eine Marine geschaffen, welche unsre Communicationen begünstigte, indem sie den Feinden verderblich war. Alle diese Einrichtungen waren in ihrem Entstehen nur das Anzeichen von dem, was er eines Tages geschaffen hätte. Die Einheit, der Friede, die Freiheit waren die Vorläufer des Nationalglücks, wenn nichtsdestoweniger ein übel organisirtes, auf falschen Grundlagen gebautes Gouvernement nicht das noch sicherere Vorzeichen des Unglücks gewesen wäre, in welches die Nation gestürzt wäre.

Der Traum Paoli's war, den Solon zu machen; aber er hatte sein Modell schlecht copirt. Er hatte alles in die Hände des Volks oder seiner Vertreter gelegt, so daß man nicht existiren konnte als durch sein Gefallen. Seltsamer Irrtum, welcher einem brutalen Löhner einen Mann unterwirft, der durch seine Erziehung, durch seine glänzende Geburt und sein Glück allein zum Herrscher gemacht ist. In die Länge kann eine so fühlbare Verkehrung der Vernunft nicht ermangeln, den Ruin und die Auflösung des Staatskörpers herbei zu ziehn, nachdem sie ihn durch aller Art Uebel in Aufruhr gebracht hat.

Nach Wunsch reüssirten Sie. Herr Paoli, von Enthusiasten und Schwindelköpfen unaufhörlich umgeben, stellte sich nicht vor, daß man eine andere Leidenschaft als den Fanatismus der Freiheit und der Unabhängigkeit haben könne. Sie fanden gewisse französische Connaissancen mit ihm, und er nahm sich nicht Zeit, die Grundsätze Ihrer Moral näher zu prüfen als Ihre Worte. Er ließ Sie ernennen, um in Versailles wegen des Abkommens zu unterhandeln, das unter Vermittlung dieses Cabinets in Gang kam. Herr von Choiseul sah Sie und erkannte Sie. Die Seelen von einem gewissen Gepräge weiß man im Augenblick zu schätzen. Bald verwandelten Sie sich aus dem Vertreter eines freien Voltes in den Commis eines

Satrapen; Sie teilten ihm die Instructionen, die Projecte, die Geheimnisse des Cabinets von Corte mit.

Diese Aufführung, welche man hier niedrig und schamlos findet, finde ich für meine Person ganz simpel; doch in jeder Art von Angelegenheit kommt es darauf an zu verstehen und mit kaltem Blute zu urteilen.

Die Prude richtet die Coquette, und man persiflirt sie darob; das ist in wenig Worten Ihre Geschichte.

Ein Mensch von Grundsätzen beurteilt Sie nach dem Schlimm= sten, aber Sie glauben nicht an Menschen von Grundsätzen. Der Gewöhnliche, welcher stets durch tugendhafte Demagogen verführt wird, kann von Ihnen nicht gewürdigt sein, der Sie an Tugend nicht glauben. Man darf Sie nur durch Ihre eignen Grundsätze verurteilen, wie einen Verbrecher durch die Gesetze; aber diejenigen, welche das Raffinement kennen, finden in Ihrer Handlungsweise nichts als große Einfältigkeit: das kommt also auf das schon Gesagte hinaus, daß man in jeder Art von Angelegenheit zuerst verstehen, und dann mit Ruhe urteilen solle. Im übrigen können Sie nicht minder siegreich sich verteidigen, denn Sie haben nicht das Ansehn eines Cato oder Catinat begehrt; es genügt Ihnen zu sein wie eine ge= wisse Welt; und in dieser gewissen Welt ist es Herkommen, daß der, welcher Geld haben kann und das nicht benutzt ein Einfaltspinsel ist; denn das Geld verschafft alles Vergnügen der Sinne, und das Vergnügen der Sinne ist das allein Schätzenswerte. Also Herr von Choiseul, welcher sehr freigebig war, gestattete Ihnen nicht zu widerstehen, als Ihr lächerliches Vaterland nach seiner lustigen Gewohnheit Sie für Ihre Dienste mit der Ehre ihm zu dienen bezahlte.

Als der Tractat von Compiègne abgeschlossen war, landeten Herr von Chauvelin und 24 Bataillons auf unsern Küsten. Herr von Choiseul, dem es auf die Schnelligkeit der Expedition gar sehr ankam, geriet in Unruhe, daß er diese Erregung

Ihnen nicht verhelen konnte. Sie rieten ihm, Sie mit einigen
Millionen herzuschicken. Wie Philipp mit seinem Maulesel
Städte einnahm, versprachen Sie ihm alles ohne Hindernisse
zu unterwerfen.... Gesagt, gethan; und Sie über das Meer
eilend, warfen die Maske ab, und das Gold und das Gnaden=
diplom in der Hand, zettelten Sie mit denen Unterhandlungen
an, welche Sie für die zugänglichsten hielten.

Das corsische Cabinet stellte sich nicht vor, daß ein Corse
sich mehr lieben könne als das Vaterland, es hatte Sie mit
seinen Interessen beauftragt. Indem Sie Ihrerseits sich nicht
vorstellten, daß ein Mensch das Geld und sich nicht mehr
lieben könne als das Vaterland, verkauften Sie sich und hofften
alle zu kaufen. Tiefer Moralist, Sie wußten was der Fana=
tismus eines Jeden gelte; als einige Pfunde Gold mehr oder
weniger wechselten in Ihren Augen die verschiedenen Charaktere.

Indeß Sie täuschten sich; der Schwache wurde wol er=
schüttert, aber er ward durch die schreckliche Idee den Busen
des Vaterlandes zu zerfleischen entsetzt. Er bildete sich ein, den
Vater, den Bruder, den Freund, der in seiner Verteidigung
umkam, seinen Grabstein erheben zu sehn, um ihn mit Flüchen zu
ersticken. Diese lächerlichen Vorurteile waren mächtig genug,
Sie in ihrem Laufe aufzuhalten. Sie seufzten es mit einem
kindischen Volke zu thun haben; aber, mein Herr, diese Ver=
feinerung von Empfindungen ist der Menge nicht gegeben; so
lebt sie in der Armut und in dem Elende, während der kluge
Mensch so bald ihm nur die Umstände einigermaßen günstig
werden, sich schnell zu erheben weiß. Das ist ungefähr die
Moral Ihrer Geschichte.

Indem Sie von den Hindernissen Rechenschaft gaben, welche
sich der Verwirklichung Ihrer Versprechen entgegenstellten, mach=
ten Sie den Vorschlag das Regiment Royal=Corse hieher kommen
zu lassen. Sie hofften, daß sein Beispiel unsre zu guten und
zu einfältigen Bauern bekehren würde, daß es sie an eine Sache

gewöhnen würde, in der sie so viel Widerstrebendes fanden; auch in dieser Hoffnung wurden Sie noch getäuscht. Haben nicht die Rossi, Marengo und einige andere Narren dieses Regiment bis so weit enthusiasmirt, daß die gesammten Offi= ciere durch eine authentische Acte erklärten, lieber ihre Diplome zurückzuschicken als ihren Eid oder noch heiligere Pflichten zu verletzen?

Sie fanden sich auf Ihr alleiniges Beispiel beschränkt. Ohne aus der Fassung zu kommen, warfen Sie sich an der Spitze einiger Freunde und eines französischen Detachements nach Vescovato; aber der schreckliche Clemens jagte Sie aus dem Nest. Sie retirirten sich nach Bastia mit den Gefährten ihres Abenteuers und ihrer Familie. Diese kleine Affaire brachte Ihnen wenig Ehre; Ihr Haus und die Häuser Ihrer Genossen wurden verbrannt. In Ihrem Sicherheitsorte spotteten Sie über diese Anstrengungen der Ohnmacht.

Man will Ihnen hier dreist zumuten, daß sie Royal=Corse gegen seine Brüder haben bewaffnen wollen. Man will des= gleichen wegen des geringen Widerstandes von Vescovato Ihnen den Mut absprechen. Diese Beschuldigungen sind wenig be= gründet; denn die erste ist eine unmittelbare Consequenz, ist ein Mittel der Ausführung Ihrer Projecte, und wie wir be= hauptet haben, daß Ihre Handlungsweise sehr simpel gewesen sei, so folgte daraus, daß diese nebensächliche Beschuldigung gehoben ist. Was den Mangel an Mut betrifft, so sehe ich nicht daß die Action von Vescovato ihn bestätige; Sie gingen nicht dahin um im Ernst einen Krieg zu führen, sondern um durch Ihr Beispiel diejenigen zu ermutigen, welche in der Gegenpartei schon wankten. Und dann, welches Recht hatte man zu verlangen daß Sie die Frucht zweier Jahre von guter Aufführung riskirten, um sich tödten zu lassen wie einen Soldaten; aber Sie mußten in Bewegung geraten, da Sie Ihr Haus und die Häuser Ihrer Freunde die Beute der

Flammen werden fahen. Guter Gott! wann werden die bornirten
Menschen aufhören auf alles Wert legen zu wollen? Indem
Sie Ihr Haus brennen ließen, zwangen Sie Herrn von Choiseul
Sie zu entschädigen. Die Erfahrung hat die Richtigkeit Ihrer
Rechnung bestätigt; weit über den Wert des Verlornen hat
man Sie bezahlt. Es ist wahr daß man sich beklagt, daß
Sie alles für sich in Anspruch nahmen und nur eine Kleinig-
keit den Elenden gaben, welche Sie verführt hatten. Um zu
wissen was Sie thun durften, ist es nur zu wissen nötig,
ob Sie es mit Sicherheit thun konnten; nun, arme Leute,
welche Ihres Schutzes so sehr benötigt waren, waren weder
in der Lage reclamiren zu können, noch selbst das Unrecht,
das man Ihnen anthat, deutlich genug einsehen zu können;
sie konnten nicht die Mißvergnügten machen und gegen Ihre
Autorität sich auflehnen: ein Abscheu ihren Landsleuten, wäre
ihre Rückkehr nicht einmal sicher gewesen. Es ist also wol
natürlich daß wenn Sie so einige Tausend Thaler fanden,
Sie dieselben nicht entwischen ließen; das wäre eine Dumm-
heit gewesen.

Die Franzosen, trotz ihres Goldes, ihrer Diplome, der
Disciplin ihrer zahlreichen Bataillons, der Leichtigkeit ihrer
Escadrons, der Geschicklichkeit ihrer Artillerie geschlagen, ver-
nichtet bei Penta, bei Vescovato, bei Oreto, bei S. Nicolao,
bei Borgo, Vorbaggio, Oletta, verschanzten sich äußerst ent-
mutigt. Der Winter, die Zeit ihrer Ruhe, war für Sie,
mein Herr, die der größten Arbeit; und wenn Sie über die
Hartnäckigkeit der Vorurteile nicht triumphiren konnten, welche
in dem Geiste des Volkes tiefe Wurzeln geschlagen haben, so
gelang es Ihnen, einige seiner Häupter zu verführen, denen
Sie, obwol mit Mühe, ihre guten Gesinnungen zu rauben
vermochten, was, vereint mit den 30 Bataillons, die im folgenden Frühjahre Herr de Vaux mit sich brachte, Corsica unter das
Joch warf, Paoli und die Begeistertsten zum Rückzuge zwang.

Ein Teil der Patrioten war gefallen während der Verteidigung ihrer Unabhängigkeit, ein anderer hatte ein proscribirtes Land, jetzt das elle Nest der Tyrannen, geflohen; aber eine große Zahl hatte weder sterben noch fliehen dürfen: sie waren der Gegenstand der Verfolgungen. Seelen, welche man nicht hatte bestechen können, waren von einem anderen Gepräge. Man konnte die französische Herrschaft nur auf ihrer vollständigen Vernichtung befestigen. Ach! dieser Plan wurde nur zu pünktlich ausgeführt. Die Einen starben als Opfer der Verbrechen, die man ihnen unterschob; die andern durch die Gastfreundschaft und das Vertrauen verraten, hauchten auf dem Schaffot ihre Seufzer aus, ihre Tränen unterdrückend. In großer Zahl durch Narbonne-Fritzlar in den Turm von Toulon gesperrt, durch schlechte Nahrung vergiftet, durch ihre Ketten gemartert, mit den unwürdigsten Mißhandlungen überhäuft, lebten sie einige Zeit in den Krämpfen des Todeskampfes, nur um den Tod mit langsamem Schritte sich nahen zu sehn ... O Gott, Zeuge ihrer Unschuld, warum hast du dich nicht zu ihrem Rächer gemacht!

In diesem allgemeinen Elend, mitten unter dem Geschrei und dem Seufzen dieses unglücklichen Volkes fingen Sie unterdeß an, die Frucht Ihrer Mühen zu genießen. Ehren, Würden, Pensionen regneten auf Sie, Ihre Besitztümer würden sich noch reißender vermehrt haben, wenn nicht die Dubarry, Herrn von Choiseul stürzend, Sie eines Protectors, eines Schätzers Ihrer Dienste beraubt hätte. Der Schlag entmutigte Sie nicht; Sie kehrten von der Seite der Bureaus wieder; Sie erkannten allein die Notwendigkeit emsiger zu sein. Man fühlte sich dadurch geschmeichelt, Ihre Dienste waren so notorisch! .... Alles ward Ihnen zugestanden. Nicht zufrieden mit dem Teiche von Biguglia, verlangten Sie einen Teil der Ländereien mehrer Gemeinden. Warum wollten Sie diese ihrer berauben? fragt man. Ich meiner Seits frage, welche Rücksichten durften Sie

für eine Nation nehmen, von der Sie wußten, daß sie Sie
verabscheue?

Ihr Lieblingsproject war die Insel unter zehn Barone zu
teilen. Wie! nicht genug, daß Sie die Ketten Ihres Vaterlandes hatten schmieden helfen, Sie wollten sie auch der ab-
surden Feudalherrschaft unterwerfen! Aber ich lobe Sie, daß
Sie den Corsen das größte Uebel zufügten, das Ihnen möglich
war; Sie waren in einem Kriegsstande mit ihnen, und im
Kriegsstand ist es Axiom, Schaden thun zu seinem Vorteil.

Doch gehen wir über alle diese Miseren hinweg; kommen
wir zur Gegenwart und endigen wir einen Brief, welcher durch
seine schreckliche Länge Sie zu. ermüden nicht verfehlen wird.

Die Lage der Dinge Frankreichs weissagte außerordentliche
Ereignisse; sie fürchteten ihren Rückschlag in Corsica. Dieselbe
Raserei, von welcher wir vor dem Kriege besessen waren, begann zu Ihrem großen Aerger dieses liebenswürdige Volk außer
sich zu bringen. Sie begriffen die Folgen davon; denn wenn
die großen Gesinnungen die Meinung ·beherrschten, wurden Sie
aus einem rechtschaffenen Manne nur ein Verräter, und noch
schlimmer, wenn die großen Gesinnungen das Blut unserer
warmen Mitbürger in Bewegung setzten; wenn je eine nationale
Regierung daraus folgte, was wurde aus Ihnen? Ihr Gewissen also begann Sie zu beunruhigen. Erschreckt, niedergeschlagen, gaben Sie sich doch nicht auf; Sie entschlossen sich
Alles gegen Alles zu setzen, aber Sie thaten es als ein Mann
von Kopf; Sie nahmen ein Weib, um Ihren Halt zu ver-
größern. Ein Ehrenmann, welcher auf Ihr Wort seine Schwester
Ihrem Neffen gegeben hatte, sah sich hintergangen. Ihr Neffe,
dessen väterlich Gut Sie verschlungen hatten, um ein Erbe zu
vermehren, welches das seinige sein sollte, fand sich mit einer
zahlreichen Familie ins Elend gesetzt.

Nachdem Sie Ihre häuslichen Angelegenheiten geordnet hatten, warfen Sie einen Blick auf das Land. Sie sahen es von

dem Blute seiner Märtyrer rauchen, bedeckt mit vielen Opfern und überall nur Rachegedanken atmen. Aber Sie sahen hier den wilden Soldaten, den frechen Schreiber, den gierigen Steuereinnehmer ohne Widerspruch herrschen und den Corsen unter der dreifachen Kettenlast nicht zu denken wagen weder an das, was er war, noch an das, was er noch sein konnte. In der Freude Ihres Herzens sagten Sie sich: die Sachen gehn gut, es handelt sich nur darum, sie so zu erhalten, und augenblicks verbanden Sie sich mit dem Soldaten, mit dem Schreiber und mit dem Zollpächter. Es war von nichts mehr die Rede, als darauf zu denken, Deputirte zu haben, welche von diesen Gesinnungen beseelt waren; denn was Sie betraf, so konnten Sie nicht glauben, daß eine Ihnen feindliche Nation Sie zu ihrem Vertreter wählte. Aber Sie sollten die Meinung ändern, als die Berufungsschreiben durch eine vielleicht ab= sichtliche Absurdität feststellten, daß der Adelsdeputirte in einer allein aus 22 Personen zusammengesetzten Versammlung ge= wählt werden solle; es handelte sich nur darum, 12 Stimmen zu gewinnen. Ihre Mitverbündete vom hohen Rate waren äußerst thätig: Drohungen, Versprechungen, Liebkosungen, Geld, alles ward aufgeboten: Sie reüssirten. Die Ihrigen waren in den Communen nicht so glücklich: der erste Präsident fiel durch, und zwei in ihren Ideen exaltirte Menschen — der Eine war Sohn, Bruder, Neffe der eifrigsten Verteidiger der Volkssache; der andere hatte Sionville und Narbonne gesehn, und über seine Ohnmacht seufzend, war seine Seele mit den Schrecken, die er hatte ausüben sehen, erfüllt — diese beiden Menschen wurden proclamirt und begegneten den Wünschen der Nation, deren Hoffnung sie wurden. Der geheime Unwille, die Wut, welche bei Ihrer Ernennung Alle angriff, macht Ihren Ma= növern und dem Credit Ihrer Verbündeten Ehre.

Als sie in Versailles angekommen waren, wurden Sie ein eifriger Royalist; in Paris mußten Sie mit einem fühlbaren

Kummer jehen, daß die Regierung, welche man auf jo vielen Trümmern errichten wollte, dieselbe war, die man bei uns in jo viel Blut ertränkt hatte.

Die Anstrengungen der Schlechten waren unmächtig; die neue Constitution, von Europa bewundert, ist die Sorge jedes denkenden Wesens geworden. Es blieb Ihnen nur noch eine Rettung, und die war glauben zu machen, daß diese Constitution für unsere Insel nicht passe, da sie doch genau dieselbe war, welche jo gute Erfolge bewirkte, und die uns zu entreißen es jo vielen Bluts bedurfte.

Alle Abgeordneten der alten Verwaltung, welche in Ihre Cabale natürlich eingingen, dienten Ihnen mit aller Wärme des persönlichen Eigennutzes. Man faßte Memoiren ab, in denen man behauptete, die Vorteile zu erfahren, welche für uns das bestehende Gouvernement hätte, und in denen man darstellte, daß jede Veränderung dem Wunsche der Nation zuwider sei. In derselben Zeit hatte die Stadt Ajaccio Wind von dem, was man anzettelte: sie erhob ihr Haupt, formirte ihre Nationalgarde, organisirte ihr Comité. Dieser unerwartete Zwischenfall brachte Sie in Schrecken. Die Gährung teilte sich überall mit. Sie beredeten den Minister, vor dem Sie in Angelegenheiten Corsica's die Einsicht voraus hatten, daß es nötig sei, Ihren Schwiegervater, Herrn Gaffori, dahin zu schicken, den würdigen Vorläufer des Herrn Narbonne, welcher an der Spitze seiner Truppen die Unverschämtheit hatte, mit Gewalt die Tyrannei aufrecht halten zu wollen, die sein verstorbener Vater, glorreichen Andenkens, durch sein Genie geschlagen und niedergeworfen hatte. Unzählige Schnitzer ließen die Mittelmäßigkeit der Talente Ihres Schwiegervaters nicht verborgen bleiben: er besaß nur die Kunst, sich Feinde zu machen. Allerseits sammelte man sich gegen ihn. In dieser dringenden Gefahr erhoben Sie Ihre Blicke und sahen Narbonne. Narbonne hatte, einen günstigen Augenblick benützend, den Plan gefaßt, in einer Infel, welche er durch unerhörte Grausamkeiten verwüstet hatte, den Despotismus zu befestigen, welcher sein Gewissen quälte. Sie stimmten ihm bei: der Plan ist entworfen, 5000 Mann haben Ordre erhalten; die Decrete, das Provinzialregiment um ein Bataillon zu vermehren, sind expedirt; Narbonne ist abgereist. Diese arme Nation, ohne Waffen, ohne Mut, ist ohne Hoffnung und ohne Hülfsquellen den Händen dessen überliefert, der ihr Henker war.

O unglückselige Mitbürger! welcher gehässigen Intrigue solltet ihr zum Opfer fallen! ihr würdet sie gemerkt haben, wenn es zu spät war. Welches Mittel, ohne Waffen 10,000 Menschen zu widerstehn? Ihr selber hättet die Acte eurer Degradation unterschrieben, die Hoffnung wäre entflohen, die Hoffnung wäre erstickt, und Tage des Unheils wären unablässig sich gefolgt. Das freie Frankreich hätte euch mit Verachtung angesehn, das bekümmerte Italien mit Unwillen, und Europa, über diese beispiellos tiefe Erniedrigung erstaunt, hätte aus seinen Annalen die Züge gestrichen, welche eurer Tugend Ehre machen. Aber eure Gemeindedeputirte durchdrangen den Plan und gaben euch zur rechten Zeit Kunde. Ein König, welcher stets nur das Glück seiner Völker wünschte, durch Herrn Lafayette, diesen standhaften Freund der Freiheit, aufgeklärt, wußte die Intriguen eines perfiden Ministers zu vernichten, den die Rache fortwährend antrieb, euch zu schaden. Ajaccio zeigte sich in seiner Adresse entschlossen; dort war mit so viel Energie der klägliche Zustand dargestellt, in welchen euch das am meisten despotische Regiment gebracht hatte. Das bis dahin noch schlummernde Bastia erwachte beim Geräusche der Gefahr und ergriff die Waffen mit dieser Entschlossenheit, welche es immer ausgezeichnet hat. Arena kam von Paris nach der Balagna, voll von diesen Gesinnungen, welche alles zu unternehmen und keine Gefahr zu fürchten fähig machen. Die Waffen in der einen, die Decrete der Nationalversammlung

in der andern Hand, machte er die öffentlichen Feinde er=
bleichen. Achille Murati, der Eroberer von Capraja, welcher
die Verzweiflung bis nach Genua getragen hatte, dem, um
ein Türenne zu sein, nur die Umstände und ein größerer
Schauplatz fehlten, erinnerte die Gefährten seines Ruhms,
daß es Zeit sei, ihn wieder zu gewinnen, daß das Vaterland
in Gefahr nicht Intriguen, die es nie verstand, sondern Eisen
und Feuer nötig habe. Beim Geräusche eines so allgemeinen
Stoßes, kehrte Gaffori in das Nichts zurück, aus dem ihn
wider Willen die Intrigue hatte hervorgehen lassen. Er zitterte
in der Festung von Corte. Narbonne eilte von Lyon hinweg,
in Rom seine Schande und seine höllischen Pläne zu begraben.
Wenige Tage später, und Corsica ist an Frankreich gekettet,
Paoli zurückgerufen, und in einem Augenblick ändert sich
Aussicht und bietet euch eine Laufbahn, welche ihr zu hoffen
nie würdet gewagt haben.

Verzeihen Sie, mein Herr, verzeihen Sie: ich habe die
Feder ergriffen, um Sie zu verteidigen, aber mein Herz hat
sich gewaltsam gegen ein System empört, in dessen Gefolge
Verrat und Perfidie waren. Und wie? Sohn dieses selben
Vaterlandes, haben Sie nie Etwas für es gefühlt? Und wie?
war Ihr Herz denn ohne Bewegung beim Anblick der Felsen,
der Bäume, der Häuser, der Gegenden, welche die Schau=
plätze Ihrer Spiele in der Kindheit waren? Als Sie zur
Welt kamen, trug dies Land Sie an seinem Busen, nährte
Sie mit seinen Früchten. Als Sie in die Jahre der Vernunft
kamen, setzte es auf Sie seine Hoffnung, ehrte es Sie mit
seinem Vertrauen, sagte es zu Ihnen: „Mein Sohn, du siehst
den elenden Zustand, in welchen mich die Ungerechtigkeit der
Menschen versetzt hat: mich sammelnd in meiner Leidenschaft,
gewinne ich die Kräfte wieder, welche mir eine sichere und
unfehlbare Wiederherstellung versprechen; aber man bedroht
mich aufs neu; eile, mein Sohn, eile nach Versailles, kläre

den großen König auf, zerstreue seinen Argwohn, bitte ihn um seine Freundschaft."

O wol! ein wenig Gold machte Sie zum Verräter an seinem Vertrauen, und bald sah man Sie um ein wenig Gold das vatermörderische Schwert in der Hand seine Eingeweide zerreißen. Ach! mein Herr, ich bin weit entfernt Ihnen Uebles zu wünschen: aber fürchten Sie ... es gibt Gewissensbisse, welche rächen. Ihre Mitbürger, welche Sie verabscheuen, werden Frankreich aufklären. Die Güter, die Pensionen, Früchte Ihrer Verrätereien, werden Ihnen genommen sein. In der Abgelebtheit des Alters und des Elends, in der schauderhaften Einsamkeit des Verbrechens, werden Sie lange genug leben, um von Ihrem Gewissen gepeinigt zu sein. Der Vater wird Sie seinem Sohne, der Lehrer seinem Schüler zeigen, ihnen sagend: „Jünglinge, lernt das Vaterland, die Tugend, die Treue, die Menschlichkeit achten."

Und Sie, deren Jugend, Anmut und Unschuld man prostituirt, Ihr reines und keusches Herz zittert unter der Berührung einer Verbrecherhand? Achtungswerte und unglückliche Frau! . . . . '.
. . . .

Bald wird die Ehrenkette und das Gepränge des Reichtums verschwinden; die Verachtung der Menschen wird sich auf Sie häufen. Werden Sie in der Brust dessen, welcher der Urheber davon ist, einen Trost suchen, dessen Ihre sanfte und liebende Seele nicht entbehren kann? Werden Sie in seinen Augen Tränen suchen, um sie mit den Ihren zu mischen? Wird Ihre bebende Hand, auf sein Herz gelegt, ihm die Bewegung des Ihrigen zu sagen suchen: Ach! wenn Sie bei ihm Tränen finden, werden es die der Gewissensangst sein. Wenn sein Herz schlägt, werden es die Convulsionen des Bösen sein, welcher stirbt, die Natur, sich und die Hand, welche ihn führt, verfluchend.

O Lameth! o Robespierre! o Petion! o Volney! o Mira=
beau! o Barnave! o Bailley! o La Fayette! seht, das ist der
Mensch, welcher es wagt an Eurer Seite zu sitzen. Ganz
vom Blute seiner Brüder triefend, mit Verbrechen jeder Art
besudelt, stellt er sich frech unter dem Generalskleide, dem
ungerechten Lohne seiner Schurkereien, dar! Er wagt es sich
Repräsentanten der Nation zu nennen, er der sie verkauft
hat, und Ihr duldet es! Er wagt es die Augen zu erheben,
Euren Discursen zuzuhören, und Ihr duldet es! Wenn dies
die Stimme des Volkes ist, so hatte er nie mehr als die von
zwölf Edelleuten. Wenn dies die Stimme des Volkes ist, so
mußte Ajaccio, Bastia und der größte Teil der Cantons das=
jenige an seinem Bilde thun, was sie an seiner Person hatten
thun wollen.

Aber Ihr, welche der Irrtum des Augenblicks, vielleicht
der Mißbrauch der Minute verleitet, den neuen Veränderungen
euch zu opponiren, werdet Ihr einen Verräter leiden können;
den, welcher unter der kalten Außenseite eines verständigen
Mannes die Gier eines Lakaien verbirgt? Ich kann es mir
nicht denken. Ihr werdet die ersten sein, ihn mit Schimpf
und Schande fortzujagen, sobald man Euch über das Gewebe
von Schurkereien wird aufgeklärt haben, dessen Künstler er
gewesen ist.

Ich habe die Ehre, mein Herr, Ihr sehr unterwürfiger
und sehr gehorsamer Diener zu sein.

Bonaparte.

Aus meinem Cabinet von Milelli, den 23. Januar,
im zweiten Jahre.

Aus meinem Cabinet von Milelli — — es klingt ganz
imperatorisch. Man wird sagen müssen, daß dieser gewaltige
Brief des 21jährigen Jünglings, halb Robespierre, halb
Marat, den besten Pamphleten der Revolutionsberedsamkeit
nimmer nachsteht.

Ich will hier bemerken, daß unter den sechs Deputirten Corsica's zum Convent, drei für die ewige Detention Ludwigs Capet, zwei für Detention bis zum Frieden und Verbannung darnach, Christoforo Saliceti allein für den Tod stimmte.

Sechstes Kapitel.

Napoleons letzte Thätigkeit in Corsica.

Im Jahre 1791 sollten zwei Bataillone in Corsica ge=
bildet werden. Die Soldaten sollten ihre Chefs selbst ernennen.
Da ist es merkwürdig zu sehen, wie der nachherige Cäsar es
für die höchste Ehre und ein fast unerreichbares Glück erachtet,
sich zum Chef eines Bataillons emporzuschwingen. Die Schwierig=
keiten waren groß wie die Energie des jungen Candidaten.
Ihm standen die angesehensten Männer von Ajaccio entgegen,
Cuneo, Lodovico Ornano, Ugo Peretti, Matias Pozzo di
Borgo, der reiche Marius Peraldi. Peraldi machte Napoleon
lächerlich, er spottete über seine Figur, seine geringen Aus=
sichten. Napoleon, ganz in Wut, forderte ihn. Peraldi nahm
das Duell an. Sein Nebenbuler wartete auf ihn bis zum
Abend an der kleinen Capelle der Griechen, unruhig auf und
abwandelnd; aber Peraldi erschien nicht, die Sippschaft hatte
das Duell hintertrieben.

Wenn man heute nach der Capelle der Griechen geht, von
wo aus der Blick auf Stadt und Golf sehr schön ist, so sieht
man seitwärts über sich einen kleinen jonischen Tempel. Ich
fragte nach seiner Bedeutung: es ist das Grabmal der Peraldi,
so sagte man mir. Marius, der Nebenbuhler Napoleons um
eine Majorstelle, liegt dort begraben. Seine Familie hat keinen
andern Ruf hinterlassen als den, eine der reichsten Corsica's
zu sein.

Madame Letitia opferte ihr halbes Vermögen, um dem geliebten Sohne das Commando des Bataillons zu verschaffen. Ihr Haus war für Napoleons zahlreiche Partei stets geöffnet, ihr Tisch stets gedeckt. In den Zimmern und auf der Flur lagen Matratzen bereit, um den bewaffneten Anhängern Aufnahme für die Nacht zu geben. Man lebte dort wie im Zustande der Vendetta. Die Lage war bedrohlich. Napoleon war nie so aufgeregt als in dieser Zeit; er schlief nicht, und Tags ging er unruhig in den Zimmern umher oder beriet sich mit dem Abbé Fesch und seinen Parteigängern. Er war nachdenklich und blaß, die Augen voll Feuer, die Seele voll Leidenschaft. Vielleicht ging er dem Consulat und dem Kaisertum ruhiger entgegen als dem Range eines Majors der Nationalgarde von Ajaccio.

Der Commissär, welcher die Wahl leiten sollte, war angekommen, und im Hause der Peralbi hatte er sich einlogirt. Dies war fürchterlich. Man beschloß einen 18. Brumaire, einen kleinen Staatsstreich auszuführen. Die Partei Napoleon bewaffnet sich, der wilde Bagaglino, bis an die Zähne bewaffnet, dringt Nachts in das Haus Peralbi, wo man mit dem Commissär eben bei Tische sitzt. „Madame Letitia will Euch sprechen," ruft Bagaglino drohend, „aber sogleich." — Der Commissär folgt ihm, die Peralbi wagen es nicht ihn zurückzuhalten, die Napoleonisten entführen den Gast, und sie zwingen ihn sich in die Casa Bonaparte einzuquartieren, unter dem Vorwande, daß er bei den Peralbi nicht frei sei. Dieser Staatsstreich zeigt den Napoleon fix und fertig.

Die Casa Bonaparte hielt sich im Kriegszustande, aber Peralbi wagte nichts. Nun erschien der Tag der Wahl. In der Kirche San Francesco sollte sie vollzogen werden. Es gab einen Sturm, Geronimo Pozzo di Borgo ward von dem Rednerstul gerissen und nur mit Mühe geschützt. Das Resultat der Wahl war dieses: Quenza, von der Partei Bonaparte, wurde

der erste Chef, Napoleon der zweite nach ihm. Der Sieg war
fast vollständig, und das unerreichbare Ziel fast erreicht: Napoleon zweiter Befehlshaber eines Bataillons!

Von dieser Zeit an lebte er nur in seinem Bataillon,
dessen Seele er war. Hier machte er seine praktischen Studien
ehe er ins Feld abging, wie er im Club von Ajaccio die
Schule des Politikers durchmachte. Unterdeß wuchs die Spannung zwischen der Gegenpartei, den Aristokraten, den von
eibscheuen Priestern bearbeiteten Bürgern und dem National-
bataillon von Tag zu Tage. Wenn man die heutigen Bergcorsen sieht, kann man sich ungefähr eine Vorstellung von
der Natur jenes Bataillons Quenza-Napoleon machen. Nicht
ohne Grund wird der Bürger von Ajaccio diesen Trupp in
der Dressur begriffner Montagnards gefürchtet haben. Am
Ostertage des Jahres 1792 kam es zu einem blutigen Kampf
zwischen dem Volk und dem Bataillon. Er entspann sich auf
dem Diamantplatze und dauerte unter vielem Blutvergießen
mehrere Tage, ohne daß die Civilbehörden oder der Militär-
commandant Maillard sich ins Mittel legten. Napoleon ent-
ging glücklich aller Lebensgefahr. Nachdem sich nun der Sturm
gelegt hatte, setzte er ein Rechtfertigungsschreiben im Namen
seines Bataillons auf, und adressirte es an das Departement,
an den Kriegsminister und die Legislative. Es erschienen
darauf drei Commissäre; sie statteten günstigen Bericht über
die Führung des Bataillons ab, aber es wurde aus Ajaccio
entfernt. Napoleon ging nach Corte, wo ihn Paoli mit
Kälte empfing.

Im Mai desselben Jahres reiste er nach Paris, um seine
Schwester Elisa aus S. Cyr zu holen. Der Umsturz der Dinge
überraschte ihn hier und zertrümmerte die Aussichten auf ein
Armee-Avancement, die er in Paris zu verwirklichen gehofft
hatte. Die leidenschaftliche Natur des Corsen wurde davon so
mächtig ergriffen, daß man sagt, er habe Selbstmordgedanken

gehegt. Er ward sie los in einem Dialoge über den Selbst=
mord. Napoleon verließ Paris bald nach dem schrecklichen
2. September und kehrte nach Corsica zurück.

Der Mann also, welcher bestimmt war Europa umzuge=
stalten, mußte sich in derselben Zeit wo Dumouriez mit den
ersten Waffenthaten der jungen Republik die Welt in Erstaunen
setzte, in dem wilden Corsica ab, den Cabalen seiner Gegner
Stand zu halten und selber Cabalen zu schmieden, und setzte
täglich sein Leben dem Dolchstoß oder der Flintenkugel aus.
In Corte wieder angekommen, entließ ihn Paoli mit Strenge.
Ihre Wege gingen vollständig auseinander, denn in der Seele
des jungen Bonaparte regten sich nun andere Wünsche als
die, in die Fußstapfen des edlen Patrioten zu treten. Hätte
er das gethan, wäre sein Herz für die Freiheit Corsica's ent=
zündet geblieben, dann zeigte mir heute vielleicht ein wilder
Ziegenhirte in den Bergen irgend einen Schauerort und sagte:
seht, hier ist der große Corsenhäuptling Napoleon Bonaparte
gefallen, er war fast so tapfer wie Sampiero.

Paoli gab ihm den Befehl sich nach Bonifazio zu ver=
fügen, um der Expedition gegen Sardinien sich anzuschließen.
Murrend gehorchte Napoleon.

Acht Monate blieb er in Bonifazio, die nötigen Anord=
nungen zu treffen, so weit er damit beauftragt war. Am
22. Januar, einen Tag nach der Hinrichtung Ludwigs, hätte
Napoleon in Bonifazio fast das Leben verloren. Marine=
soldaten, wütendes Gesindel aus Marseille, waren ans Land
gekommen und hatten mit dem Corsenbataillon Händel an=
gefangen; als Napoleon herbeieilte, Ruhe zu schaffen, empfin=
gen sie ihn mit dem Gebrüll ça ira, riefen, daß er ein Ari=
stokrat sei, und auf ihn einstürmend wollten sie ihn an die
Laterne hängen, bis es dem Maire, dem Volk und den Sol=
daten gelang die Bande zu verjagen.

Die Unternehmung auf Sardinien unter Truguets Ober=

befehl eingeleitet, um den Hof von Turin zu schrecken, schlug vollständig fehl. Man will wissen, daß Paoli an dem Miß- lingen gearbeitet hatte. Zwar hatte er tausend Mann National- garden unter den Befehl seines vertrautesten Freundes Colonna- Cesari gestellt, aber wie dieser später selbst erzählte, ihm ge- sagt: „Erinnere dich, o Cesari, daß Sardinien der natürliche Verbündete unserer Insel ist, daß es in allen Verhältnissen uns mit Lebensmitteln und mit Munition versorgt hat, daß der König von Piemont immer der Freund der Corsen und ihrer Sache gewesen ist." Das Geschwader, welches unter Colonna's Befehlen stand, verließ endlich den Hafen von Boni- fazio und segelte gegen die Insel Santa Maddalena. Napoleon stand unmittelbar unter Colonna und war mit der Artillerie beauftragt. Der junge Artillerist brannte vor Ungeduld, es war seine erste Waffenthat. Einer der ersten sprang er ans Land und schleuderte mit eigner Hand eine Brandkugel in das Castell Maddalena. Aber seine vorzüglichen Anordnungen hatten keinen Erfolg; die Sarden machten einen Ausfall, Colonna ließ ohne Weiteres zum Rückzuge blasen.

Der junge Napoleon weinte vor Wut, er machte Colonna heftige Vorstellungen, und da dieser ihn mit Nichtachtung an- hörte, wandte sich Napoleon gegen einige Officiere und sagte: Er versteht mich nicht. — Colonna herrschte ihm darauf zu: Ihr seid ein Unverschämter! — Der junge Soldat kannte seine Pflicht, schwieg und stellte sich an seinen Posten. Ein Paradepferd ist er und nichts anderes, sagte er nachher. So war die erste Waffenthat Napoleons sieglos und ein Rückzug.

Als er darauf nach Bonifazio zurückgekehrt war, erfuhr er, daß Paoli, welcher nun die Maske abzuwerfen sich genötigt sah, das Bataillon Quenza aufgelöst habe. Dies geschah im Frühlinge des Jahres 1793, zu der Zeit als der Convent Saliceti, Delcher und Lacombe als Commiffäre auf die Insel schickte. Lucian Bonaparte und Bartolomeo Arena hatten

Paoli denuncirt. Napoleon aber hatte an der Denunciation
keinen Teil, vielmehr gebot ihm das Andenken seines Vaters
und sein Edelmut den großen Landsmann zu verteidigen. Er
schrieb selbst Paoli's Apologie und sandte sie dem Convente
zu; dies war eine That, welche ihn ehrt. Die merkwürdige
Schrift ist aufbehalten, doch an einigen Stellen lückenhaft;
wie sie vorliegt, halte ich sie nur für den ersten Hinwurf
Napoleons, aus welchem er dann ein Ganzes formen wollte.

Schreiben Napoleons an den Convent.

Repräsentanten!

Ihr seid die wahren Organe der Volkssouveränität. Alle
eure Decrete sind von der Nation dictirt oder durch sie un=
mittelbar vollzogen. Jedes eurer Gesetze ist eine Wolthat und
erwirbt euch einen neuen Anspruch auf den Dank der Nach=
welt, welche euch die Republik verdankt, und auf den der
Welt, welche von euch die Freiheit datiren wird.

Ein einziges eurer Decrete hat die Bürger der Stadt Ajaccio
tief niedergeschlagen; dasjenige, welches einem 70jährigen
schwachen Greise befiehlt sich an eure Barre zu schleppen, und
ihn einen Augenblick neben den gottlosen Wühler oder den
feilen Ehrgeizigen stellt.

Paoli sollte ein Wühler oder ein Ehrgeiziger sein?

Aufwiegler! und warum? Etwa um sich an der Familie
der Bourbons zu rächen, deren perfide Politik sein Vater=
land mit Jammer überhäufte und ihn zur Verbannung
zwang? Aber endete jene nicht eben mit der Tyrannei, und
habt ihr nicht eben seinen Groll, wenn er ihn noch bewahrt,
in dem Blute Ludwigs gesättigt?

Aufwiegler! und warum? Etwa um die Aristokratie des
Adels und der Priester wiederherzustellen? Er, welcher seit
seinem 13. Jahre ..... er welcher, kaum an die Spitze der

Angelegenheiten gelangt, das Lehnswesen zerstörte, und
keine andere Auszeichnung kannte, als die des Bürgers? er
welcher, dreißig Jahre sind es her, gegen Rom kämpfte und
excommunicirt ward (dieses ist eine Unrichtigkeit), welcher
der Güter der Bischöfe sich bemächtigte, um sie zu geben, nach
Venedig .... in Italien ....

Aufwiegler! und warum? Um Corsica an England zu
liefern, er, welcher es nicht an Frankreich hat liefern wollen
trotz der Offerten Chauvelins, der nicht Titel noch Gunstbe=
zeugungen schonte!

Corsica an England geben! Was würde er gewinnen, wenn
er in dem Kote Londons lebte? Warum blieb er nicht dort
als er exilirt ward?

Paoli sollte Egoist sein? Wenn Paoli Egoist ist, was
kann er noch mehr begehren? Er ist der Gegenstand
der Liebe seiner Landsleute, welche ihm nichts verweigern; er
steht an der Spitze der Armee; er befindet sich am
Vorabend des Tages, wo er das Land gegen einen fremden
Angriff verteidigen soll.

Wenn Paoli ehrgeizig war, so hat er alles bei der Republik
gewonnen: und wenn er sich anhänglich zeigte an ... seit
der constituirenden Versammlung, was muß er nicht heute
thun, wo das Volk alles ist?

Paoli ehrgeizig! Repräsentanten, als die Franzosen von
einem verderbten Hofe regiert waren, als man weder an die
Tugend noch an die Vaterlandsliebe glaubte, hatte man ohne
Zweifel sagen müssen, daß Paoli ehrgeizig war. Wir haben
den Tyrannen den Krieg gemacht; das hat nicht
sein sollen aus Liebe zum Vaterlande und zur
Freiheit, sondern aus Ehrgeiz der Führer! In
Coblenz also muß Paoli für ehrgeizig gelten; aber in Paris,
in dem Centrum der französischen Freiheit, muß
Paoli, wenn man ihn wol kennt, der Patriarch der französischen

Republik sein; so wird die Nachwelt denken, so glaubt es das Volk. Folgt meiner Stimme, laßt die Verläumdung schweigen und die gründlich verderbten Menschen, welche sie als Mittel gebrauchen. Repräsentanten! Paoli ist mehr als ein Greis von siebenzig Jahren, er ist schwächlich! Ohne dies würde er an eure Barre gegangen sein, um seine Feinde zu vernichten. Wir sind ihm alles schuldig, bis auf das Glück eine französische Republik zu sein. Er genießt stets unser Vertrauen. Nehmt, was ihn betrifft, euer Decret vom 2. April zurück und gebt diesem ganzen Volke die Freude wieder...."

Bald darauf überwarf sich der junge Revolutionär mit Paoli bis zur tödtlichen Feindschaft. Der greise Patriot fand in dem jungen Manne den heftigsten Gegner nicht seiner Person, sondern seiner Ideen. Man erzählt, Paoli habe ihn damals noch nicht ganz erkannt und ihm angedeutet, daß er damit umgehe, Corsica von Frankreich loszureißen und eine Verbindung mit England anzuknüpfen. Entrüstet sei Napoleon aufgefahren, und Paoli in den leidenschaftlichsten Haß gegen ihn geraten. Pasquale's Anhang war zahlreich, und auch die Festung Ajaccio in den Händen seines Freundes Colonna. Er und Pozzo di Borgo, damals Generalprocurator, vor den Convent geladen, trotzten daher der Aufforderung; sie lebten jetzt unter der Acht des Conventes und im offnen Kriege gegen die Franzosen.

Nun bestellten die drei Repräsentanten Napoleon Bonaparte zum Generalinspector der Artillerie Corsica's, und gaben ihm auf, die Citadelle von Ajaccio zu erobern. Er versuchte es, doch alle seine Anstrengungen, die Festung seiner Vaterstadt zu erzwingen, scheiterten. Das Schicksal hatte einmal für Napoleon in Corsica keine Lorbeern gepflanzt. Während dieser Unternehmung schwebte sein Leben in äußerster Gefahr. Er besetzte nämlich den Turm von Capitello am Golf von Ajaccio mit etwa 50 Mann, um von hier aus zu Lande zu operiren, während die Kriegsfahrzeuge von der See her bombardirten. Ein Sturm wehte die Flotte aus dem Golf; Napoleon blieb von ihr abgeschnitten in dem Turm allein und mußte durch drei Tage, von Pferdefleisch sich nährend, sich verteidigen, bis einige Hirten von den Bergen ihn aus seiner Lage befreiten und er über Wasser die Flotte wieder erreichte.

Mißmutig reiste er nach Bastia, zu Lande. Unterwegs aber erfuhr er, daß sein Leben bedroht sei, daß Marius Peralbi das Volk aufgewiegelt habe, ihn festzunehmen und an Paoli auszuliefern, der ihn wolle erschießen lassen, sobald er seiner habhaft würde. In Vivario barg ihn der Pfarrer, in Bocognano wurde er von seinen Freunden mit äußerster Not der Volkswut entrissen; er versteckte sich dort in einem Zimmer und entschlüpfte Nachts durch ein Fenster auf die Straße. Glücklich entkam er nach Ajaccio. Aber auch hier noch heftiger bedroht, rettete er sich aus seinem Hause in eine Grotte, nahe bei der Capelle der Griechen, wo er eine Nacht sich verborgen hielt. Seine Freunde schifften ihn endlich ein, und so gelangte er über Meer nach Bastia. Unterdeß richtete sich die Wut der Paolisten auch auf Napoleons Familie. Madame Letitia erschrak vor den Anzeichen der nahen Gefahr und floh mit ihren Kindern nach Milelli, von einigen getreuen Paesanen aus Bastelica und Bocognano begleitet. Mit ihr waren Louis, Elisa, Paolina und der Abbé Fesch; Hieronymus und Carolina blieben im Hause Ramolino versteckt. Auch in Milelli nicht sicher, entfloh die geängstigte Familie während der Nacht nach dem Meere zu in die Gegend des Turms von Capitello, in der Hoffnung, die angekündigte französische Flotte daselbst erwarten zu können. Die Flucht durch dieses schwierige Bergland war mühsam, denn es gibt dort keine andern Wege als über das Gestein, durch die Macchia und über die Bergwasser. Madame Letitia hielt die kleine zierliche Paolina an der Hand; Fesch ging mit Elisa und mit Louis; voraus marschirte ein Trupp von Landleuten

aus Bastelica, dem Geburtsorte Sampiero's, dahinter die Männer von Bocognano, bewaffnet mit Dolchen, Flinten und Pistolen. So irrte die Familie Napoleons über die Berge und erreichte nach vieler Anstrengung, über Felsen kletternd und durch
die Wasser watend, das Ufer von Capitello, wo alle sich im
Buschwalde verbargen.

In eben dieser Zeit hatte Napoleon in Bastia ein kleines
Schiff bestiegen und war der französischen Flotte vorangesegelt,
welche von dort ausgelaufen war, um bei Ajaccio zu landen
und das Castell zu nehmen. Napoleon stieg bei den Blutinseln
ans Land, wo viele der Hirten seiner Familie ihre Heerden
hatten, und dort erfahrend, daß seine Familie auf der Flucht
sei, schickte er Hirten nach allen Gegenden sie aufzusuchen. Er
wartete die Nacht hindurch auf Botschaft. Es ward Morgen;
er saß unter einem Felsen, sorgenvoll an das Schicksal der
Seinigen denkend — plötzlich stürzt ein Hirt auf ihn zu, rufend:
rettet Euch! Ein Trupp Menschen, aus Ajaccio ausgezogen,
Bonaparte und seine Familie einzubringen, eilte auf ihn zu
— Napoleon sprang ins Meer. Sein kleines Schiff, eine
Chebeque, hielt die Verfolger durch sein Feuer zurück und glücklich nahm ihn das Boot auf.

An demselben Tage segelte Bonaparte in den Golf ein,
und an der Küste hinstreichend, bemerkte er Menschen am Ufer,
welche Zeichen gaben, daß sie aufgenommen werden wollten.
Es waren seine Mutter Letitia und seine Geschwister.

Man schaffte sie schnell nach Calvi, wo sie Gastfreundschaft
fanden. Das Haus Bonaparte war von dem wütenden Volke
geplündert worden. Ihre Rettung hatte die Familie allein der
Umsicht des Corsen Costa zu verdanken, welchem Napoleon noch
in seinem Testament aus Erkenntlichkeit die Summe von 100,000
Franken vermachte.

Er selbst segelte nach einem vergeblichen Versuche auf Ajaccio,
von der Flotte nicht unterstützt und endlich abgerufen, gleich-

falls nach Calvi, und von hier aus Corsica verlassend, er=
scheint er in Toulon wieder.

So hatte ihn Pasquale Paoli in die Weltgeschichte hinein=
getrieben. Zwei Männer, die sich als erbitterte Feinde gegen=
übergestanden, Marbeuf und Paoli, und das ist der Despotis=
mus und die Demokratie, hatten Napoleon seine Laufbahn
gewiesen. Als er nun Consul wurde und sein Gestirn glänzend
über der Welt stand, war Paoli's Stern lange untergegangen.
Tief bewegt es mich, denke ich mir da den edlen Greis Pasquale
als verschollenen Verbannten einsam in seinem Hause zu Lon=
don, wie er in uneigennütziger Freude auf die Kunde von
Napoleons Consulernennung sein Haus illuminirt, den Groll
vergessend und hoffend, daß der große Corse ein Hort der
Menschheit sein werde. In einem Brief sagte er: „Napoleon
hat unsere Vendetta an allen denen vollzogen, welche die Ur=
sache unsres Falles gewesen sind. Ich wünsche nur, daß er
sich seines Vaterlandes erinnern möge.“ Er blieb in der Ver=
bannung: Napoleon rief ihn nicht zurück, vielleicht weil er
fürchtete, die Eifersucht der Franzosen zu erregen.

In den Tagen seines Glücks vergaß Bonaparte sein kleines
Vaterland, undankbar und kleinlich wie alle Emporkömmlinge,
welche an die dunkle Stelle ihrer Geburt nicht gerne erinnert
sein wollen. Er that nichts für das arme Land, und die
Corsen haben ihm das nicht vergessen können. Sie erinnern
sich auch noch heute daran, daß der Kaiser als sich ihm einst
ein Corse vorstellte, diesen trocken fragte: „Nun, wie steht's in
Corsica, ermorden sich die Corsen noch immer?“

Seit seiner Flucht besuchte er die Heimatsinsel nur noch
einmal, als er von Egypten kam. Am 29. September 1799
lief sein Schiff in den Hafen von Ajaccio ein; mit ihm waren
Murat, der in anderer Gestalt einst diesen Hafen verlassen
sollte, Eugen, Berthier, Lannes, Andreossi, Louis Bonaparte,
Monge und Berthollet. Er wollte nicht ans Land, aber seine

Begleiter waren neugierig seinen Heimatsort kennen zu lernen, und er widerstand nicht länger ihren Bitten und denen der Bürger Ajaccio's. Ein Mann, der damals als Kind die Landung Napoleons mit angesehen hatte, erzählte mir davon. Seht, sagte er, dieser Platz war mit jauchzenden Menschen bedeckt und das Volk füllte die Dächer; es wollte den räthselhaften Mann sehen, der noch vor wenigen Jahren als schlichter Offi= cier und als einer der Hauptdemokraten Ajaccio's hier herum= gegangen war. Er stieg ab in der Casa Bonaparte. Er ging auf dem Diamantplatze spazieren. Da muß ich Euch eine Ge= schichte erzählen, welche ihm Ehre macht. Als Napoleon noch in Ajaccio war, waren die Priester und Aristokraten auf ihn sehr erbittert. Eines Tages will er in sein Haus zurückkehren; er ist gerade an die Ecke dieser Straße gekommen, da sieht er einen Priester, meinen eignen Verwandten, am Fenster jenes Hauses stehn, die Flinte auf ihn angelegt. In dem= selben Augenblick bückt sich Napoleon, und die Kugel schlägt über ihm weg in die Wand — einen Moment früher, und es gab keinen Kaiser Napoleon in der Welt. Jenem Priester nun begegnete der General Bonaparte auf dem Diamantplatze. Der Geistliche wich nach der andern Seite der Straße aus. Aber Napoleon sah ihn, kam auf ihn zu, gab ihm die Hand und erinnerte ihn heiter an die Vergangenheit. Seht, er war darin kein Corse, und große Menschen vergessen leicht Be= leidigungen." Aber Napoleon war wol ganz Corse, als er den Herzog von Enghien erschießen ließ. Diese That war die That eines corsischen· Banditen, und kann erst recht begriffen werden, wenn man weiß was die Blutrache in Corsica erlaubt, den Mord nämlich auch an den unschuldigen Glie= dern der feindlichen Sippschaft. Nicht ganz konnte Napoleon sein corsisches Naturell verläugnen, und so war er auch romantisch, theatralisch, abenteuerlich wie die Corsen es zum Teile sind. Egypten, Rußland, Elba sind Stellen in seiner

Geschichte, wo er nichts war als ein großer und genialer Abenteurer.

In Ajaccio ging er damals mit seinen Begleitern auf die Jagd; einen Tag brachte er in Milelli zu, wo er einst das Pamphlet gegen Buttafuoco geschrieben hatte. Wie viele bewundernswürdige Thaten lagen nun schon hinter ihm, wie viele Fürsten und Völker hatte nun schon die Gewalt seines Schwertes und der Donner seiner Phrase niedergeworfen. Er rief seine Hirten, reichlich belohnte er jenen Bagaglino, der ihm einst seinen ersten Staatsstreich ausgeführt hatte. Seine Heerden, seine Aecker verteilte er. Auch seine Amme Camilla Jlari kam herbei; sie umarmte ihn mit Schluchzen, sie brachte ihm eine Flasche voll Milch zum Geschenk; in ihrer naiv einfältigen Weise sagte sie, mein Sohn, ich habe dir die Milch meines Herzens gegeben, nimm jetzt die Milch meiner Ziege. Napoleon schenkte ihr ein wohnliches Haus und reichliches Ackerland, und als er Kaiser geworden war fügte er noch eine Pension von 3600 Franken hinzu. — Nach einem Aufenthalt von sechs Tagen ging er von Ajaccio nach Frankreich unter Segel.

Seitdem besuchte er seine Heimatsinsel nie mehr; aber das Schicksal zeigte sie eines Tages noch seinen Augen als er, ein geschlagener Mann, beseitigt von der Weltgeschichte und für ihre Zwecke aufgebraucht, auf dem winzigen Felsen von Elba stand. Da zeigte ihm das ironische Schicksal die dunkle Stelle, von wo er einst als Kind der Fortuna in die Welt gezogen war, sein Glück zu suchen.

Später, auf Sanct Helena, kehrten seine Gedanken immer wieder zu Corsica zurück. Sterbende pflegen ihren Lebensgang in Gedanken zurückzuwandern und am liebsten bei ihrer Kindheit zu verweilen. Viel sprach er von seiner Heimat. In den Commentaren sagt er einmal: „Meine guten Corsen waren in der Zeit des Consulats und des Kaiserreichs nicht mit mir

zufrieden. Sie behaupteten, ich hätte wenig für mein Vaterland gethan ... Meine Feinde und mehr meine Neider spionirten
um mich; alles was ich für meine Corsen that, ward wie ein
Diebstal ausgeschrien und wie ein Unrecht gegen die Franzosen.
Diese notwendige Politik hatte mir das Gemüt meiner Landsleute abgewendet und sie gegen mich erkältet. Ich bedaure
sie, doch ich konnte nicht anders handeln. Als die Corsen
mich unglücklich sahen, als sie mich von manchem undankbaren
Franzosen mißhandelt, als sie Europa gegen mich verschworen
sahen, da vergaßen sie alles wie Menschen von fester und
unverdorbener Tugend, und fanden sich bereit sich für mich
zu opfern, wenn ich es gewollt hätte ... Welche Erinnerungen
hat mir Corsica gelassen! Ich denke noch mit Freude an seine
schönen Gegenden, an seine Berge, ich erinnere mich noch jetzt
an den Duft, den es aushaucht. Ich würde das Loos meines
schönen Corsica verbessert haben, ich würde meine Mitbürger
glücklich gemacht haben, aber der Umsturz ist gekommen, und
ich habe meine Pläne nicht ausführen können."

Die erste Frage, welche Napoleon an den Corsen Antommarchi, seinen Arzt richtete, als er in S. Helena zu ihm ins
Zimmer trat, war diese: Haben Sie einen Filippini? — Viele
Landsleute seiner Insel hatten ihn in seiner Laufbahn begleitet gehabt, viele hatte er erhoben, Bacciochi, Arena, Cervoni, Arrighi, Saliceti, Casabianca, Abbatucci, Sebastiani.
Mit demselben Colonna, welcher Paoli's Freund gewesen war
und der ihn einst befeindet hatte, war er bis zu seinem Ende
innig befreundet. Man sagt, daß Paoli jenem aufgetragen
hatte, dem jungen Napoleon bei Ajaccio einen Hinterhalt zu
legen, um ihn lebend oder todt aufzubringen; nun, man sagt
es. Dessen weigerte sich Colonna. Beiden Männern Paoli
wie Napoleon blieb er Freund, ohne zu heucheln, denn er
war ein edler Mensch. Er war der Erste, welcher um Napoleons Flucht aus Elba wußte, und in seinem Testament von

S. Helena vertraute ihm der Kaiser die Sorge um seine Mut=
ter. Colonna unterzog sich ihr gewissenhaft; bis an Letitia's
Tode blieb er bei ihr als Freund und Hausmeister. Dann
zog er sich nach Vico bei Ajaccio zurück.

Aus eines Corsen Händen nahm der sterbende Napoleon
die letzte Oelung auf Sanct Helena; es war der Priester Vignale,
welcher nachher in Corsica ermordet wurde. So starb er unter
seinen Heimatsbrüdern, die ihn nicht verlassen hatten.

Siebentes Kapitel.

Zwei Särge.

> Wo kam der Tron des größten Königs hin?
> Wo sind die Großen all' voll Heldensinn?
> Du gehst von hinnen, doch es währt die Welt,
> Und keiner hat ihr Räthsel aufgehellt.
> Voll weiser Lehren ist für uns ihr Lauf.
> Warum denn achten wir so wenig drauf?
>
> Firdusi (von Schack).

Indem ich die Geschichte Napoleons, sein glanzvolles Kaiser=
reich, die Völker und die Fürsten, welche dieser jähe Wandel=
stern zu seinem Hofe heranzog, die Flut von Ereignissen und
von Geschicken, die er über die Welt warf, mir vergegen=
wärtigte, überkam mich in seinem nun tobtenstillen Hause
Traurigkeit und Befriedigung zugleich.

Alle jene ungeheuren Leidenschaften, welche nimmersatt die
halbe Welt verschlangen, wo sind sie nun, was bewegen sie
noch? Sie sind wie ein Traum, wie eine große Fabel, welche
die Säugamme Zeit ihren Kindern erzählt. Dank sei der Zeit.
Sie ist die stille und geheimnißvolle Macht, die alles wieder
ebnet, selbst die himmelaufragenden Herrscher. Sie ist der heil=
same Ostracismus, das wahre Scherbengericht.

Wo ist Napoleon? Was blieb von ihm übrig? — —

Ein Name und eine Reliquie, welche ein leicht zu blenden=
des Volk nun öffentlich anbetet. Wie die verhaltene Leichen=
feier Napoleons vom Jahre 1821 erscheint mir das, was nun
jenseits des Rheins geschah. Aber die Todten stehen nicht mehr
auf. Nach den Göttern kommen die Gespenster und nach der
Welttragödie das Satirspiel. — Ein Leichengeruch geht durch
die Welt, seitdem sie drüben, jenseits des Rheins, einen todten
Mann aufgeweckt haben.

Ich ging aus dem Hause der Letitia in ihre Sargcapelle.
Die Straße des Königs von Rom führt zu der Kathedrale
von Ajaccio. Die Kirche ist ein plumper Bau mit schlichter
Façade, über deren Portal ein ausgelöschtes Wappen zu sehen
ist. Ohne Zweifel war es das Wappen der Republik Genua.
Das Innere ist bunt und ziemlich ländlich. Schwere Pfeiler
trennen es in drei Schiffe; die Kuppel ist klein, wie die
Tribüne.

Rechts nun befindet sich am Chor eine kleine schwarz aus=
geschlagene Capelle. Zwei mit schwarzem Sammet überdeckte
Särge stehen darin vor einem ganz dörflich ausgezierten Altar.
Zu Fuß und zu Haupt eines jeden Sarges sind hölzerne Cande=
laber aufgestellt, und ein ewiges, doch ausgelöschtes Lämpchen
hängt über jedem. Auf dem Sarge zur Linken liegt ein Cardinal=
hut und ein Immortellenkranz; auf dem Sarge zur Rechten
eine Kaiserkrone und ein Immortellenkranz.

Das sind die Särge des Cardinals Fesch und der Madame
Letitia. Im Jahre 1851 hat man sie aus ihren italischen
Grüften hieher gebracht. Letitia war am 2. Februar 1836 in
ihrem römischen Palast am venetianischen Platz gestorben, und
ihr Sarg stand seitdem in einer Kirche der Stadt Corneto
bei Rom.

Kein Marmor, kein Kunstwerk, kein Gräberpomp — nichts
ziert die Stätte, wo eine Frau begraben liegt, welche einen
Kaiser, drei Könige und drei Fürstinnen gebar.

Mich überraschte die bewußtlose Ironie und der tief tragische Sinn, welcher in dieser fast ländlichen Einfalt von Letitia's Gruftcapelle liegt. Sie gleicht einer fürstlichen Todtengruft aus Theatercoulissen. Ihr Sarg ruht auf einem hohen hölzernen Gestell, von Holz sind die plumpen Candelaber und das Gold daran ist Schaum. Sammet dünkt der Ueberhang der Capelle, doch ist er von gemeinem Tafft und die langen silbernen Franzen daran sind Silberpapier. Jene goldne Kaiserkrone auf dem Sarge ist von Holz und mit Goldschaum überklebt. Nur der Immortellenkranz Letitia's ist ächt.

Man sagte mir, daß diese Gruftcapelle provisorisch sei, und daß man eine neue Kathedrale bauen werde mit einer schönen Todtengruft für die Mutter Napoleons. Das hat gute Wege, denn die Corsen sind sehr arm, und es sollte mich auch dauern. Die wackern Bürger von Ajaccio wissen gar nicht, wie tiefsinnig sie gewesen sind. Es spricht eine so große Lebensweisheit aus dieser Capelle . . . Was waren auch die Kronen, welche Letitia von Ajaccio und ihre Kinder trugen? Einen kurzen Abend lang waren sie Fürsten, dann warfen sie schnell Purpur und Scepter ab und verschwanden, als wäre nichts geschehn. Darum hat die Geschichte selber die Krone von Goldschaum auf den Sarg der Bürgerstochter Ramolino gelegt. Laßt sie liegen, sie ist nicht minder schön, wenn sie gleich unecht ist wie das Glück der Bastardkönige, welche dieses Weib gebar.

Nie durfte wol, so lange die Welt steht, einer Mutter Herz höher schlagen, als das Herz des Weibes in diesem Sarge. Ihre Kinder sah sie eins nach dem andern auf der höchsten Sonnenhöhe menschlicher Herrlichkeit, aber eins nach dem andern sah sie dieselben niederstürzen. Sie hat dem Schicksal die Schuld bezahlt.

Welch ein unverschuldetes Loos, und wie kam es, daß in dem Schooße einer jungen, heitern und eiteln Frau so dämonische Mächte, diese völker= und städteverschlingenden Gewalten reifen mußten? —

Achtes Kapitel.

Pozzo di Borgo.

Das Haus in der Straße Napoleon, in welchem der Flücht=ling Murat gewohnt hatte, ist zu einem Palast umgeschaffen. Das Wappen über der Thüre sagt, daß es der Familie Pozzo di Borgo angehört. Nächst den Bonaparte sind die Pozzo die berühmteste Familie Ajaccio's, von altem Adel und lange vor jenen in Corsica namhaft. Im sechzehnten Jahrhundert zeich=neten sie sich im Dienste der Venetianer aus. Der corsische Dichter Biagino di Leca, welcher in seinem Epos il d'Ornano Marte die Thaten des Alfonso Ornano verherrlicht, preist zugleich auch mehrere Pozzo di Borgo und weissagt ihrem Ge=schlecht unsterblichen Ruhm.

Wenigstens hat die Familie eine europäische Bedeutung durch den Grafen Carlo Andrea erlangt, jenen Jugendgenossen Napoleons, Freund Paoli's und unerbittlichen Hasser des Kai=sers. Er war am 8. März 1768 in Alata bei Ajaccio geboren; er hatte in Pisa die Rechte studirt, wie Carlo Bonaparte, und spielte dann in Corsica erst als Demokrat und Revolu=tionär, dann als Paolist eine Rolle. Im Jahre 1791 war er Abgeordneter von Ajaccio, dann Generalprocurator und Paoli's rechte Hand. Als Corsica sich an England angeschlossen, wurde der gewandte Mann Präsident des corsischen Staatsrates unter dem Vicekönigtum Elliots. Man sagt, daß der Diplomat seinen Gönner Paoli bei den Engländern in Mißcredit brachte, um seinen eigenen Einfluß geltend zu machen. Später verließ er Corsica, ging mehrmals nach London, nach Wien, nach Rußland, nach

Constantinopel, nach Syrien; die Welt und die Höfe durch-
wandernd, wie einst Sampiero, schürte der unermüdliche Feind
in rastloser Thätigkeit den Haß der Cabinette gegen Napoleon.
Alexander hatte ihn im Jahre 1802 zum russischen Staatsrat gemacht. Napoleon verfolgte ihn mit gleichem Hasse; diesen
alle seine Bahnen durchschleichenden Feind sehnte er sich in
seine Gewalt zu bekommen. Nach dem Preßburger Frieden
forderte er seine Auslieferung. Hätte er sie erlangt, so würde
er mit Pozzo di Borgo gethan haben, wie Carl der Zwölfte
mit Pattul that. Merkwürdig ist diese Feindschaft — sie ist
ja wol corsische Vendetta, corsischer Haß auf die Weltgeschichte
übertragen. Pozzo di Borgo war es, welcher Bernadotte gegen
Napoleon zur Thätigkeit stimmte; er war es, welcher die Verbündeten zum schleunigen Marsche gegen Paris trieb; er war
es, welcher den König von Rom beseitigte, welcher auf dem
Wiener Congreß darauf drang, Napoleon aus Elba in eine
weit abgelegene Insel zu verbannen. Bei Waterloo stand er
seinem großen Gegner mit den Waffen in der Hand gegenüber und wurde verwundet. Als nun endlich sein gigantischer
Feind für immer gebändigt auf St. Helena da lag, sprach
der Diplomat im Gefühle seiner gesättigten Rache das stolze
und fürchterliche Wort: Ich habe Napoleon nicht getödtet, aber
ich habe auf ihn die letzte Schaufel Erde geworfen!

Pozzo die Borgo erndtete die russische Grafenkrone und die
Ehre, der bleibende Vertreter aller russischen Staaten am Hofe
Frankreichs zu sein. In Paris lebend trat er freimütig der
Reaction entgegen und geriet darüber in eine gespannte Stel-
lung mit den Höfen. Er war und blieb trotz seiner Laufbahn
Corse. Man erzählte mir, daß er die Landesart nimmer ab-
gelegt hatte. Er liebte seine Heimat. Man könnte fast sagen,
er bekriegte auch darin Napoleon, daß er ihm die Dankbar-
keit seiner Landsleute nahm. Napoleon that nichts für Corsica,
Pozzo di Borgo sehr viel. Er ließ die Herausgabe der beiden

corsischen Geschichtschreiber Filippini und Peter besorgen, und
Gregori widmete ihm auch seine Sammlung der Statuten.
Pozzo di Borgo's Name prangt nun auf den drei größesten
Documenten corsischer Geschichte und ist unauslöschlich. Seine
Wohlthätigkeit in milden Stiftungen und Spenden an seine
Landsleute war groß, wie sein Vermögen. Er starb als Privat=
mann in Paris am 15. Februar 1842, 74 Jahre alt, mit
der Welt zerfallen, innerlich zerrissen und geisteskrank. Er
war einer der gewandtesten Diplomaten und der scharfsinnig=
sten Köpfe dieses Jahrhunderts.

Sein Vermögen ging auf seine Neffen über, welche sich
reiche Besitzungen bei Ajaccio gekauft haben. Einer derselben
wurde vor wenigen Jahren in der Nähe der Stadt ermordet.
Er war Verwalter der Wohlthaten, welche der Graf Carlo
Andrea spendete, und hatte sich als solcher durch Ungerechtig=
keiten verhaßt gemacht. Man erzählte mir, daß er nebenher
ein Mädchen verführt hatte, und sich weigerte, ein hohes
Bußgeld an die Sippschaft desselben zu zahlen. Die durch ihn
Beleidigten beschloßen seinen Tod. Als er eines Tags von
seiner Villa nach der Stadt fuhr, umringten Jene den Wagen
und riefen ihm zu: Neffe des Carlo Andrea Pozzo di Borgo
steige aus! Der Unglückliche that es ohne Zögern. Mit kaltem
Blut vollzogen die Mörder die Execution, am hellen Tage und
unter freiem Himmel, gleichsam als Act der Volksjustiz gegen
einen Verbrecher. Nicht gleich hatten die Schüsse den Mann
getödtet. Die Mörder trugen den Sterbenden selbst in den
Wagen und befahlen dem Kutscher, umzukehren, damit der
Neffe Pozzo di Borgo's auf seinem Bette sterbe. Dann gingen
sie in den Buschwald, wo sie nach einiger Zeit im Kampf
mit den Gendarmen erschlagen wurden.

Dies ist ein Zug schrecklicher Gerechtigkeit, wie sie in dem
Lande der Corsen so oft geübt wird. Ich erzähle hier ein
zweites Beispiel. Es ist ein bewundernswürdiger und erschüttern=

der Vorfall, welcher sich in dem Geburtsdorf der Pozzo zu
Alata wenige Millien von Ajaccio begeben hat.

*   *   *

Der corsische Brutus.

Zwei Grenadiere des französischen Regiments Flandern,
welches als genuesisches Hülfscorps in Ajaccio lag, desertirten.
Sie flohen in die Berge von Alata und hielten sich dort in
den Wildnissen verborgen, wo sie das Mitleid und die Gast=
lichkeit der armen Hirten ansprachen.

Heilig ist das Gastrecht. Wer es verletzt ist nach der alten
Sitte der Väter vor Gott und Menschen gleich dem Kain.

Als es nun Frühling geworden war, jagten Officiere vom
Regiment Flandern in jenen Bergen Alata's. Sie kamen dem
Ort nahe, wo die Flüchtlinge sich versteckt hielten. Diese er=
blickten die Jäger und duckten sich hinter einen Felsen, auf
daß sie nicht erkannt und zum Jagdwilde wurden. Dort weidete
gerade ein junger Hirte seine Ziegenheerde. Der Herr von
Rozières, Oberst des Regiments, trat auf ihn zu und fragte
ihn, ob etwa entflohene Grenadiere in den Bergen versteckt
wären. Ich weiß es nicht, sagte der junge Hirt und war ver=
legen. Der Herr von Rozières schöpfte Argwohn. Er drohte
dem Hirten mit Gefängniß im Turm von Ajaccio, wenn er
nicht die Wahrheit sage.

Da erschrack Joseph, er sagte nichts, aber zitternd wies
er mit der Hand nach dem Orte hin, wo die armen Deser=
teure sich versteckt hielten. Der Officier verstand ihn nicht.
Rede! schrie er ihn an. Joseph sagte nichts, er zeigte wieder
mit der Hand. Die anderen Officiere ließen nun die Hunde
los und eilten nach der angedeuteten Stelle, vielleicht im Glau=
ben, dort ein Thier zu finden, welches der einfältige Stumme
ihnen gewiesen.

Es sprangen die beiden Grenadiere auf, flohen, wurden eingeholt und festgemacht.

Dem Joseph gab der Herr von Nozières vier blanke goldne Louisd'ors als Anzeigelohn. Wie der junge Hirte die Goldstücke in der Hand hielt, vergaß er vor kindischer Freude Officiere und Grenadiere und die ganze Welt, denn er hatte niemals blankes Gold gesehn. Er lief in die Capanne seines Vaters, und Vater, Mutter und Bruder rief er zusammen, geberdete sich unsinnig vor Freude und zeigte seinen Schatz.

Wie hast du dieses Gold erworben, mein Sohn Joseph? fragte der alte Hirte. Der Sohn erzählte was geschehen war. Mit jedem Worte, das er sprach, wurde das Gesicht seines Vaters finsterer, die Brüder entsetzten sich, und wie Joseph auserzählt hatte, war er selbst blaß geworden wie der Tod.

Heilig ist das Gastrecht. Wer es verletzt ist nach der alten Sitte der Väter vor Gott und Menschen gleich dem Kain.

Der alte Hirte warf einen schrecklichen Blick auf seinen zitternden Sohn, und ging aus der Capanne. Seine ganze Sippschaft rief er zusammen. Wie nun die Sippen gekommen waren, legte er ihnen den Fall vor und gab ihnen auf über seinen Sohn zu urteilen. Denn es scheine ihm, er sei ein Verräter und habe seinen ganzen Stamm und das ganze Volk geschändet.

Das Gericht der Sippen fällte den Spruch, daß Joseph des Todes schuldig sei, und das thaten sie einstimmig. Wehe mir und meinem Sohne! rief verzweifelt der Alte. Wehe meinem Weibe, daß sie mir den Judas gebar!

Die Sippen gingen zu Joseph. Sie nahmen ihn und führten ihn an die Stadtmauer von Ajaccio, an einen einsamen Ort.

Wartet hier, sagte der alte Hirte, denn ich gehe zu dem Commandanten. Ich will ihn um das Leben der beiden Grenadiere bitten. Ihr Leben sei auch meines Sohnes Leben.

Der Alte ging zu dem Herrn von Nozières. Er warf sich vor ihm auf die Kniee und bat um die Begnadigung der

beiden Soldaten. Verwundert sah ihn der Officier an und
staunte über eines Hirten Mitgefühl, der um zwei fremde Sol
daten so bitterlich weinte. Aber er sagte ihm, daß Deserteure
des Todes schuldig seien, denn so wolle es das Gesetz. Der
Alte stand auf und ging seufzend hinweg.

Er kam zurück an die Mauer, wo die Sippen mit dem
armen Joseph standen. Es war umsonst, sagte er. Mein
Sohn Joseph, du mußt sterben, stirb wie ein braver Mann,
und lebe wol!

Der arme Joseph weinte, dann wurde er still und gefaßt.
Einen Priester hatte man geholt, der empfing seine Beichte
und gab ihm den himmlischen Trost.

Es war gerade die Stunde, als man die beiden armen
Deserteure mit Spießruten zu Tode schlug. Da stellte sich auch
der arme Joseph ruhig an die Mauer. Die Sippen zielten
gut, und er fiel.

Wie er todt war, nahm sein alter Vater bitterlich weinend die vier blanken Louisd'ors, gab sie dem Priester und
sagte zu ihm: Gehet zu dem Commandanten und sagt ihm:
Herr, hier habt ihr den Judaslohn zurück. Wir sind arme
und redliche Menschen und haben den gerichtet, welcher ihn
aus eurer Hand empfing.

Heilig ist das Gastrecht. Wer es verletzt ist nach der alten
Sitte der Väter vor Gott und Menschen gleich dem Kain.

*   *   *

Lebhaft gedenkt man noch in Alata und Ajaccio der groß-
herzigen That eines Weibes aus der Familie Pozzo di Borgo,
vom Jahr 1794. Auch diese sei hier erzählt.

Marianna Pozzo di Borgo.

In Appietto bei Ajaccio war alles Volk beim Carneval
vergnügt. Nach alter Sitte, die noch heute auf der Insel

besteht, saß der Carnevalskönig von seinen Ministern umgeben, eine goldne Krone auf dem Haupt, mitten auf dem Marktplatz. Tische waren dort aufgestellt voll von Wein, Früchten und Speisen mancherlei Art. Denn der König hatte tüchtig Steuern ausgeschrieben; und dies ist corsisches Carnevalsgesetz, daß er das Recht hat den Familien des Dorfes je nach ihrem Vermögen die Steuer aufzulegen, welche sie in Wein und Speisen zum gemeinen Besten herbeizubringen haben.

Da wurde nun waidlich getrunken und geschmaust. Die Citern und die Violinen spielten auf, und das junge Volk drehte sich im Tanz.

Plötzlich fiel mitten in den Jubel hinein ein Flintenschuß und ein Schrei, und alles stob aus einander. Ein wildes Gewühl entstand auf dem Markte zu Appietto. Da lag in seinem Blut der junge Felix Pozzo di Borgo. Andrea Romanetti hatte ihn erschossen — eine Beleidigung war gefallen. Andrea war in die Macchia gesprungen.

Man trug den todten Jüngling in das Haus seiner Mutter. Die Frauen erhoben den Lamento, keine Citer schallte mehr. Des Felix Mutter Marianna war verwittwet; viel Unglück hatte sie erfahren. Als man den Jüngling auf den Friedhof gebracht hatte, weinte sie nicht mehr, sondern sie dachte nur daran ihn zu rächen, denn sie war eine mutige Frau und aus dem uralten Hause Colonna d'Istria.

Marianna legte die Frauenkleider ab und ein Manneskleid an. Sie hüllte sich in den Pelone, setzte eine phrygische Mütze auf, umgürtete sich mit der Carchera, steckte Dolch und Pistolen in den Gurt und ergriff die Doppelflinte. Ganz glich sie einem rauhen corsischen Manne, nur der Gürtel von Scharlach, eine Verbrämung von Sammt auf dem Pelone, und der zierliche Griff des Dolchs, der von Elfenbein und Perlmutter glänzte, verrieten, daß sie von einem edlen Hause sei.

Sie stellte sich an die Spitze ihrer Verwandten, und ruhelos

verfolgte sie den Mörder ihres Sohnes. Andrea Romanetti
floh von Busch zu Busch, von Grotte zu Grotte, von Berg
zu Berg. Aber Marianna war ihm auf den Fersen. In einer
finstern Nacht warf sich der Flüchtling in sein eignes Haus
im Dorf zu Marchesaccia. Hier entdeckte ihn ein Mädchen
von der feindlichen Sippschaft und gab von seinem Aufent-
halte Kunde. Marianna eilte herbei. Ihre Verwandten umringten das Haus. Tapfer hielt sich Romanetti, aber da ihm
die Munition ausging und die Feinde bereits aufs Dach stiegen
um durch dasselbe einzubringen, erkannte er, daß er verloren
sei. Er dachte an nichts mehr, als an sein Seelenheil, denn
er war fromm und gottesfürchtig.

Haltet ein! rief Romanetti aus dem Hause; ich will mich
ergeben, aber versprechet mir, daß ehe ich sterbe, ich beichten
darf. Marianna versprach ihm dieses.

Also kam Romanetti hervor und gab sich willig in die
Hände seiner Feinde. Sie führten ihn in das Dorf zu Teppa
und zogen mit ihm vor das Haus des Pfarrers Saverius
Casalonga. Marianna rief den Geistlichen und bat ihn um
Gottes Willen Romanetti's Beichte zu empfangen, denn dar-
nach müsse er sterben.

Mit Tränen bat der Geistliche um das Leben des Unglück-
lichen; aber seine Bitten waren fruchtlos. Jener empfing die
Beichte, und während der Mörder ihres Sohnes sie vor dem
Pfarrer ablegte, lag Marianna auf ihren Knieen und rief
Gott an, daß er sich seiner Seele erbarmen möge.

Die Beichte war vollbracht. Nun führten die Pozzo di
Borgo Romanetti hinaus vor das Dorf und banden ihn an
einen Baum.

Sie erhoben ihre Flinten — plötzlich stürzte Marianna
herbei — haltet ein! rief sie, um Gott haltet ein! und sie
lief an den Baum, woran Jener gebunden stand, und um-
schloß mit ihren Armen den Mörder ihres Sohnes. Im Namen

Gottes, rief sie, ich verzeihe ihm. Hat er mich auch zu der unseligsten aller Mütter gemacht, so sollt ihr ihm fürder kein Leides thun, und ehe mich erschießen als ihn. Und so hielt sie ihren Feind umschlossen und deckte ihn mit ihrem eigenen Leibe.

Der Priester trat hinzu. Es bedurfte seiner Worte nicht mehr. Die Männer lösten Romanetti, und zur Stunde ward er frei und sein Haupt heilig den Sippen der Pozzo di Borgo daß ihm Keiner ein Haar krümmte.

Neuntes Kapitel.

Umgegend von Ajaccio.

Ich habe die Umgegend von Ajaccio durchwandert. Der enge Raum erlaubt eigentlich nur drei Straßen und einen Spaziergang längs des nördlichen Ufers, einen ins Land auf der Straße von Bastia, einen an der andern Seite des Golfes nach Sartene zu. Berge schließen die vierte Seite ab. Da führen Landwege zwischen Weingärten hin, welche in großer Zahl die nordöstliche Umgebung von Ajaccio schmücken.

In diesen Weingärten sieht man häufig jene wunderlichen Wächterhäuschen, welche Ajaccio eigentümlich sind und Pergoliti genannt werden. Sie bestehen aus vier jungen Pinienstämmen, die frei in der Luft ein mit Stroh bedachtes Hüttchen tragen, worin der Wächter sich niederlegen kann. Dieser führt hier den stolzen Namen Barone. Er ist bewaffnet mit einem Doppelgewehr und stößt von Zeit zu Zeit in ein Muschelhorn oder in eine gellende Thonpfeife, um seine Gegenwart bemerklich zu machen und die Traubenfrevler zurückzuschrecken.

Eines Abends führte mich ein freundlicher Greis in seinen Weinberg am Hügel S. Giovanni. Er beschenkte mich reichlich

mit Muscatellertrauben und pflückte mir Mandeln, saftige
Pflaumen und Feigen, die bunt durch einander zwischen den
Rebenstöcken wuchsen. Er hatte mich des Wegs kommen sehn,
und wie es so die gute gastliche Art ist, mich in seinen Garten
genommen. Es war ein guter alter Vater, das rührende Bild
des Alters, wie wir es in den Gedichten der Zeit Gleims
dargestellt finden, welche in ihrer fabelnden Einfalt oft mehr
menschliche Weisheit haben als die gelesensten Gedichte unserer
Gegenwart. Gibt es ein schöneres Menschenbild, als einen
heitern Greis in seinem Garten, den er in der Jugend gepflanzt hat, und dessen Früchte er nun milde austeilt an die
Müden, die des Weges kommen? Ja, so soll das Menschenleben friedlich und wolthätig ausgehen.

Der Alte rühmte mir gesprächig diese und jene Frucht und
sagte, wie man's machen müsse, um sie recht saftig zu bekommen. Die Reben zieht man hier in einer Höhe von vier
bis fünf Fuß wie die Bohnen an Stöcken; in der Regel stehn
deren vier in einer viereckigen leichten Vertiefung neben einander, mit den Spitzen zusammengebunden. Der Segen an
Trauben war groß, aber an vielen Orten herrschte die Trauben-
krankheit. Der Wein von Ajaccio ist feurig wie der Spanier.
Ich fand in jener Vigna auch zum erstenmal die reife Frucht
der indischen Feige. Wenn diese ihre Cactusblume abgeworfen
hat, reift die Frucht schnell. Ihre Farbe ist gelblich; man
schält die Rinde ab und gewinnt das Fleischige und Körnige
der Feigen, welches unangenehm süß ist. Man hat schon
Versuche gemacht, daraus Zucker zu ziehen. Die Triebkraft
dieser Cactusart, welche bei Ajaccio in erstaunlicher Menge
wächst, ist sehr groß. Ein abgerissenes Blatt schlägt hastig
Wurzel im Boden und bildet sich dreist zu einer neuen Pflanze.
Sie bedarf nur der geringsten Nahrung, des wenigsten Staubes,
um fortzuwuchern.

Eine schloßartige Villa mit gothischen Türmchen und mächtigen

Imperator-Adlern von Stein steht neben S. Giovanni. Dies
ist die Villa des Principe Bacciocchi.

Die kleine fruchtreiche Ebne, welche sich weiter am Ende
des Golfes hinzieht, heißt Campo Loro. Der Geist einer
düstern Begebenheit aus dem Genuesenkriege schwebt über diesem
Goldfelde. Hier hatten sich 21 Hirten aus Bastelica aufgestellt,
gewaltige Männer, Sampiero-Menschen. Gegen 800 Griechen
und Genuesen hielten sie tapfer Stand, bis sie in einem Sumpf
eingeschlossen allesammt getödtet wurden mit Ausnahme eines
einzigen Jünglings. Dieser hatte sich unter die Todten geworfen, und zum Teil von ihnen bedeckt sich für tobt gestellt.
Es kamen aber die Genuesen, den Todten die Köpfe abzu-
schneiden, um sie auf die Mauern der Citadelle aufzupflanzen.
Sie nahmen den jungen Hirten und führten ihn vor den
genuesischen Leutnant. Zum Tode verurteilt, wurde der Jüngling, der Letzte der 21 Männer von Bastelica, durch die
Straßen von Ajaccio geführt, behängt mit sechs Köpfen seiner
Gefährten, und dann geviertteilt und den Raben auf der
Mauer ausgesetzt.

Am Ende dieses Feldes liegt der botanische Garten, eine
Anlage, welche sich von Ludwig XVI. herschreibt, und die
in ihren Anfängen unter der Obhut Carlo Bonaparte's stand.
Sie war anfangs dazu bestimmt, exotische Pflanzen zu accli-
matisiren, die man in Frankreich einführen wollte. Der
Garten, von den Höhen gegen die kalten Winde geschützt und
der Mittagssonne geöffnet, enthält die herrlichsten Gewächse,
welche unter freiem Himmel üppig gedeihen. Man wandelt
dort umher unter prächtigen Magnolien, den wunderbaren
Poincianen, Tulpenbäumen, Gledizien, Bignonien, Tama-
rinden und libanonischen Cedern. Auf den indischen Feigen
entsteht dort auch die Cochenille nicht anders als in Mexico.

Der schöne Pflanzengarten versetzt in tropische Gegenden,
und wenn man unter einem jener fremd blühenden Bäume

steht und der Blick auf den tief blauen Golf fällt, über welchem
die Sommerluft flimmert, so möchte man wahrlich glauben
an irgend einem Golfe von Mexico zu stehn. Der Garten
liegt hart an der Straße nach Bastia, welche am meisten
belebt ist. Namentlich ist dies Abends der Fall, wo die Be=
wohner aus der Campagne heimkehren.

Ich machte mir oft das Vergnügen, mich am Golf nieder=
zusetzen und die Vorüberziehenden zu betrachten. Die Weiber
sind hier wolgebaut und von reinen und zarten Zügen. Oft=
mals überraschte mich die Sanftmut ihrer Augen und die
Weiße ihrer Gesichtsfarbe. Sie tragen das Mandile um den
Kopf gebunden; am Sonntage ist es von weißer Gaze und
sieht zur schwarzen Falbetta äußerst sauber aus. Die Bäuerinnen
tragen hier allgemein kreisrunde Strohhüte mit sehr niedrigem
Boden. Das Weib legt auf den Strohhut ein kleines Kissen
und trägt dann gewandt und flink schwere Lasten. Wie in
Italien zeichnet die Frauen in Corsica natürliche Grazie des
Benehmens aus. Ich hatte oft Gelegenheit, ihrer mich zu
erfreuen. Ich begegnete eines Tags einem jungen Mädchen,
welches mit Früchten nach der Stadt ging. Ich bat sie, mir
einige zu verkaufen. Das Mädchen setzte sofort den Korb ab
und mit der liebenswürdigsten Anmut bat sie mich, zu essen
wie viel ich wollte. Mit ebensoviel Feinheit schlug sie eine
Geldentschädigung aus. Sie war sehr ärmlich gekleidet. So
oft ich ihr nachher in Ajaccio begegnete, erwiderte sie meinen
Gruß mit einer Grazie, die auch einem vornehmen Fräulein
wol würde gestanden haben.

Da sprengt nun ein Mann an uns vorbei. Sein zierliches
Weib ging vielleicht eben vorüber, belastet mit Reisholz oder
Viehfutter, der faule Mann aber kam aus den Bergen, wo
er nichts that, als auf der Vendetta liegen. Sieht man diese
Halbwilden in Schaaren zu dreien, sechsen oder auch einzeln,
reitend, gehend, alle das Doppelgewehr vor sich, so möchte

man glauben, sich im fortdauernden Kriegszustande zu be=
finden. Selbst der Bauer, der auf seinem Heuwagen sitzt, hat
die Flinte übergehängt. Ich zählte in einer halben Stunde
26 mit Doppelflinten bewaffnete Leute, die an mir vorüber
kamen, um nach Ajaccio zu gehen. Das Volk um Ajaccio ist
auch in Corsica bekannt als das streitbarste der Insel.

Oft sehen diese Menschen kühn und malerisch aus, oft
abschreckend häßlich und selbst lächerlich. Sie sitzen auf den
kleinen Pferden, in der Regel kleine Menschen von Napoleons=
größe, schwarzhaarig, schwarzbärtig, bronzefarbig; braun=
schwarz und zottig ist ihre Jacke, ebenso die Hose; das Doppel=
gewehr hängt über der Schulter, an einem Riemen auf dem
Rücken die gelbe runde Zucca, welche in der Regel nur mit
Wasser gefüllt ist, an einem andern Riemen hängt der kleine
Schlauch von Ziegen= oder Fuchsfell, in welchem Brod, Käse
und nötige Dinge hineingestopft sind; um den Leib ist der
lederne Kartuschengurt geschnallt, an dem gewöhnlich ein
lederner Tabaksbeutel hängt. So ist der corsische Reiter fertig,
und so liegt er alle Tage im Felde, während das Weib arbeitet.
Ich konnte mich niemals eines Aergers enthalten, wenn ich
diese furiösen Menschen das Pferd, auf dem häufig zwei Per=
sonen hinter einander sitzen, unbarmherzig antreibend, mit
Geschrei vorüber jagen sah, und wenn ich dabei auf die schönen
Ufer des Golfs blickte, auf welchen kein Dorf sichtbar ist.
Ihr Boden könnte hundertfältige Frucht tragen, nun trägt er
Rosmarin, Dorn und Disteln und wildes Oelgesträuppe.

Erfreuend ist der Gang an der nördlichen Seite des Golfs
längs des Strandes. Dort brechen sich bei leichtem Winde die
Wellen an den Granitriffen und überschäumen sie mit ihrem
milchweißen Schaum. Zur rechten Seite steigen die Uferberge
auf, welche nahe an der Stadt mit Oelbäumen bedeckt sind,
weiter hin kahl und öde werden bis zum Cap Muro.

Auf diesem Ufer steht hart am Meer die kleine Capelle

der Griechen. Man konnte mir nicht sagen, weshalb sie diesen
Namen trage, da sie doch der Madonna del Carmine geweiht
ist und den Namen der Familie Pozzo di Borgo (Puteo-
Burgensis) auf einer Tafel führt. Wahrscheinlich hatte man
sie den Griechen eingeräumt, als sie nach Ajaccio kamen. Die
Genuesen hatten die Mainoten=Colonie nach Paomia weit
oberhalb Ajaccio angesiedelt. Diese fleißigen Männer waren
von den Corsen beständig bedroht. Voll Haß und Verachtung
gegen die Eindringlinge, welche ihre Colonie zu schöner Blüte
gebracht hatten, überfielen sie den Ackerbauer beim Pfluge,
erdolchten ihn, erschossen den Winzer in seinem Weinberge,
und verwüsteten die Felder und die Fruchtgärten. Im Jahre
1731 wurden die armen Griechen aus ihrer Colonie gejagt;
sie flohen nach Ajaccio, wo die Genuesen, denen sie stets treu
blieben, drei Companien aus ihnen bildeten. Als nun die
Insel den Franzosen untertan wurde, gab man ihnen Cargese
zur Besitzung. Sie brachten das Ländchen in Flor, aber kaum
darin warm geworden, überfiel sie der Corse wieder im Jahre
1793, warf Feuer in ihre Häuser, vertilgte ihre Heerden,
zertrat ihre Weinberge, und zwang die Mainoten wiederum
nach Ajaccio zu fliehen. Der General Casabianca führte die
Vertriebenen im Jahre 1797 nach Cargese zurück, wo sie nun
unangetastet leben. Die Eigentümlichkeit ihrer Sitten ist ge=
schwunden; sie sprechen corsisch wie ihre schlimmen Umwohner,
unter sich aber reden sie ein verfälschtes Griechisch. Cargese
liegt nördlich von Ajaccio am Meer, seitwärts von den Bädern
von Vico und denen von Guagno.

Auf demselben nördlichen Ufer stehen viele kleine Capellen
zerstreut, in mannichfaltiger Form, rund, vieleckig, gekuppelt,
in Sarkophag=, in Tempelform, mit weißen Mauern um=
schlossen und zwischen Cypressen und Trauerweiden. Es sind
Familiengräber. Ihre Lage am Ufer, in den grünen Ge=
büschen, und ihre zierliche maurische Form geben ein sehr

freundliches Bild. Der Corse läßt sich nicht leicht auf dem
öffentlichen Kirchhofe begraben; nach der uralten Sitte der
Patriarchen will er in seinem Besitztum mit den Seinen be=
graben sein. Daher ist die ganze Insel mit Gruftcapellen
überstreut, welche oft die reizendste Lage haben und das Ma=
lerische der Gegenden erhöhen.

Weiter wandernd gegen das Cap Muro, wo hart am Ufer
einige rote Granitklippen liegen, die blutigen Inseln, mit
einem Fanal und mehreren genuesischen Wachttürmen, fand
ich Fischer beschäftigt, das Netz an den Strand zu ziehn. Sie
standen in zwei Reihen von je 10 bis 12 Mann; eine jede
wand ein langes Tau auf, an dem das Netz befestigt war.
Solche Taue sind auf jeder Seite mehr als 150 Ellen lang;
was von ihnen mühsam aufgewunden ist, wobei die Fischer
mit den Händen und der Brust an einem Gurte ziehn, wird
geschickt und sauber in einer Kreislinie aufeinandergehäuft.
Nach drei Viertelstunden war das Netz am Strande, einem
wolgefüllten Sacke gleich. Wie es nun auseinander geschlagen
wurde, war es ein Wimmeln, Zappeln, Springen und Krab=
beln von dem armen Seegethier — zumeist waren es Sar=
dellen, und die größesten Fische Rochen (razza), die unserm
baltischen Flinder ähnen. Am langgespitzten Schwanze tragen
sie einen bösen Stachel. Vorsichtig legt der Fischer den Rochen
auf den Boden und schneidet ihm mit dem Messer den Stachel=
schwanz ab. Es war ein emsiges und rüstiges Volk, kräftige
Leute. Die Corsen sind so tüchtig auf der See, wie in den
Bergen. Der Granitberg und das Meer bestimmen beide den
Charakter der Insel und ihrer Bevölkerung, daher zerfällt
diese in zwei uralte gleich kräftige Stände, die Hirten und
die Fischer. — Die Fischerei bei Ajaccio ist sehr bedeutend
wie in allen Golfen Corsica's. Im April zieht auch der Thun=
fisch längs den Küsten Spaniens, Frankreichs und Genua's
in den Canal von Corsica; der Haifisch ist sein geschworner

Feind. Er zeigt sich oft in diesen Meeren, aber dem Ufer kommt er nicht nahe.

Als ich in der Dunkelheit von dieser Strandwanderung nach Ajaccio zurückkehrte, fiel in meiner Nähe in den Bergen ein Flintenschuß. Ein Mann kam auf mich zugeeilt und fragte sehr erregt: Sie hörten den Schuß? — Ja, mein Herr. — Sahen Sie etwas? — Nein, mein Herr. — Der Frager verschwand wieder. Zwei Sbirren kamen vorüber. Was war's? — Vielleicht fiel Einer in den Bergen in sein Blut. Die Spaziergänge hier zu Lande können recht dramatisch sein. Immer von einem Hauch des Todes ist man hier umwittert, und die Natur selbst hat hier den Reiz einer schwermütigen Schönheit.

Viertes Buch.

***

Erstes Kapitel.

Von Ajaccio bis zum Tal Ornano.

Die Straße von Ajaccio nach Sartene ist reich an merk-
würdigen Gegenden und eigentümlichen Ansichten. Eine Zeit
lang führt sie längs des Golfes fort, geht über den Gravone-
fluß, und dann in das Tal Prunelli. Die Ansicht des großen
Golfs ist von allen Seiten gleich herrlich; sie entschwindet bald
und bald zeigt sie sich wieder, weil der Weg spiralförmig an
den Bergen hinläuft.

An der Mündung des Prunelli steht einsam der Turm
von Capitello, den wir aus der Geschichte Napoleons kennen.

Der Ortschaften gibt es hier wenige, wie Fontanaccia,
Serrola und Cavro. Cavro ist ein zerteiltes Paese in einer
wildromantischen Berggegend, welche an Granit und Porphyr
reich ist, und von den üppigsten Weingärten umgeben. Zehn
Minuten weiter gelangt man in den Felsengrund, in welchem
Sampiero ermordet wurde. Die Ornani hatten das Morblocal
gut gewählt. Dort stehen hohe Felsen im Kreise umher, ein
Steg windet sich in die Tiefe, welche ein Bergwasser durch-
rauscht, und Eichen, Oelbäume und wildes Gestrüpp bedecken
den Ort. Auf einem Felsen in der Nähe sieht man noch die
Trümmer der Burg Giglio, wo Sampiero übernachtete, ehe
er in seinen Tod ging. Vergebens sah ich mich nach einem

Denkzeichen um, welches dem Wandrer sagen möchte, daß in diesem Schauerort der heldenmütigste aller Corsen gefallen sei. Auch dies ist charakteristisch für die Corsen — das lebendige Gedächtniß ist das einzige Denkmal ihrer wilden, tragischen Geschichte. Ein jeder Fels ihrer Insel ist Denkstein ihrer Thaten: sie mögen daher der Gedächtnißsäulen und der In= schriften leicht entbehren, so lange die geschichtlichen Ereignisse noch als ein Teil von ihrem eignen Wesen fortleben. Denn sobald ein Volk anfängt, sein Land mit Denkmälern auszu= schmücken, liefert es den Beweis, daß seine Kraft verloren ging. Ganz Italien ist heute ein Museum von Denksäulen, von Statuen und Inschriften. In Corsica blieb auch hier der Naturstand und die lebendige Ueberlieferung. Auch würden die Corsen nicht einmal verstehen, was ein Standbild soll; und wunderlich würde es unter ihnen sich ausnehmen. Als Pasquale Paoli nach seiner Rückkehr aus England eine Bild= säule votirt wurde und er sie ablehnte, sagte ein Corse: einem einfachen Manne eine Bildsäule setzen, ist so viel als ihm eine Ohrfeige geben.

An dem Rande der düstern Mordschlucht fand ich indeß eine Gruppe von lebendigen Standbildern Sampiero's, Bauern, welche die phrygische Freiheitsmütze in die Stirn gedrückt, in der Sonne plauderten. Ich trat an sie heran und wir redeten von dem alten Helden. Das Volk hat ihm den ehrendsten Zunamen gegeben, den irgend eines Volkes Sohn tragen darf, denn er wird niemals anders genannt als Sampiero Corso. Schlagend hat sich in diesem Zunamen das Urteil seiner Lands= leute ausgesprochen, daß Sampiero der vollkommenste Ausdruck des corsischen Volkscharakters sei, und daß er sein Volk be= deute. Die ganze Natur des Insellandes faßt sich in diesem Manne aus Urgranit zusammen, wilde Tapferkeit, Freiheits= glut, Vaterlandsliebe, durchbringender Verstand, Armut und Bedürfnißlosigkeit, Rauhheit und Jähzorn, vulkanische Leiden=

schaft, Rachsucht, daß er wie Othello der Mohr sein Weib erwürgte; und damit in der Geschichte des Sampiero Corso nicht auch der ganze blutige Zug fehle, welcher die corsische Nationalität heute psychologisch so merkwürdig macht, wurde an ihm selber die Blutrache vollzogen. In einem frühen Jahrhundert lebend konnte er das volkstümliche Wesen noch ganz bewahren. Das aber wird schon in Pasquale Paoli durch den humanistischen Zug seines Jahrhunderts verallgemeinert.

Von Sampiero's Söhnen haben wir den ältesten Alfonso d'Ornano nach seines Vaters Tode eine Zeitlang den Krieg gegen Genua fortführen sehen, bis er auswanderte. Im Jahre 1570 ernannte ihn Catharina von Medicis zum Colonel des Corsenregiments, welches sie in Dienste genommen hatte. Er glänzte in vielen Schlachten und Belagerungen unter Carl IX. und Heinrich III. Nach der Ermordung dieses Königs, in dessen Namen er die Dauphiné regierte, bemühte sich die Liga den einflußreichen Corsen auf ihre Seite zu ziehn, aber Alfonso war einer der Ersten, welche Heinrich IV. anerkannten, und wurde seine kräftigste Stütze. Der König ernannte ihn zum Marschall von Frankreich und vergalt ihm seine Treue durch seine Freundschaft. In einem Briefe schreibt Heinrich an Alfonso: „Mein Cousin, durch Eure Depesche, welche mir der Herr von Tour überbracht hat, habe ich die erste Nachricht von dem erhalten, was Ihr so glücklich in meiner Stadt Romans ausgeführt habt. Gott schenkt mir die Gunst, daß fast alle diese bösen Anschläge ohne Erfolg bleiben, nächst ihm, weiß ich, hat in dieser Sache niemand ein so großes Verdienst um mich, als Ihr, der mit aller Klugheit und Tapferkeit gehandelt hat, wie nur zu wünschen war, und deß will ich Euch Dank wissen. Es ist nur die Fortsetzung Eurer gewohnten Handlungsweise und des Glückes, das alle Eure guten Absichten begleitet." Im Jahre 1594 unterwarf Alfonso dem Könige auch Lyon, dann Vienne und viele Städte der

Provence und Dauphiné. Er war das Schrecken der feind=
lichen Partei, und wie er durch sein kriegerisches Genie ge=
fürchtet war, so wurde er auch wegen seiner Gerechtigkeit und
Menschenliebe geachtet. Viele durch die Pest und den Krieg
heruntergekommne Städte Frankreichs unterstützte er aus eignen
Mitteln. Er starb im Alter von 62 Jahren, im Jahr 1610
zu Paris und liegt in der Kirche de la Merci in Bordeaux
begraben. Von seiner Gemalin, einer Tochter des Nicolas de
Pontevèze, Herrn von Flassan, hatte er mehrere Kinder, von
denen ein Sohn Jean Baptiste d'Ornano gleichfalls Marschall
von Frankreich wurde. Zur Zeit Richelieu's stürzten ihn In=
triguen des Hofes; der Minister warf ihn in die Bastille, wo
er, wie man sagt auf dessen Befehl vergiftet im Jahre 1626
starb. Im Jahr 1670 erlosch der Stamm Sampiero's, welcher
mit Alfonso nach Frankreich hinübergegangen war.

Sein zweiter Sohn Anton Francesco d'Ornano nahm wie
der Vater ein blutiges Ende. Es war derselbe, mit welchem
die unglückliche Mutter Vannina von Marseille nach Genua
auf die Flucht sich begab, und den sie bei sich hatte, als der
rasende Vater sie ermordete. Anton Francesco lebte wie sein
Bruder am Hofe Frankreichs. Jung und feurig wollte er die
Welt sehen und begleitete den Gesandten Heinrichs III. nach
Rom. Eines Tages gab das Kartenspiel die Veranlassung zu
einem Streit zwischen ihm und den französischen Herren der
Gesandtschaft, namentlich dem Herrn de la Roggia. Der un=
gestüme Corse beleidigte den Franzosen durch einige heftige
Worte, aber dieser versteckte seinen rachsüchtigen Groll, so daß
der junge Ornano nichts argwöhnte. Hierauf machten diese
Herren gemeinschaftlich einen Ritt nach dem Colosseum; Ornano
blieb mit seinem Diener allein, nachdem seine italienischen
Freunde ihn verlassen hatten, und mit ihm waren zwölf Fran=
zosen, sechs zu Fuße und sechs zu Pferd. Der Herr von Roggia
lud ihn höflich ein, abzusteigen um einen Gang ins Colosseum

zu machen. Ornano folgte der Einladung ohne Weiteres, aber kaum war er abgestiegen, als die tückischen Franzosen über ihn herfielen. Schon aus vielen Wunden blutend, verteidigte sich der Sohn Sampiero's gegen die Uebermacht mit heroischer Tapferkeit. Nachdem er sich den Rücken an einem Pfeiler gedeckt hatte, hielt er mit dem Degen so lange Stand, bis er niederstürzte. Die Mörder ließen ihn in seinem Blute liegen und entwichen. Bis auf den Tod verwundet wurde Anton Francesco nach Hause getragen, wo er am folgenden Tage starb. Das geschah im Jahre 1580. Er hinterließ keine Nachkommen, und war nicht verheiratet.

Ich habe das Grab dieses jüngsten Sohnes Sampiero's in der Kirche San Crisogono im Trastevere von Rom besucht, wo er unter vielen corsischen Herren begraben liegt, denn diese Kirche war den Corsen in alter Zeit eingeräumt, da viele Flüchtlinge in Ostia und auf dem Tiber-Borgo sich ansiedelten. Anton Francesco soll das sprechende Ebenbild seines Vaters gewesen sein; man sagt, daß er von ihm wie Gesicht und Gestalt, so auch die Unerschrockenheit geerbt habe; und diese Tugend wird an Sampiero so hoch gerühmt, wie sie die Römer an Fabricius rühmten. Wie Pyrrhus diesen General durch das plötzliche Erscheinen eines Elephanten zu schrecken suchte, so versuchte der Sultan Soliman Aehnliches mit Sampiero. Die Sage erzählt nämlich, daß der Großherr eines Tages sich überzeugen wollte, ob was man von Sampiero's Unerschrockenheit erzähle übertrieben sei oder nicht. Als nun Sampiero bei ihm zu Tische saß, ließ er in dem Augenblick als der Corse die Schale zum Trinken an den Mund setzte, eine zweipfündige Kanone unter dem Tisch abfeuern. Aller Augen waren auf Sampiero gerichtet. Der aber verzog keine Miene; der Schuß machte auf ihn nicht mehr Eindruck als etwa das Geräusch einer Tasse, die einem Sclaven aus der Hand gefallen wäre.

Weiter nordwärts von Cavro liegt der große Canton Bastelica, welcher durch eine Gebirgskette vom Canton Zicavo geschieden wird. Dieses rauhe Gebirgsland, aufgetürmt aus gewaltigen Granitmassen, voll von wilden Tälern, welche der knorrige Eichbaum beschattet, und riesige, hie und da beschneite Berghäupter umragen, ist das Vaterland Sampiero's. In Bastelica oder vielmehr in Dominicaccia zeigt man noch das schwarze Haus, worin er geboren wurde; denn sein eigenes haben die Genuesen unter Stefan Doria niedergerissen. Viele Erinnerungen an ihn leben in dieser Gegend, welche die Phantasie des Volks in Gedächtnißmalen mancher Art geheiligt hat. Denn bald ist es eine Fußspur Sampiero's im Felsen, bald ein Abdruck seiner Flinte, bald eine Höle, bald eine Eiche unter der er gesessen haben soll.

Alles Volk dieses Tales Prunelli zeichnet sich durch kräftigen Wuchs und kriegerische Physiognomie aus; meist sind es Hirten, rauhe Männer von den eisernen Sitten der Altvordern, und von der Cultur gänzlich unberührt geblieben. Die Männer von Bastelica und die von Morosaglia galten stets als die Stärksten unter allen Corsen.

Der Gebirgskamm von San Giorgio trennt das Tal Prunelli von dem großen Tale Taravo. Hat man sein Joch, die Bocca, passirt, so breiten sich vor dem Blick zwei schöne mit Ortschaften reich besetzte Gebirgstäler aus, Istria und Ornano. Der Fluß Taravo durchströmt sie, Felsen durchrauschend. Ich suche vergebens eine bekannte Gegend Italiens, um durch Erinnerung an sie die Vorstellung solcher corsischer Bergtäler deutlich zu machen. Der Apennin würde in manchen Teilen ihnen nahe kommen. Aber diese corsischen Berge und Täler erschienen mir doch bei weitem großartiger, wilder, malerischer durch ihre Castanienhaine, durch die braunen Felsenwände, die schäumenden Wasser, die schwärzlichen zerstreuten Dörfer, und ganz unvergleichlich wird das Gemälde, wenn sich plötzlich in der Ferne das stralende Meer zeigt.

In diesen Bergen hausten die alten Adelsgeschlechter der Istria und der Ornano, welche die Landestradition von jenem Hugo Colonna absteigen läßt, den ich in der Geschichte der Corsen genannt habe. Mancher Turm und manches zertrümmerte Castell gibt noch eine halbverschollne Kunde. Die Hauptcantons dieser Gegend sind S. Maria und Petreto.

In S. Maria d'Ornano war der Sitz der Ornani. Ursprünglich hieß auch die Pieve Ornano, heute aber heißt sie Santa Maria. Schönes Land ist ringsum, lachend durch grüne Hügel, Viehweiden und Olivenhaine. Hier war das Vaterland der schönen Vannina, und da steht auch noch das turmartig hohe, braune Haus, welches ihr gehört hat, malerisch gelegen auf einer das Tal beherrschenden Höhe. Nahe dabei erblickt man die Trümmer eines Castells, welches Sampiero erbaut hat, und eine Capelle in dessen Nähe, wo er die Messe hörte. Man sagt, daß er sich begnügt habe, im Fenster seines Schlosses zu liegen, wenn die Messe gelesen wurde. Er baute jenes Castell im Jahre 1554.

Zweites Kapitel.

Von Ornano nach Sartene.

Der Taravo macht die Grenze zwischen der Provinz Ajaccio und der von Sartene, des südlichsten der corsischen Arrondissements. Gleich am Eingange liegt der schöne Canton Petreto und Bicchisano, welcher sich am Taravo bis zum Golf von Valinco hinunterzieht. Die Ansicht der Landschaft und des tief unten flutenden Meerbusens gilt selbst den Corsen für eine der herrlichsten ihrer Insel. Ueberhaupt sind alle diese Gegenden jenseits der Berge von überraschend mächtiger Art und tragen den edelsten Stempel der Urnatur. Es liegen in

diesem Canton zerstreut die Ruinen der Herrenschlösser von
Istria, aber kläglich zertrümmert und nur selten so weit aufrecht, daß man ihr schwarzes Mauerwerk auf den ersten Blick
vom Granit der Felsen unterscheiden kann.

Auf einem Berge oberhalb Sollacaro stehen die Trümmer
eines Schlosses jenes in der Geschichte genannten Vincentello
d'Istria tief begraben unter Baumesschatten und Schling-
pflanzen. An dieses Schloß knüpft sich eine der wilden Sagen,
welche die Corsen und auch die furchtbare Zeit des Mittelalters bezeichnen. Es stand hier früher ein andres Schloß,
in welchem eine schöne und unbändige Dame Savilia wohnte.
Diese lockte einst einen mächtigen Herrn, Giudice von Istria,
in ihre Burg, nachdem sie ihm ihre Hand zugesagt hatte.
Istria kam und Savilia ließ ihn in das Turmverließ werfen.
Aber jeden Morgen stieg sie zum Gefängnisse hinab, und indem sie sich am Gitter desselben vor den Augen Istria's ent-
blößte, höhnte sie ihn mit den Worten: schaue mich an, ist
dieser Leib gemacht, von einem häßlichen Manne wie du bist
genossen zu werden? So trieb sie es lange Zeit, bis es Istria
endlich gelang zu entkommen. Rachevoll zog er mit seinen
Vasallen vor Savilia's Burg, erbrach sie und machte sie dem
Boden gleich; die schöne Amazone setzte er in eine Hütte auf
einen Scheideweg, wo er sie zwang, sich jedem Vorübergehen-
den Preis zu geben. Savilia verschied am dritten Tage. —
Später baute Vincentello d'Istria an der Stelle der zerstörten
Burg jene, welche nun auch in Trümmern liegt.

Die nächste Pieve Olmeto war ein Lehn der Istria. Hoch-
strebende Berge umschließen den Hauptort Olmeto von der
einen Seite, nach der andern liegt ihm zu Füßen ein herrlich-
stilles Olivental, welches der Golf von Valinco bespült. Auch
hier zeigte man mir auf einem der schroffsten Berge, dem
Buttareto, die Trümmer eines Castells, welches ehedem die
Burg des Arrigo della Rocca gewesen war. Erhaben und

zaubervoll ist der Blick von Olmeto in das Tal und auf den
Golf. Seine Linien sind sanft, seine Ufer braun und schwei=
gend. Seine äußersten Landspitzen sind nördlich das Cap Porto
Pollo, südlich Campo Moro. Der Name Mohrenlager, welchen
das Cap, ein kleiner daran gelegener Ort und ein Wachtturm
führen, weckt lebhaft die Erinnerung an die Saracenen, die
ehemals so oft hier landeten. Von der saracenischen Eroberung
durch den sagenhaften Maurenkönig Lanza Ancisa her, hat
die Insel Corsica noch ihr Wappen behalten, den Mohrenkopf
mit der Stirnbinde. Maurisch braun ist hier alles Uferland
und von einer unsäglichen Sommerstille. Als ich nach dem
kleinen Hafenort Propriano am Golfe kam, wehte mich aufs
neu dieser Geist der Weltabgeschiedenheit an, den man auf
dem öden Insellande so lieb gewinnt. Auf dem Strande aber
standen viele Männer, frischblühende, dunkelgelockte Männer,
alle das Doppelgewehr auf der Schulter, wie in Bereitschaft,
die Sarazenen abzuwehren. Der Anblick dieser ernsten Krieger=
gestalten und die melancholische Wildheit des Uferlandes ent=
rücken ganz in die sagenhafte Saracenenzeit. Mir fällt eine
spanische Romanze ein, welche den aus der Geschichte der
Corsen bekannten Corsaren Dragut besingt. An diesem Golf
läßt sie sich unter Kriegergestalten wol vernehmen.

Dragut vor Tarifa

Angesichtes von Tarifa
Wenig mehr denn eine Meile,
Meister Dragut der Corsare,
Der Corsar zu See und Lande,
Von den Christen er entdeckte
Und von Malta Segel fünfe.
Deshalb ward er da genötigt
Laut und hörbar so zu rufen:

Al arma! al arma! al arma!
Cierra! cierra! cierra!
Que el enemigo viene à darnos guerra.

Meister Dragut der Corsare
Ein Kanon abfeuern ließ er,
Das Signal sie sollten hören
Die da Holz und Wasser holten.
Antwort gaben da die Christen
Von dem Strand und den Galeeren,
Und vom Hafen auch die Glocken
In das Schreien lärmten also,
Al arma! al arma! al arma!
Cierra! cierra! cierra!
Que el enemigo viene à darnos guerra.

Und der Christ der darob weinte,
Daß die Hoffnung ihm gestorben,
Heitert auf nun seine Trauer,
Weil er seine Freiheit hoffet.
Dragut mit den Capitanen
Augenblicks den Kriegsrat hielt er,
Ob zu warten gut sie thäten,
Ob die Segel aufzuhissen:
Al arma! al arma! al arma!
Cierra! cierra! cierra!
Que el enemigo viene à darnos guerra.

Und die Andern sagten also:
Warte! Warte! Laß sie nahen,
Wenn in hohe See wir kommen,
Dann wird unser sein Victoria.
Dragut laut und hörbar rief er:

Ihr Canaljen auf zum Kampfe,
Kanoniere allmitsammen,
Laden, schießen, laden, rufen:
Al arma! al arma! al arma!
Cierra! cierra! cierra!
Que el enemigo viene à darnos guerra.

Der Refrain dieses lebendigen Liedes würde deutsch heißen: „zu den Waffen! zu den Waffen! zu den Waffen! Gefahr! Gefahr! Gefahr! denn es naht uns zu bekriegen die Feindes=schaar." Ich habe den spanischen Refrain beibehalten, weil er sich gut ausnimmt.

Am 12. Juni 1564 landete Sampiero in diesem Golf von Valinco — ein erzner Klang mehr in diesen kriegerischen Er=innerungen.

Nach dem Lande zu erhebt sich die Gegend zum wüsten Gebirge, dessen Seiten mit grauem Felsgetrümmer überstreut sind. Steine, Gesträpp, Ufersand und ein Sumpf machen diesen Strich besonders traurig. Doch wächst hier die immer=grüne Eiche und die Korkeiche reichlich, und das rauhe Land trägt Korn und volltraubigen Wein. — Endlich sah ich Sar=tene vor mir, ein großes Paese, schwermutsvoll in schwer=müthigen Bergen vereinsamt.

Drittes Kapitel.

Die Stadt Sartene.

Die Stadt Sartene hat nur 3890 Einwohner. Sie ist der Hauptort des Arrondissements, welches in acht Pieven oder Cantons 29,300 Einwohner zählt. Sartene erschien mir un=cultivirt und weniger städtisch aussehend als selbst Calvi und das kleine Jsola Rossa; denn in nichts unterscheidet sie sich von den andern großen Paesen der Insel. Ihre Bauart ist die landesübliche der Dörfer, nur etwas verschönt. Alle Häuser, selbst der Turm der Hauptkirche sind aus braunem Gestein gebaut, welches übereinander gelegt und mit Lehm verfestigt ist. Die Kirche allein ist gelb übertüncht, alle anderen Gebäude sehen schwarzbraun aus. Viele sind elend wie Capannen, einige Gassen an dem Bergabhange so enge, daß höchstens zwei Menschen nebeneinander stehen können. Hohe steinerne Treppen führen zu der gewölbten Thüre, welche in der Mitte der Vorderwand angebracht ist. Ich durchwanderte diese Gassen: sie schienen mir würdig von Dämonen bewohnt zu werden, und so meine ich möchte Dis aussehen, die Stadt der Hölle beim Dante. Doch gibt es auch in dem Quartier Santa Anna zierliche Häuser der Reichen, und einige sehen troß ihres schwarzen Materials gut genug aus. Originell und höchst malerisch sind sie alle, und das verdanken sie auch den stumpfwinkligen Dächern welche weit über die Wände hinausragen, und den vielen Schornsteinen italienischen Stils, die bald säulenartig mit bizarren Knäufen, bald als Spißtürmchen, bald in Obelisken= form aufgesetzt sind. Ein solches Dach verschönert das Haus, und wenn dessen Wände aus regelrecht behauenen Steinen er= richtet sind, so läßt man sich ihre Art wol gefallen. Aber auch meine Capannen vom Monte Rotondo fand ich mitten auf dem Markte wieder. Dies waren nämlich Vorratshäuser der Bürger. Wunderlich nehmen sich dazu die prunkvollen Namen einiger Gasthäuser aus, auf denen zu lesen ist Hôtel de l'Europe, de Paris und de la France.

Der Name Sartene erinnert an Sardinien oder an den Saracen. Man wußte mir nicht zu sagen, woher er komme. In alten Zeiten hieß der Ort Sartino und die Stadttradition erzählt, daß er durch seine mineralischen Wasser berühmt war. Da kamen viele Gäste, die Quellen zu gebrauchen. Die armen

Einwohner des Fleckens starben darüber vor Hunger, weil die Gäste ihre Frucht verzehrten. Sie verschütteten also die Quellen, verließen ihre Häuser und bauten sie höher hinauf in den Bergen. Wenn diese Sage wahr ist, so spricht sie nicht gegen die corsische Trägheit.

Schrecklich litt Sartene von den Saracenen. Nach wiederholten Einfällen überraschten die Barbaresken die Stadt im Jahre 1583 und schleppten an einem Tage 400 Personen in die Gefangenschaft, also wol den dritten Teil der damaligen Bevölkerung. Seitdem umgaben sich die Sartener mit einer festen Mauer.

Heute sieht man dem stillen Ort, dessen Einwohner auf dem idyllischen Marktplatze unter dem großen Ulmbaume friedlich beisammen stehn, gar nicht an, daß er in seinen Mauern so grimme Leidenschaften verbergen kann. Denn nach der Julirevolution war Sartene jahrelang der Schauplatz eines gräulichen Bürgerkrieges. Der Ort hatte sich schon im Jahre 1815 in zwei Parteien geteilt, in die Anhänger der Familie Rocca Serra und die der Ortoli. Jene sind die Reichen und bewohnen das Viertel Sant' Anna, diese die Armen und bewohnen den Borgo. Beide Factionen hatten die Häuser gesperrt, die Fenster geschlossen, thaten Ausfälle auf einander und erschoßen und erdolchten sich mit großer Mut. Die Rocca Serra waren die Weißen oder die Bourbonisten, die Ortoli die Roten oder die Liberalen; jene hatten der Gegenpartei den Eintritt in ihre Viertel untersagt, aber die Ortoli wollten ihn ertrotzen und zogen eines Tages mit Fahnen nach Sta. Anna. Augenblicks schoßen die Rocca Serra aus ihren Häusern, tödteten drei Menschen und verwundeten andere. Dies war das Signal zu einem blutigen Kampf. Des folgenden Tags kamen viele hundert Bergbewohner mit ihren Flinten herab und belagerten Sta. Anna. Die Regierung schickte Militär, aber obwol dieses scheinbar Ruhe schaffte, lagen die beiden Parteien immerfort gegen einander zu Felde und tödteten sich viele Leute. Die Spannung dauert auch heute, wenn gleich die Rocca Serra und Ortoli nach einer 33jährigen Feindschaft am Fest der Präsidentenwahl Ludwig Napoleons zum erstenmal sich versöhnlich näherten und ihre Kinder mit einander tanzen ließen. Diese unausrottbaren Familienkriege bieten in Corsica dasselbe Gemälde dar, welches die Städte Italiens Florenz, Bologna, Verona, Padua, Mailand in alter Zeit gegeben haben, und so findet man das italienische Mittelalter noch heute in Corsica wieder und dieselben Tumulte, welche Dino Compagni in seiner florentinischen Chronik so plastisch dargestellt hat, den Krieg der Bürger, welche wie Dante klagt, von einem Graben und von ein und derselben Mauer umschlossen sind. Aber diese corsischen Familienkriege sind weit fürchterlicher, weil sie in so kleinen Ortschaften geführt werden, in Dörfern, die oft kaum 1000 Seelen haben, und deren Einwohner durch die Bande des Blutes und der Gastfreundschaft unauflöslich an einander gekettet sind.

Heute ist das Völkchen von Sartene feierlich auf dem Marktplatz versammelt, wo man ein wunderliches Gerüst für den 15. August, den Namenstag Napoleons, herrichtet, um darauf ein Feuerwerk loszubrennen. Vielleicht wird das Fest den Zwist aufs neue entflammen, und diese schwarzen Häuser können in wenig Tagen sich in eben so viel kleine Festungen verwandeln, woraus Feind den Feind zu treffen weiß. Hier gab die Politik zum Bürgerkriege Anlaß, anderswo thut es die Beleidigung irgend einer Person und der geringfügigste Umstand. Für eine getödtete Ziege starben einst 16 Menschen und ein ganzer Canton stand in Waffen. Ein junger Mensch wirft seinem Hunde ein Stück Brod zu, der Hund eines andern schnappt es ihm weg, daraus entsteht ein Krieg zwischen Gemeinden, und die Folge ist Mord und Tod auf beiden Seiten. Es fehlt nicht an Gelegenheiten zum Kampf bei den Communalwahlen, bei Festlichkeiten und Tänzen. Manchesmal sind die Anlässe sehr lachenswert. Im Jahre 1832 gab ein todter Esel in Marana den Grund zu einem blutigen Kriege zwischen zwei Dörfern. In der Osterwoche ging nämlich eine Procession nach einer Capelle und stieß auf dem Wege auf einen todten Esel. Darob ent= setzte sich der Küster und fing über die zu fluchen an, welche das Thier auf den Weg geworfen und die heilige Procession also verunehrt hätten. Sofort erhob sich ein Streit zwischen den Leuten aus Lucciana und denen aus Borgo, in welche Gemeinde der Esel gehöre, und man griff zu den Waffen und wechselte Schüsse: die Procession verwandelte sich in eine Schlacht. Eine Dorfschaft wälzte den Esel auf die andere; eine trug ihn der andern zu; bald schleppten ihn die von Borgo nach Lucciana, bald die von Lucciana nach Borgo, und das geschah von beiden Seiten unter beständigem Schießen und wütendem Kampfgeschrei.

So kämpften einst Trojaner und Griechen um die Leiche des Patroclus. Die von Borgo schleppten den todten Esel einmal bis an die Kirche von Lucciana, wo sie ihn an der Kirchenthüre niederwarfen, aber die von Lucciana hoben ihn wieder auf und nachdem sie Borgo erstürmt hatten, spießten sie den Esel auf den Glockenturm. Endlich ließ der Podestà das corpus delicti, welches von solcher Wanderschaft mürbe sich bereits auflösen wollte, ergreifen, und der todte Esel ward verscharrt und zur Ruhe gebracht. Der Dichter Viale hat ein komisches Epos auf diesen todten Esel gedichtet in Weise des geraubten Eimers von Bologna.

Ein Detachement von zehn Gendarmen liegt in Sartene in Station. Ebensoviel pflegen in jedem Cantonsort oder in solchen Dörfern zu liegen, welche besonders unruhig sind. Der Officier war ein Elsäßer, der schon 22 Jahre in Corsica lebte und ganz glücklich schien, unvermutet einen Landsmann zu treffen. Jedesmal wenn ich Elsäßer oder Lothringer treffe — die letzteren sprechen ein sehr gebrochnes Deutsch — empfinde ich geschichtliche Schmerzen um diese verlornen deutschen Brüder. Denn es ist ein bleibender Schmerz für uns, ein Stück edler deutscher Erbe in den Händen der Franzosen zu wissen. Jener Officier klagte sehr über den gefährlichen Dienst und den kleinen Krieg gegen die Banditen. Er zeigte mir in der Ferne einen Berg, den hohen Incubine. Sehen Sie, sagte er, dort sitzt ein Hauptbandit, auf den wir Jagd machen wie auf einen Muffrone. Eintausend und fünfhundert Franken stehn auf seinem Kopf, doch sie sind schwer zu verdienen. Vor einigen Tagen haben wir 29 Menschen eingebracht, welche dem Banditen Lebensmittel zugetragen haben. Sie sitzen hier in dieser Caserne.

Was wird ihre Strafe sein?

Wenn man ihnen das Verbrechen erwiesen hat, ein Jahr Gefängniß. Sie sind Hirten oder Leute von den Bergen, Freunde und Verwandte des Banditen. — Armes Corsica! was soll unter solchen Umständen aus deiner Industrie und deinem Ackerbau werden!

Der Anblick des Berges Incubine, in welchem ich den armen Banditen sitzen wußte, und der Familienkrieg von Sartene gibt wieder Veranlassung zu Erzählungen aus dem unerschöpflichen corsischen Landesroman der Blutrache. Wir wollen uns also auf einen Felsen setzen, wo wir die mächtigen Berge und den Golf von Valinco sehen, und ein paar Erzählungen aus dem Flintenlaufe hören.

Viertes Kapitel.

Zwei Geschichten aus dem Flintenlauf.

Orso Paolo.

Eines Tages feierte das Volk zu Monte d'Olmo ein Kirchenfest. Die Priester standen schon am Altare, ein Teil der

Gemeinde war schon im Gotteshause versammelt, andere saßen noch auf dem Kirchenplatze und plauderten über allerlei Dinge. Es waren darunter die Vincenti und die Grimaldi, deren Familien seit uralter Zeit in ererbtem Hader lagen. Heute wagten sie sich Aug' in Auge zu sehen, weil das Gottesfest aller Feindschaft Einhalt gebot.

Da warf Einer die Frage auf, ob die Geistlichen gehalten sein sollten, während der Procession die Kapuzen der Brüderschaft zu tragen oder nicht.

Nein, sagte Orso Paolo aus der Familie der Vincenti, sie sollen dazu nicht gehalten sein, denn es ist das bei unsern Altvordern nicht der Brauch gewesen.

Ja, rief Ruggero aus der Familie Grimaldi, sie sollen dazu gehalten sein, denn so schreibt es die Sitte der Religion vor.

Und so stritten sie hin und her über Kapuzen oder Nichtkapuzen, und auf dem Kirchenplatz gab es ein Lärmen und Toben, als galt es zu entscheiden, ob Genua oder Nicht-Genua. Einer nahm dem andern das Wort, einer sprang nach dem andern auf den Stein, seine Meinung zu verfechten, und man zischte oder rief Beifall, jubelte oder höhnte, je nachdem ein Grimaldi oder ein Vincenti ein Wort über die Kapuzen gesagt hatte.

Plötzlich fiel eine Beleidigung. Augenblicks erhob sich ein Wutgeschrei, und die Pistolen wurden aus den Gürteln gerissen. Die Grimaldi warfen sich auf Orso Paolo, und dieser schoß unter die Angreifer. Es fiel Antonio, der älteste Sohn Ruggero's, zum Tode verwundet.

Da schwieg in der Kirche die Messe. Das Volk stürzte heraus, Männer, Weiber, Kinder, die Priester im Meßgewande, die Crucifixe in der Hand.

Das ganze Dorf von Olmo war ein Gewühl von Fliehenden und Verfolgenden, und schallte wieder von Wutgeschrei und von Flintenschüssen. Die Grimaldi schrieen nach Orso Paolo, daß sie ihn mordeten.

Gleich einem Hirsche war Orso hinweggesprungen, den Buschwald zu erreichen. Aber seine Verfolger verrannten ihm, von
der Rache beflügelt, den Weg und suchten ihn zu umstellen.
Von allen Seiten sah er die Wütenden heranstürzen; ihre
Kugeln umsausten ihn. Er konnte den Buschwald nicht erreichen, und nur noch wenige Minuten Zeit hatte er, einen
Entschluß zu fassen. Kein Ausweg blieb ihm, nur ein Haus
stand nahe am Berge, und dies war das Haus seines Tod-
feindes Ruggero.

Orso Paolo sprang in dieses Haus und verrammelte die
Thüre. Er hatte seine Waffen bei sich, seine Carchera war
voll von Kartuschen, Lebensvorrat fand sich im Hause genug,
er konnte sich Tagelang dort halten. Auch stand es leer, denn
alle seine Bewohner waren ins Dorf geeilt und Ruggero's Weib
um den Verwundeten Antonio beschäftigt. Ihr zweiter Sohn,
ein Kind von wenigen Jahren, war allein im Hause zurück-
geblieben und dort eingeschlafen.

Kaum hatte sich Orso Paolo dort verschanzt, als Ruggero
mit allen Grimaldi erschien: aber Jener streckte ihnen aus der
Oeffnung des Fensters seinen Flintenlauf entgegen und drohte
jedem mit der Kugel, welcher es wagen würde, der Thüre zu
nahen. Keiner wagte es.

Wütend standen sie vor dem Hause, und wußten nicht,
was sie beginnen sollten; Ruggero raste, daß der Todfeind in
seinem eignen Hause den Zufluchtsort gefunden habe. Er schrie
auf wie der Tiger schreit, welcher den Fang sieht, den er
nicht erreichen kann.

So stand der wütende Haufe, und es mehrte sich mit jeder
Minute das Gewühl von denen die herzuströmten und die Luft
mit ihrem Geschrei erfüllten. In dieses Toben mischte sich der
Klageruf der Weiber. Sie trugen eben den schwer verwundeten
Antonio in das Haus eines Verwandten. Beim Anblick seines
Sohnes verdoppelte sich die Wut Ruggero's, und selber stürzte

er in ein Haus und riß einen Feuerbrand aus dem Herde, ihn auf sein eignes Dach zu werfen, um Orso Paolo mit ihm zugleich zu verbrennen. Wie er den Brand in der Hand schwang und anderen zuschrie, Feuer auf sein Dach zu werfen, stürzte ihm sein Weib in den Weg. Rasender, rief sie, unser Kind ist im Hause. Willst du dein Kind verbrennen? Antonio liegt auf dem Tode — dort schläft Francesco in seiner Kammer — willst du dein letztes Kind ermorden?

Laß es mit ihm verbrennen, schrie Ruggero, laß die Welt verbrennen, wenn nur Orso Paolo umkommt.

Heulend warf sich das Weib dem Manne zu Füßen, umschlang seine Kniee und wollte ihn nicht von der Stelle lassen. Aber Ruggero schleuderte sie von sich und warf den Feuerbrand in sein Haus.

Die Flamme stieg auf, die Funken flogen mit dem Winde. Die Mutter war leblos niedergestürzt. Man trug sie dorthin, wo ihr Sohn Antonio lag.

Ruggero aber stand vor dem brennenden Hause, welches die Grimaldi umringt hatten, damit Orso Paolo wenn er entspränge, ihren Kugeln nicht entfliehe; Ruggero stand vor seinem Hause und starrte mit grausem Lachen in die Flammen, wie sie lohend und prasselnd zusammenschlugen, und wenn die Balken in einander krachten schrie er auf vor Rachlust und vor wilder Pein, denn es war ihm, als stürzte ein jeder brennende Balken auf sein eignes Herz.

Manchmal schien es, als zeigte sich eine Gestalt in den Flammen, doch war es vielleicht eine schwarze Rauchwolke, oder eine herumzitternde Feuersäule — jetzt wieder war es, als weinte drinnen die Stimme eines Kindes. Plötzlich krachte das Dach zusammen und Rauch und Feuerlohe schlugen aus dem stürzenden Trümmergraus gen Himmel.

Ruggero, welcher stumm und starr da gestanden, vorgebeugten Leibes und mit stierem Auge, die Hand gegen das

Haus ausgeſtreckt, fiel mit einem dumpfen Schrei zu Boden.
Man trug ihn zu ſeinem wunden Sohne Antonio. Wie er
hier zu ſich kam, begriff er erſt nicht was geſchehen ſei, aber
es tagte bald in ſeiner Seele; der Flammenſchein ſeines Hauſes
leuchtete ihm grell ins Gewiſſen, daß er den Frevel ſeiner That
erkannte. Eine Minute lang ſtand er, in ſich hinein, und wie
vom Blitz geſchlagen, dann riß er den Dolch aus ſeinem Gürtel,
um ihn ſich in die Bruſt zu ſtoßen. Aber ſein Weib und die
Freunde fielen ihm in den Arm und entwaffneten ihn.

Was ward aus Orſo Paolo? was aus Francesco?

Als die Flammen das Gebälk ergriffen, ſuchte Orſo einen
Zufluchtsort, irgend eine Höhlung, ein Gewölbe, ſich darin vor
dem Feuer zu ſchützen. Er irrte durch alle Kammern. Da
hörte er in einer das Weinen und das Angſtgeſchrei eines
Kindes. Er ſprang in die Kammer. Ein junges Kind ſaß
hier auf ſeinem Bette. Es ſtreckte bitterlich weinend die Hände
nach ihm aus und rief den Namen ſeiner Mutter. Da war's
dem Orſo, als riefe ihm aus den Flammen der böſe Geiſt zu,
er ſolle das holde Kind ermorden und ſo die Unmenſchlichkeit
ſeines Feindes ſtrafen. „Sind nicht auch die Kinder deines
Feindes der Blutrache verfallen? Stoße zu, Orſo, tilge die
letzte Hoffnung vom Hauſe des Grimaldi!“

Orſo beugte ſich über das Kind mit einem gräßlichen
Racheblick. Die Glut der Flammen übergoß ihn, das Kind,
die Kammer mit einem purpurfarbnen Schein, wie von Blut.
Er beugte ſich über den weinenden Francesco — und plötzlich
riß er das Kind empor, drückte es an ſeine Bruſt und küßte
es mit einer wilden Inbrunſt. Dann ſtürzte er aus der Kammer, das Kind in ſeinem Arme, und tappte weiter in dem
brennenden Hauſe, ob nicht irgend wo ein ſchützender Ort zu
finden ſei.

Das Haus war kaum zuſammengeſtürzt, als vor dem Dorf
die Muſchelhörner der Vincenti erklangen. Die Männer von

Castelb'acqua, alle Freunde und Verwandte Orso Paolo's, waren
auf die Kunde von seiner Not herbeigezogen, ihn zu retten.
Die Grimaldi flüchteten von der Brandstätte in das Haus, wo
Ruggero, sein Weib und Antonio beisammen waren.

Eine fürchterliche Viertelstunde ging vorüber.

Da schallte auf dem Markt von Olmo lautes Jubelgeschrei
und der hundertfache Ruf: Evviva Orso Paolo! — Die Mutter
Antonio's stürzt ans Fenster; sie stößt einen Schrei der Freude
aus; sie stürzt aus der Thüre; ihr nach Ruggero und die Frauen.

Durch die jauchzende Menge aber kam daher Orso Paolo,
von Freude stralend, das Kind Francesco in seinen Armen
herzend, mit Asche bedeckt, vom Rauch geschwärzt, die Kleider
versengt. Er hatte sich und den Kleinen unter einem Bogen
der Treppe gerettet.

Ruggero's Weib flog auf Orso zu, sie warf sich an seine
Brust, und umschlang ihn und den kleinen Sohn mit namen-
loser Freude.

Ruggero fiel vor seinem Feinde auf die Kniee, und indem
er schluchzend seine Füße umschlang, bat er ihn und Gott um
Verzeihung.

„Stehe auf, mein Freund Grimaldi, sagte Orso Paolo;
möge uns Gott heute so vergeben, als wir uns beide vergeben,
und schwören wir uns hier vor dem Volk von Olmo ewige
Freundschaft."

Die Feinde sanken sich in die Arme, und das Volk rief
jubelnd: Es lebe Orso Paolo!

Nach kurzer Zeit genas Antonio von seiner Wunde; und
eitel Freude herrschte eines Abends im Dorf zu Monte d'Olmo,
als die Grimaldi und die Vincenti das Versöhnungsmal feierten.
Mit dem Oelzweige des Friedens waren die Häuser geschmückt,
und da hörte man nichts als Gläserklang, und Freudenschüsse
aus den Flinten und Geigen und Mandolinenspiel.

Dezio Dezii.

Es war noch zur Zeit, als die Genuesen die corsische Insel in ihrer Gewalt hielten, da waren die Dörfer Serra und Serrale, im Pieve von Moriani in heftigem Krieg entbrannt. Zwei Häuser befehdeten sich dort aufs Blut, die Dezii in Serra und in Serrale die Venturini.

Endlich waren sie des langen Rachekrieges müde geworden, und beide feindliche Familien hatten mit feierlichem Eide vor den Parolanti Frieden geschworen. Wenn ihr nun nicht wißt oder es vergessen habt, wer die Parolanti sind, so will ich es euch sagen. Die Parolanti sind die guten Männer, die Mittelsleute, welche die Feinde in Uebereinstimmung ernennen, daß sie den schriftlichen Friedensvertrag und Handschlag wie Eid in ihre Hände empfangen, und darüber wachen, daß Niemand den Frieden bricht. Wer ihn bricht, der ist gottlos, und aller Guten Verachtung fällt auf ihn, der Zorn und die Vehme der Parolanti fällt auf sein Haus, sein Feld und seinen Weinberg.

So hatten also die Dezii und die Venturini den Frieden geschworen, und es gab eine schöne Ruhe im Pieve von Moriani. Weil aber der böse Habergeist nicht ruhen kann, sondern immer in die Asche bläst, ob nicht ein Funke vom alten Rachegroll noch zu erwecken wäre, so geschah es auch eines Tages, daß er auf dem Markt von Serrale dem alten Venturini in das grimmige Herz blies. Nicolao war ein Greis, aber noch jung an Kräften wie seine Söhne. Er hatte einen bösen Blick, eine giftige Zunge und den Krampf in der Hand, welche den Dolch führt. Der traf auf dem Markt den jungen Dezio Dezii, den Stolz und die Blume aus dem Hause der Feinde. Er war schön und angenehm von Sitten, aber sein Mut feurig und rasch.

Der Alte nun mit dem bösen Blick höhnte dem Jüngling

---

ein giftiges Wort zu, und Niemand weiß wie das gekommen war. Denn Dezio hatte keinen Anlaß gegeben. Wie der Jüngling das Wort empfangen hatte, schwoll ihm das Herz vor Scham und Zorn, aber er dachte an die Parolanti, an den Frieden und die grauen Haare des Nicolao. Deßhalb stieß er sein Herz zurück und ging schweigend aus dem Dorf von Serrale.

Nun fügte es sich aber, daß noch an demselben Abend der Alte und der Junge auf dem Feld einander begegneten. Wie Dezio den Nicolao herankommen sah, welcher keine Waffen hatte, warf er schnell seine Flinte an einen Baum, damit der böse Geist ihn gegen einen Wehrlosen nicht reize, und ging dem Alten entgegen und forderte stolz Rechenschaft von ihm, weshalb er ihn beleidigt habe.

Der Alte entgegnete mit Hohn, und wie die Worte hitziger hin und her gingen, faßte er den Jungen bei der Brust und gab ihm einen Schlag ins Gesicht. Dezio taumelte zurück; im Augenblick war er nach seiner Flinte gesprungen, im zweiten Moment fiel der Schuß und stürzte der Alte ins Herz getroffen nieder.

Der arme Dezio floh wie gejagt von dem Racheengel, und von Fels zu Felsen sprang er in die Berge des Monte Cinto, und warf sich dort weinend in eine Höle.

Auf die Blutthat waren die Parolanti herbeigeeilt. Sie riefen Wehe über Dezio und seinen ganzen Stamm, und sie zogen vor sein Haus. Dezio's junges Weib war darin. Sie sagten ihm, daß es das Haus verlassen müsse, weil es der Acht verfallen sei. Nachdem sie seufzend aus der Thüre gegangen war, warfen die Parolanti Feuer ins Haus und verbrannten es bis in den Grund. Dann gingen sie in den Castanienhain und den Oelgarten Dezio's; jeden Baum schälten sie mit dem Beile ab, zum Zeichen, daß Dezio den Eid gebrochen und Blut vergossen, und daß der Zorn des Himmels ihn und sein Gut verflucht habe.

Die Sippen Dezio's hielten sich still, denn sie erkannten, daß man an ihm die Gerechtigkeit geübt habe. Aber des ermordeten Nicolao Sohn Luigione ließ sich den Bart wachsen, zum Zeichen, daß er das Vaterblut rächen werde. Er nahm die Flinte und streifte in den Bergen, Dezio zu erjagen, und da er ihn nicht erreichte, obwol er Tag und Nacht in den Felsen lag, nahm er Dienste bei den Genuesen, welche im Turm von Padulella die Wache hatten. Vielleicht, daß er so, auch mit Hülfe der Wächter den Feind erlauern konnte.

Dezio lebte mit dem Fuchse, mit dem Hirsch und dem Wildschaf, und irrte in den Wildnissen umher, alle Nacht wo anders sich bergend, und immer wandernd und immer das Herz voll Traurigkeit und Schrecken. Da schiffte er sich eines Tages mit Schiffern, die seine Freunde waren, nach Genua ein. Er nahm Dienste bei den Genuesen, und Jahre vergingen ihm dort in der Verbannung.

Nach langer Zeit erwachte in ihm die Sehnsucht nach seinem Vaterlande und nach seinem Weibe. Er nahm Abschied vom Soldatenstande; in Genua gab man ihm einen Freibrief, daß er sicher und ungekränkt in Corsica leben könne.

Vielleicht hoffte Dezio auch, daß der Groll Luigione's in so langer Zeit eingeschlafen sei. Er kam in sein Dorf zurück, fand sein Weib wieder und hielt sich still. Niemand wußte um seine Rückkehr. Denn er zeigte sich nicht, nur in den Wald ging er und an einsame Orte, wo er sicher war, daß ihn Niemand traf. Immer ging mit ihm der Schatten des alten Nicolao.

So vergingen Wochen und Monde, und von Dezio wußte und redete Niemand. Eines Tags nun sagte Luigione, welcher in den Bergen als Jäger berühmt war, zu seinem Weibe: mir hat geträumt, daß ich einen Fuchs gejagt habe, so will ich auf die Jagd gehn, vielleicht daß ich heute ein gutes Wild erjage. Er warf die Flinte über die Schulter und ging.

Ein roter Fuchs stieß ihm auf. Der rannte in ein Gebüsch, und Luigione eilte ihm nach. Der Ort war ganz einsam und traurig. Wie er in den Busch trat, fand er einen schmalen Hirtenpfad, der gleich dem Wege eines Labyrints gewunden war und immer tiefer in die Wildniß führte. Plötzlich blieb er stehn. Unter einem wilden Oelgebüsch sah er einen Mann im tiefsten Schlafe liegen. Neben ihm lagen sein Doppelgewehr und seine Zucca. Ein langer Bart verschattete sein Gesicht. Luigione blieb starr wie eine Bildsäule, nur seine Augen fieberten und verschlangen den schlafenden Mann. Das Blut schoß ihm siedendheiß in die Wangen; dann bedeckte sie wieder Todtenblässe; das Herz klopfte ihm so laut, daß es den Schlafenden hätte erwecken mögen.

Einen Schritt that er vorwärts, noch einen — er starrte dem fremden Manne ins Gesicht — ja! es war Dezio, der Mörder seines Vaters. Da flog ein wildes Lächeln über das Antlitz Luigione's. Er zog den Dolch aus seinem Gürtel.

„Dich hat Gott in meine Hand gegeben, daß ich dich heute tödte. Das Blut meines Vaters komme heute über dich" — und er erhob die zweischneidige Klinge. Aber ein Gedanke trat wie ein Engel zwischen ihn und den Schlafenden und hielt seine Klinge auf. Der Engel sagte ihm: Luigione, du sollst den Schlaf nicht morden!

Luigione sprang plötzlich zurück. Dann schrie er mit fürchterlicher Stimme:

Dezio! Dezio! stehe auf und bewaffne dich!

Der Schlafende sprang auf und griff nach seinem Gewehr.

Ich hätte dich im Schlafe morden können, sagte Luigione zu ihm, aber das wäre eines Schurken That gewesen. Nun vertheidige dich; denn meines Vaters Blut schreit um Rache.

Dezio sah einen Augenblick den fürchterlichen Mann zum Tod erschrocken an, dann schleuderte er seine Flinte weit in den Busch hinein, riß das Pistol und den Dolch aus seinem

Gurt und schleuderte beide von sich, und dann riß er das Gewand von seiner Brust und rief: Luigione, schieß und räche deinen Vater! In meinem Grabe wird mir dann wol! Tödte mich! —

Luigione betrachtete den unglücklichen Feind mit Staunen, und eine Weile schwiegen beide. Dann legte Luigione seine Flinte ab, ging auf Dezio zu und reichte ihm die Hand. Gott, sagte er, hat dich in meine Hand gegeben, daß ich dir verzeihe. Das Blut meines Vaters habe seinen Frieden. Nun komm und sei mein Gast! —

Die Männer gingen in das Dorf, einer neben dem andern, und sie blieben Freunde. Und weil Luigione ein Kind geboren war, nahm er Dezio zu des Kindes Pathen zum heiligen Zeichen, daß sie vor Gott versöhnt seien.

Dezio wurde bald der Welt müde, und nahm die Kutte. So rein und gottselig war sein Wandel, daß er bis in das späteste Alter von allen Menschen geliebt ward und der Segen seiner Frömmigkeit weit und breit in den Bergen Frieden stiftete.

Als er eines Tages im Herrn entschlafen war, begleiteten ihn die Dörfer der ganzen Gegend zu Grabe, und noch heute sagt man in der Pieve von Moriani: Dezio der Weltliche, Dezio der Mörder, Dezio der Bandit, Dezio der Mönch, Dezio der Priester, Dezio der Heilige.

Fünftes Kapitel.

Umgegend von Sartene.

Rings um Sartene stehen wüste Berge, unter denen nach Norden zu sich der Incubine und der Coscione erheben. Der Coscione ist berühmt durch seine Weiden, welche von den

herrlichen Quellen Bianca und Biola durchrieselt werden. Hieher treiben die Hirten von Quenza Sommers ihre Heerden,
und Winters steigen sie nach der Küste von Porto Becchio
hinab. Einer dieser Berge ist ein wunderlich geformter Fels,
von Gestalt ein Gigant, der sein plumpes Riesenhaupt in die
Wolken streckt. Man nennt ihn den Mann von Cogna. Im
Gebiet von Sartene stehen auch einige Ueberreste von Menhirs
und Dolmens, jenen uralten Heidensteinen, welche sich auf
den Mittelmeerinseln und in den celtischen Ländern finden.
Sie bestehen aus Säulensteinen, die im Kreise aufgestellt sind;
man nennt sie Stazzone. So geringe Ueberreste dieser sab-
bäischen Bauten Corsica aufbewahrt hat, so reich ist daran
Sardinien. Ich habe die Stazzone von Sartene nicht mehr
sehen können, und bedaure das schmerzlich.

Auf den Bergen rings umher liegen manche Ruinen von
Schlössern des tapfern Rinuccio und des berühmten Giudice
della Rocca. Das Lehn dieser alten Signoren lag rings um
Sartene. Erinnerungen an Rinuccio bewahrt namentlich der
Canton Santa Lucia de Tallano in dem alten und zerfallenen
Franziskanerkloster, einer Stiftung dieses Herrn, mit welchem
die Macht der corsischen Barone zu Grunde ging. In der
Kirche zeigt man das Grab seiner Tochter Serena, die in
Marmor da liegt, einen Rosenkranz in der Hand, von welchem
ein Geldbeutel als Symbol ihrer Freigebigkeit herabhängt.

In den Felsen von S. Lucia findet sich auch der merkwürdige und nur Corsica eigene Granit, welchen man Orbi-
cularis nennt. Er ist von graublauer Grundfarbe, aber in
den Stein sind viele schwarze und weiß umrandete Augen ein-
gesprengt, die überall an die Fläche kommen, wo man den
Stein durchschneidet. Ich sah vortreffliche Stücke davon; polirt
nimmt sich dieser köstliche Granit sehr schön aus und läßt sich
zu den seltensten Geräten und Ornamenten verwenden. Er
ist ein Kleinod in der reichen mineralogischen Schatzkammer

der Insel. In der Kapelle der Mediceer zu Florenz, welche mit den seltensten Steinen ausgelegt ist, hat auch dieser Orbiculargranit seine Stelle gefunden.

Nordöstlich von S. Lucia liegt im Tal des Fiumiccioli der alte berühmte Canton von Levie bis zum kleinen Golf von Ventilegne. Berge und Forsten bedecken ihn. Auch hier hausten alte Adelsgeschlechter, wie namentlich die Familie der Peretti, aus welcher Napoleon der Freund Sampiero's stammte, der erste dieses Namens, den die corsische Geschichte nennt, der aber nicht mit den Bonaparte verwandt war. Er fand seinen Tod in einer Genuesenschlacht.

Zu Levie gehört San Gavino de Corbini, ein Ort, welcher in der Geschichte der Corsen genannt ist, weil hier die Secte der Giovannalen ihren Hauptsitz hatte, jener alten Communisten Corsica's, die auf der Insel so reißende Fortschritte machten, und gleichsam Vorläufer der Saint-Simonisten und der Mormonen waren. In einem wilden dem Naturzustande noch untergebenen Lande, wo die Gleichheit der Menschen der herrschende Zug des Volkes war, und in der blutigen Zeit des allgemeinen Elends mußte diese Secte ihre Entstehungsgründe finden. Es ist zu beklagen, daß uns die Chroniken des Landes nicht mehr von dem Wesen dieser Gemeinde aufbewahrt haben.

Die Gastfreiheit der Sartener will ich, von dem Orte scheidend, herzlich rühmen. Ich erfuhr sie in der liebenswürdigsten Weise, und in der schlichten, traulichen Gesellschaft guter Menschen war mir recht wol. Sie wollten mich durchaus nicht fortlassen, ich sollte mit ihnen in die höchsten Berge das Wildschaf jagen, und vor allem in ihre Fruchtgärten um mich nach Herzenslust zu erquicken. Als ich nun in der Morgenfrühe hinweg wollte, geleiteten mich alle diese Braven, die mir Freundschaft erzeigt hatten, und Einer von ihnen — er war ein Vetter der unglücklichen Vittoria Malaspina — reichte mir zum Abschied ein Blatt Papier.

Wie ich das Blatt auseinander faltete, las ich darauf diese Worte geschrieben: „Dem Signor Ferdinando. Wenn Ihr in unsrem Lande je etwas bedürfen solltet oder Euch Un= angenehmes widerführe, so erinnert Euch daß Ihr in der Stadt Sartene einen Freund habt. Alessandro Casanova."

Sechstes Kapitel.

Die Stadt Bonifazio.

Um 8 Uhr Morgens fuhr ich von Sartene ab nach Boni= fazio, der südlichsten Stadt und Festung Corsica's. Es ist ein wüstes Uferland das ich durchreiste, da die Berge allmälig zur Küste herabsinken. Auf der ganzen Fahrt findet man keine Ortschaft, und ich wäre vor Hunger und Durst verschmachtet, wenn nicht mein Reisegefährte Brod und Wein mitgenommen hätte.

Wer nie sein Brod mit Freuden aß, am grauen Oelbaum nie beim Weine saß, der kennt euch nicht, ihr himmlischen Mächte.

Wir kamen durch das Ortoli=Tal — überall ödes Hügel= land und keine Frucht. Der Oelbaum hört auf, nur Kork= eichengestrüpp und Arbutus bedeckt die Gegend. Wir näherten uns der Südküste. Nicht weit von der Mündung des Ortoli liegt ein einzelnes Stationshaus, und ihm gegenüber ein Felsenriff, auf welchem der Turm von Roccapina steht. Ein bizarr geformter Steinblock erhebt sich neben ihm auf der scharfen Felsenkante. Auffallend gleicht er einem kolossalen ge= krönten Löwen, und so nennt ihn auch das Volk il leone coronato. An diesem Ufer, welches Genua zuerst besetzte, als es den Pisanern Corsica entriß, erscheint der Fels wie das Wappen der Republik selber.

Von dieser Höhe aus erblickte ich zuerst in der Meeres-
weite, nicht gar fern, die Küsten und Berge Sardiniens. Es
ist eine herrliche Fernsicht. Der Anblick eines fremden Landes,
das sich plötzlich dem Blick entfaltet, hier nur seine Linien,
dort schon charaktervoll gestaltete Gegenden zeigt, erweckt die
angenehmsten Empfindungen von Sehnsucht und Zweifel. Sie
gleichen wol am meisten jenen märchenhaften Phantasien der
Kindheit. Vollends eine Insel. — Ich stand also lange auf
einem der wüsten Felsblöcke, im heftigen Winde und in der
Sonnenglut des Mittags, und sah voll Verlangen über die
Meerenge nach der Zwillingsschwester Corsica's. Sie war ganz
in luftige blaue Schleier gehüllt, und die vom Maestrale auf-
geregten Wellen schäumten um sie her in weißen Brandungen.

Nach zwei Stunden Rast gings weiter längs der Küste.
Sie ist von Meeresarmen zerrissen und melancholisch. Kleine
Flüsse schleichen durch Sümpfe ins Meer, auf dessen Ufer-
klippen graue Türme Wache halten. Die Luft ist faul und
ungesund. Ich sah am Berghange ein paar kleine Orte. Man
sagte mir daß sie menschenleer seien: denn erst im September
ziehn ihre Bewohner aus den Bergen wieder ein.

Das Meer bildet hier die kleinen Golfe von Figari und
von Ventilegne. Sie gleichen Fiorden; ihre Uferformen sind
oft von der bizarrsten Bildung, gleich Reihen von aschgrauen
Obelisken sich erhebend.

Die letzte Landspitze Corsica's nach Südwesten, die im
Capo di Feno endigende Zunge S. Trinita durchschneidend,
erblickt man die weißen Kalkufer Bonifazio's, und diese süd-
lichste und originellste Stadt der Insel, schneeweiß wie das
Ufer, hoch darüber — ein überraschender Anblick mitten in
der weiten und schwermutvollen Oede.

Das Uferland rings umher ist steinig und buschig. Aber
eine halbe Stunde lang fährt man zwischen Olivenhainen und
Fruchtgärten bis zur Stadt hin, und ist erstaunt solchen Segen

zu finden, welchen der zum Fleiße genötigte Mensch dem kargen Boden abgewonnen hat. Bonifazio erzeugt eine Fülle von Oliven, welche denen der Balagna an Güte nicht nachstehen. Zwischen Kalkfelsen fährt man zur Marina hinab, welche sich an dem Golfe hinzieht. In die Stadt selbst kann man nur zu Pferd oder zu Fuße gelangen, denn man muß den steilen Kalkfelsen auf einem breiten, ausgestuften Wege anklimmen. Ueber zwei Zugbrücken und durch zwei alte Tore gelangt man endlich nach Bonifazio. Die ganze Stadt liegt in der Festung, auf dem Plateau des Felsens.

Einen schönen Gruß ruft Bonifazio dem Wanderer entgegen, wenn er durch das alte finstre Tor hineinschreiten will; denn auf einem der Türme prangt das große Wort Libertas. Ich las es oft auf Türmen und Stadthäusern Italiens als die kläglichste Ironie der Gegenwart, und auf mancher Fahne hat dies Wort geflunkert. Aber hier nimmt es sich stolz aus auf dem uralten Turm, der von so glänzenden Waffenthaten zu erzählen weiß, und so trat ich in die Stadt mit der frohen Empfindung, zu tapfern und freien Männern zu kommen. Denn noch heute stehn die Bonifaziner in dem Ruf, die am meisten republikanischen, wie die arbeitsamsten und religiösesten Bewohner Corsica's zu sein.

Die Lage Bonifazio's ist sonderbar. Man denke sich eine kolossale weißliche Felspyramide, horizontal geschichtet, umgekehrt und die Basis nach oben, ans Meer gestellt, und auf der Basis hoch in der Luft Festung, Türme und Stadt; so wird man ein Bild von diesem corsischen Gibraltar haben. Der Felsen ist in seiner Façade herausgehöhlt. Er hängt mit dem Lande zusammen. Von zwei Seiten umbrandet ihn die Meerenge, von der dritten bespült ihn ein schmaler Meeresarm, welcher Golf, Hafen und Festungsgraben zugleich bildet, und von den schroffsten, ja unersteiglichen Bergen umschlossen ist. Die Gewalt des Wassers hat das Ufer ringsumher zerſchlagen und die groteskeſten Formen gebildet. Von unten, das heißt von der Meeresſeite geſehen, welche an vielen Stellen keinen Strandſaum hat, weil das Ufer ganz ſteil in die See abſtürzt, erregt dieſer Felſen Grauen. Ich war hinab= geſtiegen und blickte zu ihm empor, die Wogen brandeten und Wolken zogen am Himmel, da ſchien es, als wollte der Fels ſchwanken und über mich zuſammenſtürzen, eine Täuſchung, die um ſo natürlicher wird als von der Baſis deſſelben ein Teil hinweggeriſſen iſt, und hie und da die vom Wetter ge= ſchwärzten Kalkſchichten frei in die Luft hinausgreifen. Als ich Bonifazio ſah, begriff ich wol, daß Alfonso von Aragon die Stadt nicht nehmen konnte.

Sie zählt 3380 Einwohner und begreift keine Communen in ſich. Ihre Häuſer ſind piſaniſchen und genueſiſchen Ur= ſprungs. Alt und verwohnt gleichen ſie oft eher Ruinen als Wohnungen. Das Material des Felſens iſt in der Regel auch das ihre. Sie ſind alle weiß, auch die Mauern und die ſtum= pfen Türme ſind weiß. Es würde mir ſchwer werden ein deut= liches Bild von der Stadt ſelbſt zu geben; denn kaum läßt ſich dies Gewirre von engen Gaſſen ſchildern, in denen der Seewind beſtändig Kalkſtaub umherwirbelt, und die man berg= auf, bergab durchirrt, überraſcht von der Neuheit der Lage, da der Blick, wenn er ins Freie fällt, tief unter ſich das Meer entdeckt, das nicht minder blau iſt, als hoch oben der Himmel. Oft ſind Balken von einem Hauſe zum andern geſchlagen, oft führen finſtere Durchgänge aus einer ſchmalen Gaſſe in die andere.

Der Wind pfeift und die Meereswellen branden. Es iſt unheimlich; man hat keinen Raum. Die einſame Schildwache dort am runden Turm geht auf und ab, umwirbelt von Kalk= ſtaub. Ich will eine Piazza aufſuchen, unter Menſchen zu kommen. Aber es gibt keinen Platz. Der Mangel an Raum läßt keine Ausdehnung zu; doch nennt man hier die Haupt= gaſſe die Piazza Doria. Denn die Bonifaziner fühlten wol das Bedürfniß einen Platz oder ein Forum zu haben, ohne welches eine Stadt ist wie ein Haus ohne Familienzimmer. Sie nannten also die Hauptgasse ihren Platz. Der Mangel an Breite zwang sie die Häuser hoch aufzubauen. Weil sie nun keine Tiefe haben, sind ihre Treppen sehr steil. An manchem Hause sah ich noch das Wappen Genua's, den springenden gekrönten Löwen, welcher einen Ring in der Kralle hält. Das alte Zeichen weckt stolze Erinnerungen, wie der Name Doria, der sich hier lebend erhalten hat; es gibt in Bonifazio noch heute eine Familie Doria, oder richtiger geschrieben d'Oria. Denn dies ist der eigentliche Name jener berühmten genuesischen Herren aus der großen Familie der Oria. Die Corsen haßten Genua bis aufs Blut; wo ich mit ihnen von der alten Republik sprach, fand ich denselben eingefleischten Haß. Alles Elend welches Corsica betraf, seine moralische wie seine physische Wildniß schreiben sie, oft mit Unrecht, den Genuesen zu; aber bei den Bonifazinern steht Genua im besten Andenken, und das begreift sich aus ihrer Geschichte.

Man ist nicht darüber einig, wie im Altertum die Gegend hieß, in welcher das heutige Bonifazio steht. Man hält sie für den alten Syracusanus portus, oder für die Stadt Pallae, welche immer die letzte ist, die das Itinerarium des Antonin in seiner Angabe der corsischen Stationen aufzählt. Bonifazio selbst wurde von dem toskanischen Markgrafen gegründet, dessen Namen sie trägt; und wir wissen, daß er sie im Jahr 833 nach einem Seesiege über die Sarazenen anlegte, um ihren Raubeinfällen einen Damm entgegenzusetzen. Von den Befestigungen jenes Markgrafen steht noch der große Turm, Torrione; drei andere erheben sich über dem Felsen. Bonifazio führt sie alle in seinem Wappen. Die Stadt kam später an die Pisaner; aber die Genuesen entrißen sie ihnen schon im Jahre 1193. Sie behandelten sie mit großer Liberalität, gaben ihr sehr freie Statuten und ließen sie als Republik unter ihrem

Protectorat bestehen. Im roten Buch von Bonifazio befindet sich das Instrument, welches der Procurator Genua's Brancaleone d'Oria im Jahre 1321 am 11. Februar unterzeichnete und auf die Bibel feierlich beschwor. Darnach wurde den Bonifazinern Handelsfreiheit sonder Abgaben an genuesische Häfen zugestanden; ferner warb ihnen das Recht, sich selbst zu regieren. Sie wählten sich ihre Anziani, und dem Beschluß dieser Aeltesten sollte sich der genuesische Podestà fügen, welcher jährlich in die Stadt gesandt wurde. Er konnte keine Steuer auflegen, noch irgend eine Neuerung ohne den Willen der Anzianen treffen; er durfte Niemand gefangen halten, wenn er Bürgen stellen konnte, es sei denn einen Mörder, Dieb oder Verräter. Sobald ein Podestà nach Bonifazio kam, mußte er schwören, die Statuten Bonifazio's unverbrüchlich aufrecht zu halten. Dieses Instrument ist gezeichnet: per Brancaleonem de Oria et per Universitatem Bonifatii in publico Parlamento. Das klingt stolz genug für einen Ort, der damals kaum 1000 Einwohner zählte.

So errang sich dies tapfere Volk seine Freiheit und wußte sie viele Jahrhunderte auf seinem Felsen zu bewahren.

Die Genuesen ehrten die Bonifaziner auf jede Weise. Wenn eins ihrer Schiffe nach Genua kam und seinen Hafen angab, pflegte man zu fragen, seid ihr aus dem Gebiete von Bonifazio oder aus Bonifazio proprio? Daher hat sich noch heute die populäre Benennung erhalten: er ist ein Bonifazino proprio. Viele genuesische Nobili und Bürger siedelten nach diesem Felsen über, und Bonifazio wurde in Sprache, Sitten und Neigung eine genuesische Colonie. Das erkennt man noch heute, nicht allein an den alten Wappenschilden, sondern am Volke selber.

Gleich Calvi hat Bonifazio Genua unverbrüchlich die Treue gehalten; und so ist es merkwürdig, in diesem Meere des corsischen Hasses, gleichsam zwei kleine Eilande zu finden, auf

denen man das tyrannische Genua liebte. Gönnen wir dies
den mannhaften Genuesen, ihre herrliche und große Republik
hat ja längst ihre Schuld an die Geschichte bezahlt und ist
nicht mehr.

Ein Bonifaziner Murzolaccio hat im Jahr 1625 eine
eigene Geschichte seiner Stadt geschrieben. Sie ist in Bologna
erschienen und ein äußerst seltnes Buch. Ich habe es nicht
auftreiben können, und das bedauert, weil mir Bonifazio so
lieb geworden ist. Aber hier will ich nach dem Petrus Cyrnäus
die denkwürdige Belagerung der Stadt durch Alfonso erzäh=
len, denn wol verdient der Heldenmut der Bonifaziner, neben
dem von Numantia, von Carthago und Saragossa in neuerer
Zeit, im Gedächtniß der Menschen fort zu leben. Ich gebe
Peters Darstellung nicht immer wörtlich und nicht ganz, weil
sie zu lang ist.

Siebentes Kapitel.

Die Belagerung Bonifazio's durch Alfonso von Aragon.

Nachdem Alfonso die Lage der Stadt erkannt hatte, be=
setzte er einen gegen Norden gelegenen hohen Berg, und Tag
und Nacht ließ er von dort und von der See Steine aus den
Bombarden auf die Stadt werfen. Mit achtzig Schiffen, dar=
unter dreiundzwanzig Triremen, waren die Spanier gekommen;
in den Hafen waren sie nach dem Falle zweier Türme ein=
gebrungen. Wie nun ein großer Teil der Verteidigungswerke
und der Mauern eingestürzt war und es schien, daß man in
die Stadt einbrechen könne, berief der König einen Kriegsrat.
Er war jung und feurig und begierig nach großen Dingen.
Wenn Bonifazio gefallen sei, sagte er, so werde ganz Corsica
in seine Gewalt geraten und er wolle dann gen Italien in
Segel gehn. Belohnungen setzte er für denjenigen aus, welcher

der Erste die Mauern ersteigen und das Banner aufpflanzen würde, und sofort bis zu dem Zehnten. Das hörten die Spanier mit großer Freude und also machten sie sich zum Sturme auf. Viel litten die von Bonifazio durch Wurfgeschoße und Pfeile, aber sie warfen die Stürmenden mit Steinen und langen Lanzen in das Meer und hielten wacker aus. Da plötzlich stürzte der Turm, welchen man Scarincio nennt, mit ungeheurem Gekrach zusammen, und sogleich hängten sich die Schiffe an die Bresche, die Spanier sprangen auf die Mauer und pflanzten das Banner auf. Im Heer des Königs erhob sich das Geschrei: die Stadt sei erstürmt. Da sah man die Seesoldaten in Eile mit Hülfe der Masten und der Raaen das Mauerwerk erklettern; wie sie den Häusern nahe kamen, warfen sie Feuerbrände auf die Dächer. Nun erhob sich ein großes Kampfgewühl von Fliehenden, Widerstrebenden und Stürmenden. Aber Orlando Guaracchi, die heldenmütige Margarete Bobia und Chiaro Ghigini warfen sich den Anbringenden entgegen; von ihren Stationen kamen Jacopo Cataccioli, Giovanni Cicanesi und Filippo Campo; alle Feinde, welche in die Stadt gedrungen waren, hieben sie nieder. Sobann warfen sie Feuer auf die Schiffe im Hafen, und so wurde der König mit großem Verlust zurückgetrieben.

Drei Tage lang hatte der Kampf gedauert mit Brand und Blutvergießen ohne Ende. Nun legte jedes Alter und Geschlecht Hand an, die Mauern neu zu verfestigen und die Breschen zu sperren. Leider war das Getreidemagazin verbrannt. Alfonso unterdeß warf Pfeile mit Briefen in die Stadt und versprach allen denen Belohnung, welche zu ihm übergehen würden. Zwei liefen über, Galliotto Ristori ein Bonifaziner und Conrado ein Genuese, und diese reizten den Mut des Königs, indem sie sagten, daß die in der Stadt an Brod und Waffen Mangel hätten. Der König besetzte noch einen andern Hügel, zog eine doppelte Kette quer über den Hafen, um die Bonifaziner von aller genuesischen Hülfe abzusperren, und beschloß nun die Stadt durch Belagerung zu erzwingen. Das hörte der Doge Thomas Fregoso und rüstete eine Flotte von sieben Schiffen; und darüber verstrich der September. Den ganzen October, November und December hindurch wütete das Meer so schrecklich, daß die Flotte aus dem Hafen von Genua nicht auslaufen konnte. Es waren aber die Bonifaziner durch das Schleudern der Bombarden und Wurfmaschinen so sehr in Not gekommen, daß sie aus der Stadt wandern, in den Hain neben Sant Antonio gehen und im Convent des heiligen Franciscus sich bergen mußten, da der größte Teil ihrer Häuser in Trümmern lag; nur in den Kriegsstationen blieben sie.

Der König, verstärkt durch Zufuhr aus Spanien, wollte dennoch den Weg der Unterhandlungen versuchen und gab denen in der Stadt die feierliche Zusage, daß sie frei und nach ihren Gesetzen leben sollten, wenn sie sich ergeben würden. Die Bonifaziner zogen die Unterhandlung in die Länge; da sie hungerbleich und verkommen aussahen und die Aragoner meinten, daß der Hunger sie zur Uebergabe zwingen müsse, so sagt man, hätten jene, diese Meinung Lügen zu strafen, an vielen Stellen von den Mauern Brod unter die feindlichen Posten geworfen und dem Könige einen Käse zum Geschenke geschickt, welcher aus Weibermilch gemacht worden war. Da ließ der König alle Sturmmaschinen an die Mauern rücken mit Schiffen, welche je zwei verbunden Türme trugen. Von den Höhen wie von der Seeseite begann aufs neue der Sturm. Gegen die Schiffsmaschinen sich zu rüsten hatten die Bonifaziner gleichfalls Maschinen gestellt; auf die entfernteren Schiffe warfen sie Steine von ungeheurem Gewicht, auf die näheren von geringerer Schwere und hageldichte Geschoße. Obgleich sie selber mit Bombarden und Pfeilen überschüttet wurden und manche in Stücke zerrissen da lagen, so hielten sie sich doch mit wunderbarer Tapferkeit. Immerfort erſetzten die Fallenden die noch Kräftigen, den verwundeten Vater der Sohn, der Bruder den Bruder; und die Weiber trugen herzu Wurfmaterial, Wein und Brod und nahmen die Verwundeten an. Sie nahmen auch Schilde und Lanzen und ſtellten ſich auf die Mauern anſtatt der Männer. Es gab viele, welche ihre gefallenen Angehörigen nicht aufnehmen noch beſtatten konnten, bis die Feinde herabgeſtürzt waren. Auch dieſe litten ſchrecklich, weil viele durch das Schwert, durch die Sichel und die Hakenlanze umkamen, womit die von den Mauern jene auf den ſchwimmenden Türmen anzogen und ertränkten. Sehr viele wurden mit Balken und Steinen niedergeſchmettert, wenn ſie mit Leitern die Stadt erſteigen wollten. An andern Orten warf man Fackeln, brennendes Werk und flüſſiges Harz, ſo daß man oft nicht wußte, wohin zuerſt rennen, wo zuerſt abwehren.

Schon waren die von Bonifazio durch die unabläſſigen Kämpfe erſchöpft, ſo daß der König noch einmal alle ſeine Kräfte zuſammen zu nehmen beſchloß, um folgenden Tags einen Hauptſturm zu machen.

Nur am Turm Scarincio ſchwiegen die Bombarden, damit ſie nicht die Spanier, welche ſchon von den Schiffstürmen in die Stadt überſtiegen, zugleich mit den Städtern vernichteten. Da kämpften auch die Weiber neben den Männern und warfen Harpunen. Von den Schiffstürmen und Maſtkörben aber warfen die Spanier fort und fort Pfeile, und auch bleierne Eicheln aus gewiſſen handlichen Bombarden von gegoſſenem Erz, welche wie ein Rohr hol waren, und die ſie Sclopetus nennen. Dieſe Bleieichel wurde durch Feuer fortgetrieben und durchbohrte einen bewaffneten Mann. (So beſchreibt Peter von Corſica die Flinten, welche damals unbekannt, heute in Corſica nur zu ſehr bekannt ſind.) Es warfen die Feinde von den Schiffen auch Schwefelſtaub auf die Häuſer und auf die Menſchen und

darnach Feuer, so daß viele halb verbrannten und die übrigen
kopfüber aus der Bresche wegstürzten. So stand den Feinden
die Bresche offen neben dem Turme Preghera. Als sich nun
der Schwefeldampf, der wie dichte Finsterniß die Bresche verhüllt hatte, in der Luft verzog, sah man Matronen, Wehr-
lose, Schaaren von Kindern, Geschoße und Steine jeder Art
zu der Mauer tragen, um sie den Streitern zuzuführen; wie
sie nun den Ort von diesen leer fanden, erhoben sie ein Geschrei und lautes Heulen. Da trieben die Mütter die Söhne,
die Töchter die Väter, die Frauen ihre Männer mit Wehklagen
und Tränen an, daß sie auf die Bresche zurückkehrten. Es
griffen auch die Priester und die Mönche zu den Waffen und
schleuderten brennende Wergbündel hinunter und gelöschten
Kalt. Dies half so sehr, daß die Meisten von dem Qualm
und dem schwebenden Dunst betäubt und fast blind gemacht,
nur ins Ungewisse schoßen. Wie die Flammen nachließen, fiel
man aus dem Tore aus.

Es war dieser Tag der härteste für die Städter gewesen;
aber er hatte den Erfolg, daß ein großer Teil der Feinde
verwundet und getödtet worden war.

Je bedrängender von Tag zu Tage die Belagerung wurde,
desto häufiger wurden die Briefe an den Dogen und den
Senat von Genua, daß sie endlich Bonifazio zu Hülfe kämen.
Aber der König gab, wie ihm neuer Zuwachs gekommen war
den Seinigen das Zeichen, und man griff zu den Waffen.
Zu Wasser und zu Lande, an sieben Stellen wars ein grimmiger Anlauf; doch in die Stadt konnte er nicht. Denn mit
gleicher Eile war eine neue Mauer an die Stelle der einge-
stürzten aufgeführt worden, und die Bewaffneten selbst galten
auf den Breschen statt der Schanzen. Da ließ Alfonso einen
Damm gegen das große Tor führen, in einer Höhe von acht
Fuß; darauf wurde ein Turm von zehn Stockwerken gestellt,
auf daß er die Mauern überrage. Wie nun unter beständigem

Hagel von Wurfgeschoßen der Wall und der Turm immer
näher gegen das Tor rückte, öffnete sich daßelbe, das Volk
stürzte Fackeln schwingend heraus und warf Feuer auf den
Wall, auf die Faschinen und den Turm, und so verzehrte es
das mühsame Werk einer so langen Zeit.

Nicht Tag nicht Nacht schwieg der Sturm, und von den
Bonifazinern wurde nichts unterlaßen, was dem Feinde Einhalt thun konnte, sowohl durch Aufführen neuer Mauern, als
durch unabläſſige Ausfälle. Die arme Bürgerschaft hatte keinen
Augenblick Ruhe, und war doch durch die beständige Anstren-
gung erschöpft, durch Wachen bei Nacht und bei Tag, durch
Wunden, endlich durch Hunger verzehrt. Täglich beſtattete man
Gestorbene, der Tod ſtand vor aller Augen, Tag und Nacht
hörte man das Weinen. Unterdeß war der Mangel so groß
geworden, daß man gezwungen war eckelhaftes Kraut zu eſſen,
und wie lange sollte man noch auf die Hülfe von Genua
warten! Ueber alles menschliche Können hinaus duldete das
Volk den Hunger. Pferde- und Eselsfleisch war in jenen Tagen
ein Leckerbissen. Einige aßen allerlei Kraut, was nicht einmal
das Vieh berührt, Wurzeln und wilde Frucht, sowie Baum-
rinde und nie zuvor gegeſſene Thiere. Aber da sie schon an
dem Entsatz verzweifelten, hätten viele wehklagend ihr Leben
freiwillig geendet, viele auch, die verwundet lagen, hätte der
Hunger in den Mauern dahingerafft, wenn nicht das Erbarmen der Weiber sie erquickt hätte. Denn die frommen Weiber
von Bonifazio gaben Verwandten, Brüdern, Kindern, Bluts-
freunden, Gevattern freiwillig ihre Milch zu trinken. Es gab
in jener Belagerung Niemand in Bonifazio, der nicht eines
Weibes Brust gesogen hätte.

Da sich nun in großer Not keine Hülfe zeigte, schloßen
die Bonifaziner den Vertrag, daß wenn die Genuesen binnen
vierzig Tagen nicht zum Entsatz herangekommen, sie sich ergeben wollten. Zwei Männer gaben sie zu Geißeln und dreißig

Kinder der Edelsten. Aber die Bonifaziner waren in Sorge, weil der König ihnen nicht gestattete, Boten nach Genua zu schicken. Deßhalb bauten sie in großer Eile ein kleines Schiff, und in tiefer Nacht ließen sie es von dem Felsen, welcher Sardinien gegenübersteht und dem Feinde abgekehrt war, an Seilen herab; und ließen auch die Jünglinge, welche die Boten waren, 24 an der Zahl, ebenso hinab. Briefe hatte ihnen der Magistrat an Genua mitgegeben, und eine große Menge von Bürgern sie mit Wünschen bis an den Uferfelsen geleitet. Abwechselnd hatten ihnen die Weiber ihre Brüste gereicht, denn von Speise nahmen sie nichts mit sich. Nach mancher Gefahr auf der See kamen die mutigen Boten, vom Winde lange aufgehalten, nach Genua und benachrichtigten den Senat, daß die Stadt aufs Aeußerste gebracht sei.

Unterdeß beschloß man in Bonifazio Gott um Rettung und Vergebung aller Sünden anzuflehen. Die Procession ging von der Kathedrale nach Sanct Jacob, dann nach San Domenico und zu allen Kirchen; und ob die Winterkälte gleich hart war, gingen doch alle barfuß, und man sang Hymnen mit großer Inbrunst. Am Tage wurde in den Kirchen gebetet von früh bis spät, und Aller Geist war fortdauernd auf den Entsatz gerichtet, und ob nicht endlich eine Kunde auch von den Boten käme.

Am fünfzehnten Tage endlich kamen diese in ihrem Schiffchen Nachts nach Bonifazio zurück, gaben das Zeichen und wurden an Seilen heraufgezogen. Die Freude in der Stadt war so groß, daß man von Sinnen gekommen zu sein schien. Wie die Boten nach der Kirche der heiligen Maria gingen, wo der Senat Tag und Nacht versammelt war, strömte alles Volk ihnen nach, um die Botschaft zu hören. Sie überreichten die Briefe des Dogen, welche verlesen wurden, und nachdem dies geschehn, wurden sie in die Volksversammlung geführt. Picino Cataccioli, das Haupt der Boten, gab hier einen ausführlichen

Bericht und die Versicherung, daß die genuesische Flotte bereit sei und nur den günstigen Wind abwarte, um auszulaufen. Der Senat von Bonifazio ordnete ein öffentliches Dankgebet von drei Tagen an, und die Freude in der Stadt hatte keine Grenzen, als das wenige Getreide verteilt wurde, welches die Boten aus Genua mit sich gebracht hatten.

Indessen nahte der Tag der Uebergabe heran, ohne daß die Flotte erschienen war, und die Gesandten des Königs drangen schon in den Senat der Stadt, den Vertrag zu erfüllen. Wenn in der folgenden Nacht, so erklärten die Anzianen, die Genuesen nicht erscheinen, so wollen wir uns ergeben. Da begann ein Jammern und Wehklagen von Weibern und Kindern, und eine große Trostlosigkeit bemächtigte sich aller. Der Senat aber berief die Volksversammlung, die Meinungen zu hören. Da bestand Guglielmo Bobia auf der Ausdauer, und er beschwor den Schatten des Grafen Bonifazio, welcher die Stadt erbaut hatte, daß er die Bonifaziner mit seinem Geist erfülle, auf daß keiner von der Freiheit lasse. Man entschied sich, auszuharren bis zum letzten Augenblick. Plötzlich erhob sich in der Nacht der Ruf, daß die Genuesen kämen. Alle Glocken fingen an zu läuten, auf allen Türmen sah man Feuerzeichen: endloses Jubelgeschrei stieg gen Himmel. Die Spanier staunten, da sie doch nichts von den Genuesen sahen; ohne Zögern kamen ihre Abgesandten mit Tagesanbruch vor das Tor und forderten die Uebergabe gemäß der Verabredung. Die von Bonifazio aber entgegneten, sie hätten in der Nacht die genuesische Hülfe aufgenommen; und siehe da! es erschienen Bewaffnete, ein genuesisches Banner voran tragend, dreimal auf den Mauern vorübergehend, welche von Lanzen starrten. Denn alle Weiber hatten in dieser Nacht die Waffenrüstung angelegt, daß es schien, die Schaar der Bonifaziner sei verdreifacht worden. Wie Alfonso von Aragon das sahe, rief er: „Haben denn die Genuesen Flügel, daß sie nach Bonifazio kommen können, da wir doch alle Orte beſetzt halten?" Und aufs neue ließ er ſeine Maſchinen zum Sturm gegen die Stadt vorrücken.

Endlich erſchienen die Genueſen wirklich, am vierten Tag nach Ablauf des Vertrages, und ſie gingen im Angeſicht des Canals vor Anker. Angelo Bobia und einige andere Tapfere ſchwammen in der Nacht zu ihren Schiffen; ſie entſetzten alle durch ihre hungerbleiche Geſtalt. Die genueſiſchen Capitäne aber erklärten, daß ſie es nicht wagen dürften, die Spanier anzugreifen. Da legte Bobia wie angedonnert den Zeigefinger an den Mund, und ſagte, wir haben auf Gott allein und auf euch gehofft, ihr ſollt es wagen und wir werden euch helfen! die Genueſen verzagten.

Alſobald wandte auch Alfonſo einen Teil ſeiner Schiffe gegen dieſe, und richtete ſeine Bombarden auf den Hafen, um den Entſatz abzuſchneiden. Die Schiffe Genua's zögerten, die Spanier anzugreifen, bis der Jüngling Giovanni Fregoſo, Rafael Negro und andre Hauptleute im Rat durchbrangen, daß man den Kampf wagen müſſe. Beſonders ſtimmte dafür Jacopo Beneſia, der tapferſte und der kühnſte. Durch ſieben Stunden währte der Kampf auf dem Hafen und vor dem Felſen, mit großer Wut da Schiff an Schiff gedrängt war und im ſchmalen Raum eins das andre hinderte; während zugleich die Bonifaziner von oben her Wurfgeſchoſſe und Feuer= bründe ſchleuderten. Die Genueſen ſprengten endlich die Hafen= kette und bahnten ſich den Weg nach Bonifazio, und unbe= ſchreiblich war das Jauchzen des verhungerten Volkes, als ſieben Getreideſchiffe im Hafen landeten und ihre Fracht ausluden.

Da erkannte Alfonſo von Aragon, daß er die Stadt Boni= fazio nicht mehr bezwingen könne; er hob die Belagerung auf, und die Geißeln mit ſich nehmend, ging er tief beſchämt und erbittert gegen Italien in Segel, im Januar 1421.

Achtes Kapitel.

Andere Erinnerungen, und ein Fest.

Meiner Locanda gegenüber steht ein altes Haus, dessen marmornes Thürgesims meine Aufmerksamkeit anzog. Es sind alte Sculpturen darauf, das Wappen Genua's und gothische Initialen. Meine Freude war groß als man mir sagte, daß der Kaiser Karl V. in diesem Hause zwei Tage und eine Nacht gewohnt habe. Da wurde mir so zu Sinne, als hätte ich auf diesem fremden Felsen urplötzlich einen Landsmann und guten Freund gefunden. Das Haus spricht Deutsch zu mir, flamändisches breites Deutsch, und wenn ich das Fenster be= trachte, an welchem Karl V. stand, so überschüttet es mich mit deutscher Historie und nennt manchen Namen, Luther, Worms, Augsburg, Wittenberg, Moriz von Sachsen, Philipp von Hessen, nennt Schiller und Don Carlos, Goethe und Egmont. Karl V. war der letzte Kaiser im vollen Sinne des Worts; denn gegen ihn, in dessen Reich die Sonne nicht unterging, erhob sich ein kleiner Mann in der grauen Kutte und ließ ein Wort fallen, welches all die Herrlichkeit des Kaisertums wie eine Bombe zersprengte. Doch sind diejenigen thöricht, welche Karl V. schmähen, daß er die Reformation nicht begriff und sich nicht an die Spitze ihrer Bewegung stellte. War er doch eben Kaiser. Ehe sein Ende kam, wurde er müde; und der Mann dessen vielbewegtes Leben ein unausgesetzter Kampf mit den Mächten gewesen war, welche das Reich stürzten, mit Frankreich und der Reformation, gab seine Länder hin und die alles um= wandelnde Zeit erkennend, ward er Eremit und legte sich in einen Sarg. Ich bin froh, daß ich Tizians herrliches Porträt Karls V. sah. Nun ist mir mein Nachbar hier am Fenster kein Begriff, sondern Person von Fleisch und Bein.

Es war ein Zufall, daß Karl nach Bonifazio kam. Mein Freund Lorenzo erzählte ihn mir so. Karl war im Jahre 1541 von seinem verfehlten Zuge gegen Algier zurückgekehrt; ein Sturm zwang ihn im Golf von Santa Manza in der Nähe Bonifazio's zu ankern. Er stieg ans Ufer, und neugierig des corsischen Landes Art, das damals wie heute für barbarisch und kriegerisch galt, kennen zu lernen, trat er in einen Weinberg. Filippo Cataccioli, der Besitzer desselben, war gerade anwesend. Dieser bot dem Kaiser von seinen Trauben, und im Gespräch erweckte er ihm das Verlangen die Stadt Bonifazio zu sehen, welche Alfonso von Aragon nicht hatte zwingen können. Also erbot sich der Corse ihn zu geleiten, bot ihm Gastfreundschaft in seinem Hause und versprach ihm sein Incognito zu achten. Er gab ihm sein Pferd; der Kaiser stieg auf, und der kleine Zug setzte sich in Bewegung. Voraus aber schickte Cataccioli einen Boten und ließ den Anzianen sagen: Karl, König von Spanien und Kaiser des heiligen römischen Reichs, würde heute Bonifazio's Gast sein. Wie nun Karl gegen Bonifazio zu reiten kam, erdonnerten auf einmal die Kanonen, und das entgegenströmende Volk rief: Evviva Carlo di Spagna! Der wandte sich überrascht zu Cataccioli und sagte: „Freund, du hast mich doch verraten." Nein! entgegnete dieser, sondern dies ist die Natur der Kanonen von Bonifazio, daß die Sonnenstralen sie losbrennen, nahet sich ein Fürst gleich euch.

Karl zog in Cataccioli's Haus und wurde dort wol aufgehoben und gut verpflegt. Beim Abschiede rief er seinen Wirt und sagte zu ihm: „Mein Freund, weil Ihr euren Gast wol gehalten habt, so bittet euch drei Gnaden aus." Cataccioli bat um drei Freiheiten für die Stadt Bonifazio, und diese zugesagt, gebot ihm der Kaiser noch eine Gunst, aber für seine eigene Person zu fordern. Der Corse sann lange nach, dann sagte er: „Ew. Hoheit wolle befehlen, daß, wenn ich todt bin, mein Leichnam im Allerheiligsten der Kathedrale beigesetzt werde, denn weil das keinem Laien zukommt, so wird daß die allergrößeste Ehre und Auszeichnung sein, die noch je einem Bürger von Bonifazio widerfahren ist."

Der Kaiser gebot dieses, und Cataccioli geleitete ihn wieder an den Hafen, und nachdem sein Gast an Bord gestiegen war, nahm er das Roß worauf dieser geritten, und erschoß es auf der Stelle.

Cataccioli's Haus ist nicht ganz vollendet. Man sieht einige Mauerlücken in der Wand. Denn die Anzianen hatten ihm, als er es baute, den Bau untersagt, aus Rücksichten auf die Festung. Cataccioli versprach nun auf seine Kosten einen Fanal zu bauen, wenn man ihm das Haus gestattete. Der Magistrat ging darauf ein, man schloß den Vertrag, daß Cataccioli sein Haus nicht eher vollenden dürfe, als bis er nicht den Faro vollendet habe. Also baute er beide zugleich, brachte den Faro richtig bis zum Fundament und sein Haus unter Dach, bis auf einige Lücken die er in der Mauer ließ.

Hoch und schön von Gestalt war Cataccioli, und deshalb nannte ihn das Volk Alto Bello. Seine Familie war eine der reichsten und ältesten der Stadt und wird in deren Geschichte viel genannt.

Der Blick, der an dieser Wohnung Karls V. vorbeistreift, fällt auf die Insel Sànta Maddalena, welche am Rande Sardiniens steht. Deutlich sehe ich den Turm auf ihr, und sehe den jungen Artillerie-Offizier Napoleon dort aus der Barke springen, den Turm zu nehmen. Napoleon wohnte fast acht Monate lang in Bonifazio, dem Hause Karls V. gegenüber. Diese Begegnung zweier großer Kaisernamen hier ist merkwürdig; denn Napoleon war es, der die alte ruhmvolle Kaiserkrone Karls V. zerbrach.

Bonifazio hatte ehedem in der Zeit seiner Blüte einige zwanzig Kirchen und Klöster. Die Klöster sind aufgehoben und nur drei Kirchen übergeblieben, die Kathedrale S. Maria vom Feigenbaum, San Domenico und San Francesco. Santa Maria ist von pisanischer Architectur, eine große schwere Kirche, welche in engen Gassen sich verliert. Ihre geräumige Halle ist der Versammlungsplatz und Spaziergang der Städter, die darin umherwandeln wie die Venezianer in den Hallen des Marcus= platzes. In alten Zeiten versammelte sich in dieser Kathedrale auch der Senat von Bonifazio, um über die Angelegenheiten der Stadt zu beraten.

Weiter hin gegen den Rand des Felsens liegt San Domenico, eine schöne Kirche der Templer, deren Triangel noch an der Mauer sichtbar ist. Der Bau ist von den reinsten gothischen Verhält= nissen, und es fehlt ihm nur die bekleidete Façade, um auch von Außen angenehm zu wirken. Unstreitig ist sie die schönste Kirche Corsica's neben der in Ruinen stehenden Canonica von Mariana. Ihr schneeweißer achteckiger Turm, welchen die Pisaner anfingen, gleicht einem krenelirten Festungsturm; er ist nicht vollendet. Ich fand in der Kirche viele Grabsteine von Tempel= herren und genuesischen Edeln, auch den eines Doria. Der Kardinal Fesch hat einige Bilder in sie geschenkt, die indeß von keinem Werte sind. Weit interessanter sind die Ex voto, die Votivbilder auf Holz, welche gerettete Bürger Bonifazio's der Madonna und dem heiligen Domenicus geweiht haben. Es gibt manches Weihbild unter ihnen, welches Piratenscenen recht wacker darstellt.

Die dritte Kirche San Francesco ist klein; sie besitzt aber eine große Merkwürdigkeit, denn es befindet sich in ihr die einzige lebende Wasserquelle Bonifazio's. Sonst trinken die Bonifaziner nur Regenwasser aus Cisternen, und besonders ver= sorgt sie die große, tiefe Cisterne, in welche man auf steiner= nen Stufen hinabsteigen kann, ein verdienstliches Werk der Genuesen.

Die meisten ehemaligen Klöster Corsica's waren vom Orden der Franciscaner. Diese Mönche hatten sich äußerst zahlreich auf der Insel angesiedelt und ihr Heiliger selber ist, wie die

Sage erzählt, in Corsica gewesen. Er soll nach Bonifazio gekommen sein, und da die Bürger dieser Stadt als die religiösesten
der Insel gelten, so will ich meinem Freunde Lorenzo eine
Legende nacherzählen.

Man sieht nämlich über dem Golf das verlassene Kloster
San Giuliano liegen; zum Bau desselben gab der heilige
Franciscus selber folgende Veranlassung. Eines Tages landete
er, ich weiß nicht auf welcher Fahrt, im Hafen von Bonifazio
und stieg auf das Ufer. Da es Nacht war klopfte er an ein
Haus und begehrte Herberge. Aber es wurde ihm nicht so
gut begegnet, wie dem Kaiser Karl V. Denn man schloß ihm
die Thüre, weil er ganz verwildert und struppig und nicht
anders denn ein corsischer Bandit aussah. Der heilige Franciscus
ging betrübten Herzens hinweg und legte sich in eine Grotte
neben dem Hause schlafen, und nachdem er sich dem Herrn
empfohlen hatte, entschlief er. Derweilen kommt eine Dienst-
magd aus dem Hause, um wie sie zu thun gewohnt war gewisse Unsauberkeiten in die Grotte auszuwerfen. Wie sie nun
in diese eintritt, sieht sie drinnen etwas leuchten und hätte
vor Schrecken die Unreinlichkeit beinahe über den heiligen Franciscus ausgegossen. Denn eben dieser war es, was da leuchtete.
Der heilige Franciscus erhob sich hierauf von dem Boden und
sagte mit seinem milden Lächeln zu der Magd folgendes: „O
meine Freundin, thue nur immerhin wie du zu thun gewohnt
bist, weil ich doch ein ganzes Jahr in einem Schweinestalle
gewohnt habe, wie das alle Welt weiß." Die dumme Magd
aber lief mit Geschrei davon und erzählte, daß sie einen Mann
in der Grotte gefunden habe, welcher die Eigenschaft besitze,
an einigen Teilen des Körpers zu leuchten. Es verbreitete sich
flugs die Kunde davon in Bonifazio; die Bonifaziner eilten
an Ort und Stelle, und da sie den Heiligen gefunden hatten,
hoben sie ihn auf ihre Hände, liebkosten ihn und baten ihn,
er möge ein Denkmal seiner Anwesenheit hinterlassen. Der

heilige Franciscus sagte: meine Freunde, errichten wir zum bleibenden Gedächtniß ein Kloster. Auf der Stelle trugen die Bonifaziner Steine herbei, Franciscus aber legte mit eigner Hand den Grundstein, und nachdem er solches gethan, empfahl er sich und stieg in sein Schiff. Das Convent nannte man nicht nach seinem Namen, weil er damals noch nicht heilig gesprochen war, sondern nach dem heiligen Julian. Später bauten die Bonifaziner die Kirche San Francesco. Nahe dabei stand auf dem Felsen in alten Zeiten ein Hain von Pinien, von Mirten und Buxus, ein wahrhaftes Wunder, weil ihn das nackte Kalkgestein hergab. Bei Verlust der rechten Hand war es verboten, einen Baum aus jenem Wäldchen zu fällen. Eremiten saßen darin in einer Bergklause, lobten Gott und sangen fromme Lieder hoch oben über der Meerenge, nahe am Himmel. Nun ist der Wald und das Eremitenhaus verschwunden, und es geht jetzt dort die Schildwache in roten Hosen auf und ab und pfeift sich ein Soldatenlied.

Am 15. August weckte mich Kanonendonner unter meinem Fenster. Im Schlafe glaubte ich es seien die Spanier und Alfonso von Aragon mit den Bombarden, und diese machten ein gräuliches Schießen und Sturmlaufen gegen den Felsen; aber ich besann mich bald, daß diese Kanonenschüsse dem Geburtstage des alten Kaisers Napoleon und der himmlischen Jungfrau Maria galten. Denn am Feste der Assunta war Napoleon geboren, und beide haben nun die Ehre in ganz Frankreich zusammen gefeiert zu werden. Die Schüsse rollten und hallten mächtig über der Meerenge und weckten Sardinien aus dem Schlaf. Wie schön und festlich war der Morgen, Himmel und Meer blau und mit rosenroten Fahnen ausgeflaggt, die Luft still und kühl.

Das Volk von Bonifazio schwamm in einem Meer von Wonne. Den ganzen Tag tummelte es sich auf den Straßen, die mit Nationalfahnen prunkten. Darauf las man noch die

stolzen Worte: république française, liberté, égalité, fra-
ternité. „Ihr dürft mir glauben, sagte mir ein Bonifaziner,
wir sind von jeher ächte Republikaner gewesen." — Ich sah
viele Gruppen auf den Straßen Dambrett spielen, und auch
im großen Tor saßen sie bei diesem alten, ritterlichen Spiel.
Andere gingen auf der Piazza umher, trugen ihre besten
Kleider und waren fröhlich.

Ich habe immer eine Lust an einer festtägigen Menge.
Man fühlt sich da einmal auf einer guten Erde; und nun
hier, wo dieses weltverlassene Volk einmal auf seiner Klippe
ausruht und aus seiner Dürftigkeit sich ein kindliches Fest be=
reitet, war mir recht wol. Diese armen Menschen haben so
gar nichts was das Leben wechselnd und angenehm macht,
nicht Schauspiel, nicht Gesellschaft, nicht Pferd noch Karosse,
nicht Musik, kaum dann und wann eine Zeitung. Viele werden
hier geboren und steigen in ihr kalkiges Grab ohne einmal
Ajaccio gesehen zu haben. Sie leben hier hoch am Himmel
auf ihrem dürren Felsen und haben nichts als Luft und Licht
und den einen großen Blick auf die Meerenge und die Berge
Sardiniens. Man kann sich also leicht denken, was hier ein
Festtag sein muß.

Auch von der Umgegend waren die Bewohner nach Boni=
fazio gekommen, um die große Procession zu sehn, und da
war's ein sonderbarer Contrast, so viele geputzte Menschen in
den wüsten Straßen umhergehn zu sehen, und gar lieblich
lachten die jungen Mädchen aus den verwohnten Fenstern,
Blumen im Haar und weiß gekleidet, denn ich glaube heute
waren alle Mädchen von Bonifazio der Procession wegen Engel.

Kanonenschläge kündigten ihren Beginn an. Sie kam aus
der Santa Maria vom Feigenbaum, welche in Lichtern funkelte,
und zog nach San Domenico. Christuskreuze, alte Kirchen=
fahnen, die noch genuesisch schienen, zogen voran, dann Männer,
Frauen und Mädchen, Kerzen in der Hand, und zum Beschluß

die himmlische Jungfrau. Vier rüstige Männer trugen sie auf einer Bahre. Auf jeder Ecke derselben stand ein bunter hölzerner Engel mit einem Blumenbusch in der Hand, und in der Mitte schwebte auf blauen hölzernen Wolken Maria selbst; auch sie war von Holz. Eine silberne Stralenkrone hing über ihrem Haupt und an ihrem Halse eine köstliche Kette von Corallen, die in Bonifazio gefischt und von den Fischern ihr dargebracht waren. Halb Bonifazio ging in der Procession, und viele hübsche Kinder waren darunter, mit weißen Kleidern und bleichen Gesichtern, daß es schien, sie seien aus dem Gypse von Bonifazio geformt. Alle trugen sie Kerzen; aber der Seewind ging ebenfalls in der Procession einher, das war ein großer, langer Geselle aus weißem Kalk und ganz in einen weißen Mantel von Kalkstaub eingehüllt. Er blies einer hübschen Gypsfigur nach der andern die Kerze aus, und ehe der Zug noch San Domenico erreichte, hatte er das Moccolispiel gewonnen und auch die letzte Kerze ausgelöscht. Auch ich ging bis San Domenico mit. Wenn mich Jemand fragte, wie mir die Procession gefalle, so sah ich es ihm an den seelenvergnügten Augen an, daß sie sehr schön sei, und ich sagte: signore mio, ella è maravigliosa. Mich rührte die kindliche Einfalt und die Freude an dem Fest. Abends errichteten sie einen gewaltigen Holzstoß in der engen Straße vor dem Stadthause und erleuchteten damit die Gassen. Als ich nun fragte, weshalb man das große Feuer angezündet habe, so sagte man mir: dieses Feuer ist angezündet zu Ehren Napoleons. So feierte Bonifazio das große Fest und war froh und glücklich, und noch da es Nacht war, hörte ich heiteren Gesang auf den Straßen schallen und das Klimpern der Mandoline.

Neuntes Kapitel.

Die Meerenge.

Abends, ehe die Dunkelheit eintritt, ist es mein Vergnügen durch das alte Festungstor zu gehen und auf dem hohen Ufer zu sitzen. Hier habe ich das originellste Gemälde um mich her: Bonifazio auf dem Felsen hart neben mir, schwindelnd in die See hinuntergeneigt, die schöne Meerenge und das nahe Sardinien. Es gibt ein altes Buch, welches unter den Weltwundern diesen Fels von Bonifazio als das 72ste zählt. Mein guter Freund Lorenzo hat das Buch gelesen. Blicke ich nun von diesem steinernen Bänkchen auf dem Ufer hinab, so überschaue ich den ganzen Stufenweg, der zu der Marina herunter führt. Da kommen und gehen beständig Leute aus dem Tore und in das Tor, und von unten herauf reiten sie im Zickzack auf ihren kleinen Eseln oder treiben diese mit Melonen belasteten Geschöpfe im Zickzack hinauf; denn so wird ihnen das Klettern leichter. Ich erinnere mich nicht, je so kleine Esel gesehen zu haben als in Bonifazio, und konnte es nicht begreifen, wie ein Mann auf einem solchen Thier reiten könne. Keinen sah ich mit dem Fucile kommen; von Flinten wird man hier nichts gewahr.

Wenn ich nun auf jenem Bänkchen an der kleinen Capelle S. Rocco saß, so war ich bald von Neugierigen umringt, die sich oft zutraulich zu mir setzten und mich fragten, woher ich käme, und was ich wollte, und ob mein Vaterland civilisirt sei oder nicht. Die letzte Frage ist sehr oft an mich gerichtet worden, sobald ich sagte daß ich aus Preußen sei. Ein vornehm aussehender Herr setzte sich eines Abends zu mir, und da wir in ein politisches Gespräch über den jetzigen König von Preußen gerieten, so drückte er plötzlich seine Verwunderung aus daß die Preußen italienisch sprächen. Auch darnach bin ich schon oft und in allem Ernste gefragt worden, ob in

Preußen italienisch gesprochen würde. Mein freundlicher Herr
fragte mich hierauf, ob ich lateinisch spräche. Auf meine Ant=
wort daß ich lateinisch verstünde, sagte er daß er ebenfalls
lateinisch verstünde, und hob also zu reden an: Multos annos
jam ierunt, che io non habeo parlato il latinum. Im
Begriff ihm ebenfalls lateinisch zu antworten, machte ich die
Erfahrung daß das Lateinische mir augenblicks in Italienisch
sich verwandeln wollte, und daß ich wo möglich noch trefflicher
mich auszudrücken im Begriffe war als mein Bonifaziner.
Zwei verwandte Sprachen mischen sich sofort auf der Zunge,
wenn man sich täglich nur in der einen ausgedrückt hat.

Auch dieser Herr citirte mir richtig die Prophezeiung
Rousseau's über Corsica, welcher man nicht entrinnen kann,
wenn man mit gebildeten Corsen spricht.

Immer schöner wird im Abendschein die Ansicht der Meer=
enge. Da schweben Segelboote vorüber gegen die Wellen
kämpfend; goldig überlichtet fahren sie dahin; einzelne Klippen
ragen schwarz aus dem Wasser und in Violett färben sich die
Berge Sardiniens. Geradeüber stehen die schönen Berge von
Tempio und von Limbara, dort die Höhen welche Sassari
verdecken; links eine prachtvolle Bergpyramide, die man mir
nicht zu nennen weiß. Die Abendsonne beleuchtet die nahen
Küsten und stralt auf der nächsten sardinischen Stadt Longo
Sardo. Ein Turm steht an ihrem Eingange. Ich erkenne
deutlich die Häuser und möchte mir einbilden, jene Schatten=
striche dort seien herumwandelnde Sarden. Bei stiller Nacht,
so sagte man mir, hört man von Longo Sardo her den Tam=
bour seine Trommel schlagen. Ich zählte sechs Türme auf
den Küsten; Castello Sardo und Porto Torres, die nächsten
Städte am Ufer in der Richtung nach Sassari, konnte ich
nicht erkennen. Mein gastlicher Lorenzo hatte drei Jahre in
Sassari studirt, mußte mir viel von den Sarden zu erzählen
und kannte ihre Sprachen.

Schweigend blicken wir hinunter
Auf die schaumbedeckten Küsten,
Auf die blaue Meeresenge,
Die zwei Schwesterinseln trennt.

Ach! wie schön bist du Sardegna,
Du von Muscheln hell umblitzte,
Mirtenüberkränzte, braune,
Wilde Schwester Corsica's.

Als ein Halsband von Corallen
Hängen um sie her die roten
Inselklippen und die Riffe,
Und manch' ausgezacktes Cap.

Freund Lorenzo, jene Berge,
Jene wonnesamen blauen,
Wecken mir so heiße Sehnsucht,
Daß mein Herz dahin verlangt —

Schöne Berge von Limbara!
Sprach Lorenzo vor sich nieder,
Blaue Berge wie das Leben
Lügenbilder sind sie nur.

Fern erscheinen sie Sapphire,
Und krystalne Himmelsdome,
Aber naht ihr euch, dann werfen
Sie den blauen Mantel ab.

Bieten euch die nackten Klippen,
Drohen euch mit Dorngewinden,
Mit dem Wetter, mit dem Abgrund,
Wie das Leben, junger Freund. —

Freund Lorenzo, jene Ebne
Lacht mich an mit ihrem Golde,
Wissen möcht' ich wie der Sarde
In dem schönen Lande lebt. —

Weit ins Innre steigt der Bergwald,
Gelbe Städtlein stehn im Grünen,
Und das Maulthier mit der Schelle
Vor sich treibt der Catalan.

Den Sombrero auf dem Scheitel,
Dolch, Pistolen in dem Gurte,
Summt er ein lateinisch Liedchen
Und marschirt zu seinem Tact.

Wandert südwärts nur zum Strande
Nach Cagliari's Felsenbuchten,
Dort im Dorfe schlägt der Moro
Castagnett' und Tamburin.

Mauren sind's von Algesiras,
In Barbarenzungen stammelnd,
Tanzend um die Fächerpalme,
Braune Mädchen an der Hand.

Wie merkt man in Bonifazio schon die Nähe der dritten großen romanischen Nation, der Spanier. Mein Zimmer ist bedeckt mit Columbusbildern, welche lange spanische Erklärungen haben, und hie und da trifft man Sarden, die den catalanischen Dialekt reden. Beide Inseln in grauen Zeiten zusammenhängend, nun auseinandergerissen, stehen in nachbarlichem Schmuggelverkehr. Die so günstige Lage Bonifazio's würde diese Stadt zu baldiger Blüte bringen müssen, wenn der Handel frei wäre. Die Controle ist sehr strenge; denn auch die Banditen beider Inseln stehen im Verkehr; aber es geschieht seltner daß Sarden nach dem kleinen Corsica flüchten, weil sie sich dort nicht halten können. Dagegen flüchten viele corsische Bluträcher in die Berge Sardiniens. Die Polizei in Bonifazio ist sehr wachsam. Nirgend forderte man mir im ganzen Corsica den Paß ab, man that es nur in dem südlich gelegenen Sartene und in Bonifazio. Ein Besitzer war vom Cap Corso her bis Bonifazio mein Begleiter gewesen, und da der freundliche Mann mir sein Schiffchen, das in Pro- ptiano ankerte, zur Rückfahrt nach Bastia und auf dem Cap Corso sein Haus zur Wohnung anbot, nahm ich ihn in mein geräumiges Zimmer, weil er schlecht logirt war. Der hatte nun die Ehre für einen Banditen zu gelten, der mit gutem Schein nach Sardinien zu kommen suche.

Wenn der Abend hereinbricht, steckt der Leuchtturm von Bonifacio sein Licht auf. Die Küste Sardiniens ist in Dunkel gehüllt, aber von Longo Sardo her antwortet das rote Licht eines Fanals, und so unterhalten sich diese beiden Schwester- inseln auch in der Nacht durch die Zeichensprache ihrer Wandel- feuer. Die Türmer hüben und drüben führen ein einsames Leben. Ein jeder von ihnen ist der erste oder letzte Bewohner seiner Insel. Der von Bonifazio ist der allersüdlichste Corse den ich noch je gesehen habe, und der vom Cap drüben ist der allernördlichste Mensch Sardiniens. Sie haben sich nie gesehen und gesprochen. Aber jeden Tag sagen sie sich guten Abend und felicissima notte, wie man in Italien sagt, wenn die Hausfrau mit dem Licht in die Stube kommt. Der Türmer von Corsica kommt zuerst mit seinem Licht in die Nacht hinaus und sagt felicissima notte, und dann kommt ihm entgegen der von Sardinien und sagt auch felicissima notte; und so treiben sie es Nacht für Nacht und werden es forttreiben ihr Leben lang, bis einst drüben das Licht eine Weile ausbleibt. Dann weiß der Türmer hüben daß der alte

Freund jenseits gestorben ist, und weint und sagt: felicissima notte!

Ich besuchte diesen südlichsten Corsen auf seinem Turm. Der liegt eine Stunde weit von Bonifazio auf dem niedrigen Cap Pertusato. Das Südende Corsica's geht hier in einem abgestumpften Dreieck aus, an dessen Enden westlich jenes Cap und östlich das Cap Sprono liegt, eine schmale Klippenspitze, Sardinien am nächsten stehend. Mit gutem Winde kann man in einer halben Stunde in Sardinien sein. Der kleine Leuchtturm ist von einer weißen Mauer umgeben und gleicht einem Fort. Freundlich nahm mich der Türmer auf und setzte mir ein Glas Ziegenmilch vor. Er lebt wie Aeolus im Winde. Es ist eigentlich seltsam zu denken, daß eines Menschen lange Jahre sich nur drehen um eine Oellampe, und daß ein Individuum dazu aufgebraucht wird, auf einer einsamen Klippe Nachts Lampendochte zu verbrennen. Es gibt nichts Ungenügsameres und nichts Bescheideneres als das menschliche Wesen.

Mein Türmer führte mich auf die Brustwehr des Fanals, wo der heftige Wind mich zwang, ans Geländer mich festzuhalten, und er zeigte mir von seines Daches Zinnen all sein Inselreich und Untertanenschaft, welche in dreißig Stück Ziegen und in einem Weinberge bestand, und indem ich erkannte, daß er zufrieden war und an Gütern der Erde genug besaß, pries ich ihn sofort schon vor seinem Ende glücklich. Er zeigte mir die Herrlichkeit Sardiniens, die Inseln und Isolette, die es umschwärmen, Sta. Maria, Sta. Maddalena, Caprara, Reparata und die kleineren Eilande. Die westliche Mündung der Meerenge ist mit Inselklippen bestreut, die östliche ist breiter und da liegt dem sardinischen Cap Falcone gegenüber das Eiland Asinara, ein malerisches Gebirge.

Zu Corsica gehören noch einige Inselriffe von der bizarrsten Form, welche ganz nahe in der Meerenge zerstreut liegen und

San Bainzo, Cavallo und Lavezzi heißen. Sie bestehen aus Granit. Die Römer hatten auf ihnen Steinbrüche angelegt, um für ihre Tempel und Basiliken Säulen von dort zu holen. Deutlich erkennt man noch ihre Werkstätten, selbst die Kohlen in der alten Römerschmiede haben noch ihre Spuren zurück= gelassen. Noch liegen ungeheure, halbbehauene Säulen, deren zwei namentlich auf San Bainzo, und andre Blöcke, welche das Eisen schon bearbeitet hat, auf diesen Klippen. Niemand weiß, für welchen Bau in Rom sie bestimmt gewesen sein mochten. Und welch' ein panischer Schreck mochte es wol sein, der die Künstler und Steinmetzen von diesem einsamen Atelier im Meere plötzlich verjagte, daß sie das Werk ihrer Arbeit unbeendigt liegen ließen. Vielleicht verschlang sie die Flut, vielleicht erschlug sie der wilde Corse oder der grimmige Sarde. Mich wundert's, daß hier keine Sage von einem römischen Geisteratelier entstand. Denn ich selbst habe doch im Mond= schein die todten Künstler aus dem Meere steigen sehn, in römischen Togen, ernste Männer, breitstirnig, adlernasig und mit holen Augen. Sie machten sich alle schweigend an die beiden Säulen und hoben an, geisterhaft daran zu schlagen und zu meißeln. Der Eine aber stand hoch aufrecht und deutete nur befehlend mit dem Finger; ich hörte ihn auf lateinisch sagen: „Diese Säule wird eine der schönsten im goldnen Hause des Nero sein. Flink, Gesellen, und fördert Euch! denn so Ihr in 40 Tagen nicht fertig seid, werden wir alle den Thieren vorgeworfen." Ich wollte ihm eben zurufen: „O Artemion und ihr anderen todten Männer, das Haus des Nero ist ja längst von der Erde verschwunden, wie wollt ihr noch Säulen dafür hauen? Geht schlafen in euer Grab." Aber wie ich das sagen wollte, verwandelten sich mir die Worte augenblicks in Italienisch und ich konnte nicht. Und diesem Umstande allein ist es zu verdanken, daß die alten Römergeister noch immer fort in dem Atelier an den Säulen geschäftig sind —

und alle Nacht kommen sie heraufgestiegen und schlagen und meißeln in rastloser Eile, aber sobald die Hähne in Bonifazio krähen, springen die weißen Gestalten wieder ins Meer zurück.

Noch einen vollen, letzten Blick warf ich auf die weitausgedehnte Küste Sardiniens, auf das Land Gallura, und dachte an den schönen Enzius, des Kaisers Friedrich Sohn. Auch er ist einst gewesen und war drüben ein König. Vor wenigen Monaten stand ich eines Abends an seinem Gefängniß in Bologna. Ein Puppentheater war dort aufgeschlagen und über den stillen großen Platz schallte laut die Stimme des Pulcinella.

Die Welt ist rund und die Geschichte eine Kugel, wie das einzelne Menschenleben.

Zehntes Kapitel.

Die Hölen von Bonifazio.

Hochauf donnerte dort an des Eilands Küsten die Brandung,
Grauenvoll spritzend empor, und bedeckt war alles mit Salzschaum.
Odyssee.

An einem schönen Morgen ging ich aus dem alten Genuesentore, an dessen Mauer der springende Löwe und der heilige Drachentödter Georg, das Wappen der Bank von Genua, eingemeißelt sind, stieg zur Marina hinunter und rief den Schiffsmann und seine Barke. Heute erlaubte die See eine Fahrt in die Hölen der Küsten, aber sie war noch immer vom Maestrale bewegt und spielte dreist genug mit dem Boote.

Im tiefen, schmalen Hafen aber, dem sichersten der Welt, ist es windstill, und wie in Abrahams Schooße ruhten dort die wenigen Segelkähne und die beiden zweimastigen Kauffahrer Bonifazio's, Jesus und Maria nämlich und die Fantasia. Fantasia ist der trefflichste Name, den noch ein Schiff getragen hat, das wird jeder zugeben, deß Fantasieschiff je auf dem Meer gesegelt ist und mit seinen Schätzen zu Port kam oder an den Strand geworfen ward. Auch Jesus Maria ist ein schöner Name auf dem Meer.

Von beiden Seiten engen Kalkfelsen den Hafen so sehr ein, daß seine Mündung lange verdeckt bleibt. Die Enge dieses Canals macht es möglich, ihn querdurch mit einer Kette zu sperren, wie Alfonso von Aragon das gethan hat. Man zeigte mir noch einen mächtigen eisernen Ring, der in einem Uferfelsen eingeschlagen ist. Rechts und links nun und weiter an der offenen Küste hat die Wassergewalt kleine und große Hölen gebildet, welche höchst sehenswert sind und in aller Welt berühmt sein würden, wenn Corsica nicht gleichsam außer der Welt läge.

In der nächsten Nähe Bonifazio's gibt es deren drei besonders schöne Grotten. Zuerst gelangt man nach der Grotte San Bartolomeo. Sie ist ein schmaler Hölengang, der gerade so viel Raum läßt, daß die Barke sich hineinzwängen kann. Sie gleicht einem kühlen gothischen Gemach. Das Meer dringt fast bis an ihr Ende, so weit dies dem Auge sichtbar scheint, und bedeckt ihren Boden mit seinem stillen, klaren Wasser. Es ist das eine Gesellschaftsgrotte für die Fische, die sich hier Besuche machen, vor dem Hai gesichert. Ich fand auch eine wolige Fischfamilie darin. Sie ließen sich nicht stören, sondern schwammen lustig um die Barke. Die Höle zieht sich übrigens noch weiter in den Fels von Bonifazio hinein.

Rudert man aus dieser Grotte weiter, so gelangt man nach kurzer Zeit in die offene See und hat den überraschend großen Anblick der Seeseite des Felsens Bonifazio, der mit seiner breiten zwiegeteilten Brust mächtig herausgehoben gegen die Flut strebt. Diese gigantische Façade ist ein herrliches Architekturwerk der Meisterin Natur. Von beiden Seiten hat sie Säulen angestemmt, gewaltige Strebepfeiler aus Kalk und Sandschichtungen und von der Woge tief cannelirt. Eine

derselben heißt Timone. Zwischen ihnen wölbt sich ein kolossaler
Bogen, auf welchem hoch oben die weißen Mauern von Bonifazio stehen, und in dessen Mitte eine prachtvolle Grotte als
Portal sich aufthut. Ich war überrascht von dem so großen
und originellen Bau, dem Vorbilde der Menschenwerke, der
Tempel und Basiliken. Das aufgeregte Meer schlug seine
Wellen gegen die Wände der Grotte; aber drinnen war es
windstill. Sie geht nicht tief in den Fels hinein. Sie ist nur
eine Felsennische, eine Tribune, welche in halben Kreislinien
traubenförmige Guirlanden von Tropfstein umziehen. Man
könnte in dieser Nische ein Riesenbild des Poseidon aufstellen.
Sie heißt sotto al Francesco.

Fährt man nach der rechten, östlichen Seite, so sieht man
das Ufer weithin unterhöhlt und wunderliche Bildungen von
Kellergewölben, in welche das Meer eindringt. Ich fuhr in
eine dieser Grotten hinein, die Fischer nennen sie Camere.
In ihrer Nähe befindet sich die herrlichste Grotte von Bonifazio, der Sdragonato, und hier verzage ich Worte zu finden,
welche dieses Wunderwerk zeichnen mögen. Nimmer sah ich ein
ähnliches und vielleicht möchte diese Höle einzig in Europa da-
stehen. Ihr Eingang ist, gleich der von San Francesco, eine
riesige Tropfsteinnische, aber diese öffnet sich in den Berg und
führt durch ein kleines Tor in die ganze umschlossene innere
Hölung. Es war schön und ängstigend durch den kleinen Schlund
zu steuern; die Wasser brandeten mit Wut gegen denselben,
spritzten ihren weißen Gischt an das Gestein empor, schlugen
zurück, verschlangen sich, wühlten sich wieder auf. Solchen
wilden Wasserschwall zu hören, ist eine wahrhaft elementarische
Lust; seinen Laut gibt nur die italienische Sprache glücklich
wieder — sie sagt rimbomba. Glücklich ward die Barke durch
den Hölenschlund gespült, und mit eins glitt sie hin in einem
herrlich gewölbten Tempel von ungeheurem Kreisumfange, auf
einem hier grünen, dort dunkelschwarzen, hier azurblauen und

dort rosig gefärbten Wasserspiegel. Es ist ein wunderbares, natürliches Pantheon. Oben klafft die Kuppel auseinander und der helle Himmel scheint herein; ein Baum beugt sich und schwankt vom Rande herab, grüne Büsche und Kräuter neigen sich in den Spalt hernieder, und wilde Tauben flattern herein. Die Wände der schönen Höle sind fast regelmäßig ge= wölbt, das Wasser sickert von ihnen herab und umzieht sie mit Tropfstein, der aber nicht die auffallend bizarren Formen der Höle von Brando auf dem Cap Corso, oder der Harz= hölen hat. Er hängt in Knollen umher, oder hat das Gestein wie mit einem Lasurguß überzogen. Man kann mitten in der Grotte umherrudern oder nach Belieben aussteigen, denn ring= um hat die Natur Sitze und Stufen von Stein aufgeschlagen, welche freiliegen, wenn nicht die Sturmflut sie bedeckt. Hieher kommen die Seehunde des Proteus und lagern sich in dem Wonnesaal. Leider sah ich keinen, sie waren draußen auf einer Wasserfahrt; nur wilde Tauben und Taucher schreckte ich auf. Der Wassergrund ist tief und klar. Man sieht Muscheln, Fische, und Meeresgräser. Es möchte sich der Mühe verlohnen seine Sommerresidenz von Zeit zu Zeit hier aufzuschlagen, die Odyssee zu lesen und aufzulauschen, wenn die Wesen der geheimniß= vollen Meerestiefe eingezogen kommen. Der Mensch versteht weder Pflanze noch Thier, die auf dem Lande leben und seine Freunde sind, noch weniger jene stummen, wunderbar geform= ten Geschöpfe des großen Elements. Sie leben und haben ihre Gesetze, ihren Verstand, ihre Freuden und Leiden, ihre Liebe und ihren Haß. Nicht wie die Landwesen an die Scholle ge= bannt, ziehen sie im schrankenlosen Element umher und wohnen in der immer klaren krystallnen Tiefe, bilden mächtige Repu= bliken, haben ihre Revolutionen, ihre Völkerwanderungen und Corsarenstreifzüge, und die schönsten Wasserparticen, wenn sie wollen.

Das Ufer von Cap Partusato bis nach Bonifazio ist vom

Meer zerschlagen und in seltsame Formen zerrissen. Man findet dort viele Versteinerungen und die merkwürdige Spinnenart, welche baut. Diese Spinne macht sich nämlich im Sande der Küste ein ganz kleines Sandhäuschen und in dem Sandhäuschen ein kleines Thürchen. Dieses kann sie nach Belieben auf- und zuschließen. Wenn nun die Spinne allein sein will, so schließt sie das Thürchen zu. Wenn sie ausgehen will, so macht sie das Thürchen auf und geht hinaus und führt ihre Töchter an der schönen Meerenge spazieren, wenn sie nämlich fleißig gewesen sind und an ihrer Ausstattung genug gesponnen haben. Diese treffliche Bauspinne heißt Mygal Pionnière oder Araignée Maçonne von Corsica.

Ich sah auch die scalina di Alfonso, die Treppe des Königs von Aragon, welche er der Sage nach hart unter den Mauern der Stadt aushauen ließ. Weil Alfonso nämlich die Stadt nicht zwingen konnte, verfiel er auf den Gedanken, in das Ufer heimlich einen Gang zu hauen. Nachts landeten die Spanier an einer Stelle, welche von den Bürgern nicht gesehn werden konnte; dort zieht sich eine Grotte in den Berg, welche wol 300 Menschen beherbergen kann und süßes Wasser enthält. Da schlugen nun die Spanier einen Stufengang empor, und wirklich waren sie bis an die Festungsmauern gelangt, als ein Weib sie bemerkte, Lärm machte und die herbeieilenden Bürger den Feind herabstürzten. Die Erzählung ist ein Märchen; mir scheint es unglaublich, daß die Spanier diese schräg aufsteigende schmale Treppe sollten ausgehauen haben, ohne von den Bonifazinern gesehn worden zu sein. Eine andere Felsentreppe der Art hatten sich übrigens die Mönche von San Francesco ausgegraben, um zum Seebade hinabzusteigen; auch sie ist größtenteils hinweggetilgt.

Ich habe Unglück gehabt, die Thunfische fangen sie diesmal nicht in der Meerenge und die Corallenfischer sind wegen des Maestrale nicht auf See. Die Meerenge ist an Corallen reich, aber die Corsen überlassen den Fang den Genueser, den Toscanern und Neapolitanern. Diese kommen im April und bleiben bis zum September. Schöne rote Corallen sah ich bei einem Genuesen. Man verkauft sie nach dem Gewicht, die Unze zu drei Franken. Die meisten Corallen, welche in den Fabriken von Livorno verarbeitet werden, kommen aus der Meerenge von Bonifazio. Seitdem aber die Franzosen reichere und bessere an den Küsten Afrika's entdeckt haben, vermindert sich der Corallenfang in der Meerenge. Jetzt fischt man sie hauptsächlich an den Usern von Propriano, von Roccapina, Figari und Ventilegne, wo auch die Thunfische besonders häufig sind.

Nachdem ich nun Land und Küste Bonifazio's kennen ge=
lernt hatte, rüstete ich mich zur Abfahrt von diesem merkwür=
digen Orte. Wie Lorenzo es mir gesagt hatte, fand ich das Volk von Bonifazio. Sie sind eigentlich keine Corsen mehr. Wir sind arm, sagte mir Lorenzo, aber wir sind fleißig und haben genug. Oel wächst in Fülle auf unsrem Kalkboden, der Wein gibt genug für das Haus und die Luft ist gesund. Wir sind fröhlich und zufrieden und nehmen Gottes Tage auf unsrem Felsen mit Dankbarkeit hin. Wenn der arme Mann Abends von seinem Felde heimkehrt, findet er immer seinen Wein mit Wasser zu mischen, sein Oel zum Fische, vielleicht auch ein Stück Fleisch, und Sommers immer seine Melone.

Ich werde mich an die Gastlichkeit der Bonifaziner so dank=
bar erinnern wie an die der Sartener. Morgens, da ich vor Sonnenaufgang hinabwollte, um nach Aleria zu fahren, wartete schon Lorenzo am Burgtor um mir nochmals eine gute Reise zu wünschen und mich zur Marina zu geleiten. Mit der Morgenröte den Felsen hinabsteigend nahm ich von der selt=
samen Stadt mit einer jenen Scenen Abschied, deren Bild der Erinnerung sich unauslöschlich einprägt. Unter dem Tore liegt auf dem Userrande die kleine unbedachte Capelle San

Rocco, welche auf der Stelle gebaut worden ist, wo im Jahr 1528 das letzte Opfer der Pest niederfank. Wie ich nun vom Tore herabstieg, sah ich gerade auf diese Capelle: die Thüren standen weit offen, der Priester fungirte am Altar auf dem die Kerzen brannten; vor ihm knieten in zwei Reihen andäch= tige Frauen, und auch vor der Pforte knieten Männer und Weiber auf dem Felsen. Der Blick von oben in diese stille, fromme Menschengemeinde, im Schein der Morgenröte, hoch über der Meerenge überraschte mich tief, und ich glaubte hier ein Bild wirklicher Frömmigkeit gesehn zu haben.

Fünftes Buch.

Erstes Kapitel.

Die Oſtküſte.

Die Gegenden von Bonifazio längs der Oſtküſte ſind ganz öde. Die Straße führt am Golf von Santa Manza vorüber nach Porto Vecchio, welches man in drei Stunden erreicht. Dort liegt bei dem Ort Sotta die Ruine des alten Herren= ſchloſſes Campana, und erzählt eine ſeltſame Sage. In grauen Zeiten hauſte hier Ors' Alamanno, der deutſche Bär. Auf ſeine Vaſallen hatte er das fürchterliche Herrenrecht der erſten Nacht (jus primae noctis) gelegt. So jemand ein Weib nahm, mußte er daſſelbe in das Schloß führen, daß der deutſche Bär ihrer erſten Nacht genieße, und außerdem mußte er dem Orſo das ſchönſte Pferd in den Stall führen, daß er darauf reite. Wie nun die Jahre kamen und gingen, ward die Kammer des Bären nicht leer und ſein Stall war voll. Da wollte ein junger Menſch Probetta eine ſchöne Jungfrau heimführen. Probetta war ein wilder Reiter und konnte geſchickt den Laſſo werfen. Er ſteckte heimlich die Schlinge unter den Rock, ſetzte ſich auf ein ſchmuckes Pferd und ritt vor das Herrenſchloß, denn er wollte dem Orſo das Thier vorreiten, damit er ſähe, wie es gar ſtattlich ſei. Der deutſche Bär kam aus dem Tore und lachte vor Freude, daß er die ſchönſte Jungfrau küſſen und das ſchönſte Pferd reiten werde. Wie er nun lachend daſtand und dem Probetta zuſchaute, jagte der plötzlich vorüber und hatte er dem Orso den Lasso umgeworfen, und jagte wie der Sturm den Berg hinunter und schleifte den Orso über das Gestein. Das Herrenschloß zerstörten sie, den deutschen Bären verscharrten sie an einem dunkeln Ort. Nach einem Jahre aber dachte Einer, was wol aus dem todten Orso geworden sei, und sie liefen eilig an die Stelle, wo sie ihn vergraben hatten, und scharrten sie auf. Da kam eine Fliege herausgeflogen. Die Fliege flog in alle Häuser und stach alle Weiber, und sie wurde immer größer und größer, und am Ende war sie so groß geworden wie ein Ochse und stach alles in der ganzen Gegend. Da wußte man nicht, wie man die Ochs-Fliege los werden könne. Aber Einer sagte, in Pisa seien die Wunderdoctoren, die könnten allerlei Dinge wegcuriren. Da gingen sie nach Pisa und holten einen Wunderdoctor, der allerlei Dinge wegcuriren konnte.

Wie der Doctor nun die große Fliege sah, fing er an Pflaster zu schmieren, und schmierte 6000 spanische Fliegenpflaster und drehte 100000 Pillen. Die 6000 Fliegenpflaster aber legte er der Fliege auf und gab ihr die 100000 Pillen zu schlucken. Darnach wurde die Fliege immer kleiner und kleiner, und wie sie so klein geworden war wie eine rechte Fliege, da starb sie. Da nahmen sie eine große Bahre und deckten sie mit einem schneeweißen Lailachen zu, und auf das Lailachen legten sie den Leichnam der Fliege; und alle Weiber kamen zusammen, zerrauften sich die Haare und weinten bitterlich, daß eine so muntere Fliege gestorben sei, und zwölf Männer trugen die Fliege auf der Bahre nach dem Kirchhof und gaben ihr ein christlich Begräbniß. Darnach waren sie von dem Unheil erlöst.

Diese schöne Sage habe ich dem corsischen Chronisten nacherzählt bis auf den Wunderdoctor, welchen er aus Pisa kommen läßt und der die Ochs-Fliege einfach tödtet. Das andere habe ich zugesetzt.

Porto Vecchio ist ein kleiner unmmauerter Ort von etwa
2000 Einwohnern, am Golf gleiches Namens, dem einzigen
an der ganzen Ostküste. Er ist groß und herrlich und könnte
von Wichtigkeit werden, weil er dem Festland von Italien
gegenüber liegt. Die Genuesen legten Porto Vecchio an, um
die Saracenen von diesen Küsten abzuwehren. Sie gaben den
Colonisten viele Freiheiten, sie zur Niederlassung zu bewegen.
Weil aber die Gegend durch die vielen Sümpfe ungesund ist,
wurde Porto Vecchio dreimal verlassen und verödete. Auch
heute ist der ganze Canton einer der am wenigsten bevölkerten
Corsica's; er wird hauptsächlich nur von Hirschen und Wild=
schweinen bewohnt. Doch ist das Land sehr fruchtbar, die Um=
gegend von Porto Vecchio reich an Oliven und Wein; die
Stadt selbst ist auf Porphyrfelsen gebaut, welche zu Tage
stehen. Ich fand sie fast verödet, da es August war, und die
halbe Einwohnerschaft sich in die Berge geflüchtet hatte.

Nördlich von dem schönen Golfe zieht sich die Küste in
gleicher Linie aufwärts, und noch hat man den Gebirgszug
nahe zur Linken, bis er in der Gegend von Salenzara in das
Innere zurückweicht und die großen Ebenen freiläßt, welche
der Ostküste Corsica's ein von der Westküste so verschiedenes
Ansehn geben. Der ganze Westen der Insel ist eine fortge=
setzte Bildung von parallelen Tälern; die Gebirgszüge steigen
dort ins Meer, endigen in Caps und umragen die prächtigen
Golfe. — Der Osten hat nicht diese vortretende Talbildung,
das Land verliert sich hier in Niederungen. Der Westen Corsica's
ist romantisch und grandios, der Osten sanft und melancholisch.
Das Auge schweift hier über stundenweite Ebnen, Ortschaften,
Menschen, Leben suchend, und entdeckt nichts als Haiden mit
wildem Gesträuch und Sümpfe und Teiche, die sich neben
dem Meer hinziehn und das Land mit Traurigkeit erfüllen.

Die immer ebene Straße führt fast eine Tagereise weit
von Porto Vecchio bis zu dem alten Aleria. Das Gras wächst

auf ihr Fuß hoch. Man fürchtet sie Sommers zu befahren.
Auf der langen Fahrt begegnete ich keiner lebenden Seele.
Keine einzige Ortschaft passirt man, und nur hie und da
sieht man weit in den Bergen ein Dorf. Nur am Meeresufer
stehn einzelne verlassene Häuser an solchen Stellen, welche einen
kleinen Port haben, eine Cala oder Landungspunkt, wie Porte
Favone, wohin die alte Römerstraße führte, Fantea, Cala di
Tarco, Cala de Canelle, Cala de Coro, welches heißen soll
Cala Moro, Maurenlandung. Auch hier stehen einzelne genue-
sische Wachttürme.

Alle jene Häuser waren verlassen, ihre Fenster und Thüren
geschlossen, denn die Luft ist böse auf der ganzen Küste. Der
arme Lucchese verrichtet hier die geringe Feldarbeit für den
Corsen, der sich von den Bergen nicht herabwagt. Ich habe
indeß von der bösartigen Luft nichts gelitten, aber zur Vor-
sicht folgte ich meinem Reisegefährten und schnupfte Kampfer,
was ein gutes Präservativ sein soll.

Mit dürftigstem Reisevorrat versehn überfiel uns jählings
der Hunger und verfolgte uns diesen und den halben folgenden Tag, denn nirgend trafen wir ein offnes Haus noch eine
Wirtschaft. Der Fußwanderer müßte hier verschmachten, oder
er würde gezwungen sein, sich in die Berge hinaufzuflüchten,
und stundenlang umzuirren, bis ihn ein Pfad zu einer Hirten-
capanne führt. Es ist eine Strada morta.

Wir fuhren über den Taravofluß. Von dort beginnt die
Reihe von Teichen mit dem langen schmalen Stagno di Palo.
Es folgen der Stagno di Grabuggine, der Teich von Urbino,
der Siglione, der Stagno del Sale und der schöne Teich der
Diana, welcher seinen Namen noch von Römerzeiten her be-
halten hat. Nehrungen trennen diese fischwimmelnden Teiche
vom Meer, doch haben die meisten eine Einmündung. Ihre
Fische sind berühmt. Es sind große fette Aale und mächtige
Ragnole. Die Fischer fangen sie in Binsenreusen.

Vom Taravo an erstreckt sich weit nach Norden die herr=
lichste Ebene, das Fiumorbo oder der Canton Prunelli. Von
Flüssen durchlaufen, von Teichen und vom Meere begrenzt,
gleicht sie aus der Ferne gesehn einem endlosen, üppigen
Garten am Seestrande. Aber kaum ist ein Ackerland zu ent=
decken, das Farrenkraut bedeckt unabsehbare Flächen. Es ist
unerklärlich, daß die französische Regierung diese Gegenden
nicht colonisirt. Hier würden Colonien sicherer gedeihen als in
dem Menschen und Geld verschlingenden Sande Africa's. Hier
ist Raum für zwei volkreiche Städte von mindestens 50000
Einwohnern. Colonien von fleißigen Ackerbauern und Hand=
werkern würden die ganze Ebne in einen Garten verwandeln.
Canäle würden die Sümpfe tilgen und die Luft gesund machen.
Es gibt keinen herrlicheren Strich Landes in Corsica und
keinen der ergiebigeren Boden hätte. Das Clima ist sonniger
als das des südlichen Toscana, es würde auch das Zuckerrohr
pflegen, und das Getreide müßte hundertfältig tragen. Nur
durch das Mittel der Colonisation und Industrie, welche den
Wetteifer in der Production mit den Bedürfnissen steigern,
würde man auch jene Bergcorsen zwingen, aus ihren schwarzen
Dörfern in die Ebne herabzukommen und den Acker zu bebauen.
Die Natur bietet hier alles in reichster Fülle, was ein großes
Industrieleben erzeugen kann; die Berge sind Schatzkammern
von edlem Gestein, die Wälder geben Pinien, Lärchenbäume,
Eichen; es fehlt selbst nicht an verschickbaren Heilquellen; die
Ebne gibt Feldfrucht und Nahrung für den reichsten Vieh=
stand, und die unmittelbare Verbindung von Gebirg, Niede=
rung und dem fischreichsten Meer läßt nichts zu wünschen
übrig.

Wie die Küste nun heute ist, paßt auf sie schlagend das
Bild, welches Homer von dem Strande der Cyklopeninsel ent=
wirft, welcher uncultivirt und doch des Anbaues im höchsten
Grade fähig sei.

Drin ja strecken sich Auen am Strand des graulichen Meeres,
Saftreich, schwellend von Gras, wo der fröhlichste Wein sich
erhübe.
Drin ist lockerer Grund, wo wuchernde Saaten beständig
Reisten zur Erndte; denn fett ist unten das Erdreich.
Drin auch die sicherste Bucht, wo nie man brauchet der Fessel.

Als ich diese schöne Ebne sah mußte ich den richtigen Blick
der alten Römer preisen, welche ihre einzigen Colonien in
Corsica gerade hier anlegten.

Zweites Kapitel.

Aleria, die Colonie Sulla's.

Wenn man sich dem Fiumorbofluß nähert, so sieht man
einzelne palastähnliche Häuser; einige davon sind Ansieblungen
französischer Capitalisten, welche bankerott wurden, weil sie
unverständig anfingen. Andere sind reiche Güter, wahre Graf=
schaften an Areal, wie Migliacciaro im Canton Prunelli, welches
einer französischen Companie gehört und vormals eine Revenue
der Familie Fiesco von Genua war.

Der Fiumorbo, der vom höchsten Gebirgsstocke Corsica's
entspringt, mündet oberhalb des Stagno di Grabuggine. Seinen
Namen „blinder Fluß" hat er von seinem Lauf, denn einem
Blinden gleich schwankt er lange in der Ebne umher, bis er
sich zum Meere den Weg herausgefühlt hat. Das Land zwischen
ihm und dem Tavignano soll das fruchtbarste Corsica's sein.

Als es Abend wurde wechselte die Temperatur auffallend
schnell von der trockensten Hitze zu nebelfeuchter Kälte. An
manchen Stellen war die Luft von Fäulniß durchzogen. Ein
Grabmal am Wege fiel mir auf. In dieser Einsamkeit schien

es eine bemerkenswerte Stelle zu verkünden. Es war das Denkmal eines Wegeunternehmers, welchen ein Paesane erschoß, weil er eine Liebschaft mit einem Mädchen hatte, um das sich jener bewarb. Es zieht doch den Menschen nichts so sehr an als die Geschichte des Herzens. Eine einfache Liebestragödie übt dieselbe Macht auf die Phantasie der Menge aus, wie eine heroische That, und sie erhält sich oft Jahrhunderte lang im Gedächtniß. So hat auch das Herz seine Chronik. Die Corsen sind Teufel der Eifersucht, sie rächen die Liebe wie das Blut. Mein Begleiter erzählte mir folgenden Fall. Ein junger Mensch hatte sein Mädchen verlassen und sich einem andern zugewandt. Eines Tages sitzt er in seinem Dorf auf offnem Platz beim Dambrettspiel. Da kommt seine verstoßne Geliebte, überschüttet ihn mit einer Flut von Flüchen, zieht ein Pistol aus dem Busen und schmettert ihm die Kugel an den Kopf. — Ein anderes verstoßnes Mädchen hatte einst zu ihrem Geliebten gesagt: „Wenn du eine andere nimmst, sollst du dich ihrer nicht erfreuen." Zwei Jahre vergingen. Der Jüngling führt ein Mädchen zum Altar. Wie er mit ihr aus der Kirchenthüre tritt, streckt ihn die Verlassene mit einem Schuß zu Boden; das Volk aber schreit: „Es lebe dein Gesicht!" Die Justiz verurteilte das Mädchen zu drei Monaten Gefängnißstrafe. Jünglinge bewarben sich um ihre Hand, aber die junge Wittwe des Erschoßnen begehrte nicht Einer.

Die corsischen Weiber, welche so blutrote Rachelieder singen, sind auch im Stande, Pistole und Fucile zu tragen und zu kämpfen. Wie oft kämpften sie nicht in den Schlachten trotz der Männer! Man sagt, daß der Sieg der Corsen über die Franzosen bei Borgo mindestens zur Hälfte der Heldentapferkeit der Weiber zu verdanken war. Sie kämpften auch mit in der Schlacht bei Ponte nuovo, und in aller Munde lebt noch das kühne Weib des Giulio Francesco di Pastoreccia, welche immer an der Seite ihres Mannes in jener Schlacht stritt. Sie ward mit einem französischen Officier handgemein, überwand ihn und nahm ihn gefangen; als sie sah, daß die Corsen sich in Flucht auflösten, gab sie ihm die Freiheit, indem sie zu ihm sagte: „Erinnere dich, daß ein corsisches Weib dich überwand und dir den Degen und die Freiheit zurückgab."

Hinter dem Fiumorbo beginnt das Flußgebiet des Tavignano, welcher bei Aleria unter dem Teich der Diana ins Meer fließt. Ich wollte dort die Vettura verlassen, weil ich von einem Bürger Sartene's einen Gastbrief für Casa janda hatte, eine reiche Besitzung bei Aleria, welche der Capitän Franceschetti, der Sohn des aus Murats letzten Tagen bekannten Generals besitzt. Leider war er auf dem Festlande und ich kam um das Vergnügen, diesen thätigen Mann kennen zu lernen und mich von ihm über Manches belehren zu lassen. Mittlerweile war es dunkel geworden, und wir waren Aleria, der Colonie Sulla's, nahe gekommen. Wir erkannten die Häuserreihe und das Fort auf dem Hügel am Wege, und in der Hoffnung eine Locanda in dem Städtchen zu finden, aber dessen nicht ganz sicher, ließen wir den Wagen halten und gingen nach dem Ort.

Die Scenerie rings umher dünkte mir wahrhaft sullanisch zu sein; eine grabesstille Nacht, eine von Fieberluft erfüllte öde Flur zu unsern Füßen, schwarznächtige Berge hinter dem Fort, und der Horizont gerötet wie vom Glutschein brennender Städte, denn rings standen die Buschwälder in Flammen; der Ort todt und ohne Licht. Endlich schlug ein Hund an, und bald kam die ganze Bevölkerung uns entgegen, zwei Doganieri nämlich, welche die einzigen Bewohner Aleria's waren. Das Volk war aus Furcht vor der Malaria in die Berge gezogen, jede Thüre geschlossen, außer der einen des Forts, in dem die Strandsoldaten lagen. Wir baten sie um Gastfreundschaft für diese Nacht, weil die Pferde den Dienst versagten und nirgend ein Ort in der Nähe lag, der uns aufnehmen konnte. Aber diese wackern Cornelier Sulla's schlugen uns unsre Bitte ab, weil sie den Doganencapitán fürchteten, und überdies in einer Stunde auf die Wache mußten. Wir beschworen sie nun bei der himmlischen Jungfrau uns nicht in die Fieberluft aus= zustoßen, sondern ein Obdach im Fort zu geben. Sie blieben bei ihrer Weigerung, und so kehrten wir ratlos um, mein Begleiter ärgerlich und ich wenig erfreut, daß ich auf der ersten Römercolonie, die mein Fuß betrat, ausgewiesen wurde troß zweier großer Cäsarn, welche meine speciellsten Freunde sind. Indeß begannen die Sullaner ein menschlich Rühren zu empfinden, sie kamen uns nachgelaufen und riefen: entrate pure! Froh traten wir in das kleine Fort, ein vierectes Ge= bäude ohne Schanzen oder Wall noch Graben, und tappten uns die steinernen Stufen in das Soldatenquartier hinauf.

Die armen Strandsoldaten hingen bald ihre Gewehre über und wanderten mit ihrem Hunde an den Teich der Tiana, den Contrebandirern aufzulauern. Ihr Dienst ist gefährlich; sie wechseln alle 15 Tage, weil sie sonst dem Fieber erliegen würden. Ich legte mich auf den Boden des Zimmers und versuchte zu schlafen, aber die Schwüle war entsetzlich. Ich zog es vor, in den Wagen zurückzukehren und die böse Luft einzuatmen, welche wenigstens kühlte. Ich verbrachte eine wahr= haft sullanische Nacht in diesem Aleria, vor der Kirche, an welcher einst Peter Cyrnäus Diaconus gewesen war, und mit Betrachtungen über die Ursachen der Größe der Römer und ihres Verfalles und jene vortrefflichen sullanischen Luxusmäler, wo es Fischleberpasteten und Fontänen köstlicher Saucen gab. Mich hungerte gar sehr, da ich fast nichts zu essen bekommen hatte. Es war eine diabolische Nacht und mehr als einmal seufzte ich: Aleria, Aleria chi non ammazza vituperia, „Aleria, Aleria wer nicht mordet muß dich schmähn;" denn dies ist der Schandvers, welchen die Corsen auf das Oertchen gemacht haben, und mir scheint, er paßt vortrefflich auf eine Colonie des Sulla.

Der Morgen brach an. Ich sprang aus dem Wagen und orientirte mich über die Lage Aleria's. Sie ist vortrefflich gewählt. Ein Hügel beherrscht die Ebne; von ihm hat man den herrlichsten Blick auf den Teich der Diana, den Teich del Sale, das Meer, die Inseln. Schöne Bergpyramiden schließen landwärts das Panorama. Der Morgen war köstlich, Luft und Licht in zartem Uebergangsschimmer, der Blick frei und umfassend, der Boden römisch und mehr noch alt phönizisch.

Das heutige Aleria besteht nur aus ein paar Häusern, welche sich an das genuesische Fort anlehnen. Das alte nahm mehrere Hügel ein und zog sich weit hinab zu beiden Seiten des Tavignano bis in die Ebne, wo am Teich der Diana noch Eisenringe verraten, daß hier der Hafen der Stadt lag. Ich wanderte zu den Ruinen welche nahe liegen. Rings sind die Hügel überstreut mit Steinen und Mauertrümmern, aber ich fand kein einziges Ornament, weder Kapitäler noch Friese, nichts als rohes, kurzes Material. Man sieht hie und da den Ueberrest von Gewölben, einige Stufen von einem Circus und eine Ruine, welche das Volk casa reale nennt und die man für das Prätorianerhaus ausgeben will. Doch weiß ich nicht aus welchem Grunde, denn die Reste lassen nichts mehr erkennen, nicht einmal die Epoche. Nach dem Umfange zu schließen war Aleria eine Stadt von etwa 20,000 Einwohnern. Man fand auf dem Felde Vasen und römische Münzen; Ziegenhirten sagten mir, daß vor drei Tagen Jemand eine goldne Münze gefunden habe. Ein rückkehrender Strandsoldat aber spannte meine Neugier aufs Höchste, da er mir sagte, daß er zwei Marmortafeln gefunden habe, welche eine Inschrift enthielten, die Niemand entziffern könne. Die Marmortafeln seien in einem Hause verschlossen, aber er habe eine Abschrift genommen. Er holte hierauf seine Brieftasche; es waren zwei lateinische Inschriften, welche dieser vortreffliche Altertumsforscher in einer wahrhaft phönizischen Weise copirt hatte, so daß ich nur mit Mühe erkennen konnte, wie die eine eine Botivschrift aus der Zeit des Augustus, die andere eine Grabinschrift war.

Das war alles, was ich von dem alten Aleria fand.

Drittes Kapitel.

Theodor von Neuhoff.

Abenamar, Abenamar,
Moro de la Moraria,
El dia que tu naciste
Grandes señales avia.
Maurische Romanze.

In Aleria war es, wo am 12. März 1736 Theodor von Neuhoff landete, der in Corsica die Reihe der Emporkömmlinge eröffnen sollte, welche der neuesten Geschichte Europa's einen mittelalterlich romantischen Zug geben.

Ich sah also an jenem Morgen in Aleria das Bild dieses phantastischen Glücksritters, wie ich es abconterfeit gesehn in einem noch nicht herausgegebenen genuesischen Manuscript aus dem Jahre 1739: Accinelli, historisch-geografisch-politische Denkwürdigkeiten des Königreichs Corsica. Dieses Manuscript ist im Besitze des Herrn Santelli zu Bastia, welcher mir gerne Einsicht in dasselbe verstattete, mir aber nicht erlauben wollte, einige Originalbriefe daraus zu copiren, die ich indeß später doch aufgefunden habe. Mit welchem Sinn der Genuese seine Schrift verfaßt hat, sagt das Motto auf derselben, welches die Corsen so benennt: Generatio prava et exorbitans. Bestiae et universa pecora — schlechtes und freches Volk, Bestien und alles Viehzeug. Dieses Motto hat der Genuese aus der Bibel genommen. In seinem Manuscript hat er den Theodor in Wasserfarben nach dem Leben gemalt, in maurischer Kleidung, dazu Perrücke und kleines Hütchen, Schleppsäbel und

Rohrstock. Er steht gravitätisch am Meer, aus welchem man eine Insel herausragen sieht.

Man kann den Theodorus von Corsica auch schön ab= conterfeit finden in einem deutschen Büchlein vom Jahre 1736, welches in Frankfurt gedruckt worden ist unter dem Titel: „Nach= richt von dem Leben und Thaten des Baron Theodor von Neu= hofen, und der von ihm gekränkten Republic Genua, heraus= gegeben von Giovanni di S. Fiorenzo."

Die Vignette zeigt Theodor in spanischer Tracht. Im Hinter= grunde sieht man eine ummauerte Stadt, wahrscheinlich Bastia, und vor derselben auf das Vergnüglichste dargestellt drei Men= schen, von denen der eine am Galgen hängt, der andre ge= spießt ist und der dritte im Begriffe ist sich vierteilen zu lassen.

Das Erscheinen Theodors in Corsica und seine romanhafte Ernennung zum Könige der Corsen beschäftigte damals alle Welt. Dies geht schon aus jenem deutschen Büchlein hervor, welches noch in demselben Jahre 1736 erschien. Da es zu= gleich das einzige deutsche Buch ist, welches ich zu meinen Studien über die Corsen benutzt habe, so will ich Einiges daraus mitteilen.

Dies ist die Beschreibung der Insel Corsica aus jener Zeit:

„Es ist Corsica eine der größten Insuln des mittelländi= schen Meeres, über der Insul Sardinien gelegen. Sie ist etwa 25. teutsche Meilen lang und 12. breit. Der Lufft nach wird sie nicht eben allzugesund gehalten; doch ist das Land ziemlich fruchtbar, ob es gleich mit vielen Bergen und steinigten Gegen= den untermischet ist. Die Einwohner haben den Ruhm, daß sie muthig und in Waffen hurtig sind; alleine man saget ihnen zugleich nach, daß sie sehr boshafft, rachgierig, grausam und räuberisch sind. — Nächst dem haben sie den Ruff, daß sie grobe Corsicaner genennet werden, welchen Charakter ich ihnen auch nicht streitig machen werde."

Die Nachricht von der Landung Theodors wurde nach dem

Büchlein durch Briefe von Bastia unter dem 5. April also
mitgeteilt:

„In dem Hafen von Aleria ist jüngsthin ein Englisch Schiff,
welches dem Consul selbiger Nation zu Tunis gehören soll,
und mit demselben eine, dem Ansehen nach, sehr vornehme
Person angelanget, die einige für einen Königlichen Printzen,
andere für einen Englischen Lord, und noch andere für den
Printzen Ragotzy ausgeben. So viel hat man Nachricht, daß
er sich zur Römischen Religion bekennet, und den Namen Theodor
führet. Seine Kleidung ist nach Art der Christen, die in die
Türkey reisen, und bestehet in einem langen Scharlachnen ge-
fütterten Rocke, Peruqve und Huth, nebst Stock und Degen.
Er hat ein Gefolge von 2 Officieren, einem Secretario, einen
Prediger, einen Ober=Hof=Meister, einen Hof=Meister, einen
Küchen=Meister, 3 Sclaven und 4 Laqvayen bey sich, auch
hiernächst 10 Canonen, über 7000 Flinten, 2000 paar Schuhe,
und eine große Menge von allerhand Vorrath, darunter 7000
Säcke Mehl, ingleichen verschiedene Kisten mit Gold= und Silber=
Species, darunter eine starcke mit Blech beschlagen mit silbernen
Handhaben, voller gantzen und halben Zechinen, aus der
Barbarey ans Land bringen lassen, und wird der Schatz auf
2 Millionen Stück von Achten gerechnet. Die Anführer der Corsen haben denselben mit großen Ehren=Bezeugungen empfangen,
und ihm den Titel Jhro Excellentz und eines Vice=Königs bey-
geleget; wie er dann bereits 4 von den Corsen zu Obersten
ernennet, und iedem Monatlich 100 Stück von Achten be-
stimmet, hiernächst 20. Compagnien errichtet, iedem Gemeinen
ein Feuer=Rohr, ein paar Schuhe und eine Zechine reichen
lassen, ein Capitain aber bekommt vorietzo monatl. 11 Stück
von Achten, und wenn die Compagnien in völligem Stand
seyn werden, 25. Seine Residentz hat er zu Campo Loro in
dem Bischöfflichen Pallast genommen, vor welchem 400 Mann
mit 2 Canonen Wache halten. Es verlautet hiernächst, daß

er sich nach Casincha, ohnweit St. Pelegrino begeben würde,
und erwarte er nur noch einige große Kriegs = Schiffe, welche
gegen den 15. dieses ankommen sollen, um die Genuesen mit
aller Macht zu Lande und zur See anzugreiffen; zu welchem
Ende er noch viele Compagnien errichten wird. Man versichert,
daß er von einigen Catholischen Potentaten in Europa ab=
geschicket worden, die sein Unternehmen auf alle Weise unter=
stützen wollen; daher man zu Genua in die äusserste Furcht
gesetzet ist, und die Sache der Genueser auf dieser Insul so
gut als für verlohren ansiehet. Einige neuern Nachrichten fügen
hinzu, daß vorermeldeter Frember seinen Hof = Staat immer
mehr auf das prächtigste einrichte und jedesmal von einer
Garde in die Kirche begleitet werde, auch einen, Namens
Hyacinth Paoli, zu seinem Schatz = Meister, und einen der
Vornehmsten zu Aleria zum Ritter ernennet habe."

Nun war man eifrig bemüht, den Lebensumständen und
der Genealogie Theodors nachzuforschen. Nach dem romantischen
Spanien und nach Paris wiesen hauptsächlich seine Abenteuer
und seine Verbindungen. Doch hier ist ja ein Brief aus
unsrem Büchlein, welchen ein westphälischer Edelmann an seinen
Freund in Holland den Baron Theodor betreffend schreibt.

* * *

Jugendroman aus dem Leben Theodors von Corsica,
dargestellt in einem Briefe.

„Mein Herr!

Ich mache mir ein allzu grosses Vergnügen Euch in allem,
so von mir abhanget, ein Genügen zu leisten, als daß ich
Euch dasjenige, so mir von dem Leben eines Menschen, der
beginnet in der Welt ein Aufsehen zu machen, bewust ist,
nicht sollte zu wissen thun.

Ihr habet, mein Herr, in den Zeitungen gelesen, daß

Theodor von Neuhoff, dem die Corsen die Krone angetragen, in Westphalen in einem dem König in Preußen zugehörigen District geboren. Dieses ist wahr, und ich kann solches um so viel leichter mit bezeugen, weil er und ich mit einander studirt, und einige Jahre in einer vertrauten Freundschaft gelebet haben. Wir haben fast diejenigen Exempel vergessen, so uns das Alterthum von Personen mittelmäßigen Standes, die den Thron bestiegen, angegeben; allein Kuli Cham in Persien, und Neuhoff in Corsica erneuern selbige wieder bey uns. Dieser letztere ist zu Altena, einem klein Städtchen im Westphälischen, geboren, wohin sich seine Mutter bei einem Edelmann aus ihrer Freundschaft begeben, nachdem sie ihren Mann zu frühzeitig verloren, welcher sie im Wittwenstand und Schwangerschaft mit dem Theodor hinterlassen.

Sein Vater war Hauptmann unter der Leib-Garde des Bischoffs von Münster, und sein Groß-Vater, welcher unter den Waffen grau geworden, hatte ein Regiment unter dem grossen Bernhard von Galen commandiret. Bey dem Tode seines Vaters waren seine häuslichen Geschäffte sehr verworren, und ohne seinen gutthätigen Vater, welcher sie aufgenommen, würden sie in einem betrübten Zustande gewesen seyn. Als er zehen Jahr alt war, brachte man ihn in das Jesuiter Collegium zu Münster, dem Studiren obzuliegen, wo er in kurzer Zeit gute Progressen machte. Ich kam ein Jahr darnach in dasselbige Collegium, und wie die Güter seines Vaters an die meinigen gränzeten, so hatten wir schon in der ersten Kindheit eine Freundschafft unter uns errichtet, welche sich in der Folge aufs genaueste befestigte. Er war von einer Leibes-Gestalt, die sein Alter überstiege, und seine lebhaffte und feurige Augen zeugten schon von seinem Muth und Herzhafftigkeit. Er war sehr fleißig und unsere Lehrer stelleten ihn uns beständig zum Exempel vor. Das was bey andern Schülern Mißgunst erregte, machte mir ein Vergnügen, und erweckte in mir das Verlangen, ihm in seinem Fleiß nachzufolgen. Wir blieben sechs Jahr beysammen zu Münster, und da mein Vater unsere genaue Vereinigung erfahren, nahm er sich vor, um mich nicht von ihm zu trennen, ihn zu meinem Reise=Gesellen zu machen, und ihm die Mittel, dabey ehrlich auszukommen, zu geben.

Man schickte uns nach Cöln, um daselbst unser Studiren und Exercitien fortzusetzen. Es däuchte uns unter einem neuen Clima zu seyn, da wir von dem eingeschrenckten Wesen der Schul=Tyranney befreyet waren und anfingen die süße Frey=heit zu schmecken. Vielleicht hätte ich selbige gemißbrauchet, wenn mein kluger Gefährte mich nicht von allen Arten eines liederlichen Lebens klüglich abgehalten hätte. Wir waren bey einem Professor in der Kost, dessen Frau, obschon etwas bey Jahren, war von einem aufgeweckten Gemüth, und ihre zwey Töchter eben so aufgeweckt als schöne, verknüpfften diese beyden Eigenschafften mit einer sehr klugen Aufführung. Nach dem Abendessen belustigten wir uns ordentlich einige Stunden mit Spielen, oder wir giengen in einen Garten, den sie am Thore der Stadt hatten, spazieren.

Diese anmuthige Gesellschafft dauerte bey nahe zwey Jahre, als sie durch die Ankunfft des jungen Grafen von M***, den sein Vater in dasselbe Haus, da wir logirten, that, ge=störet wurde. Er hatte einen Hofmeister, der ein Cölner von Geburt war, und da er seit langen Jahren daselbst seine heimliche Gänge hatte, so verließ er zum öfftern seinen Unter=gebenen, selbigen nachzuhangen. Als wir sahen, daß ihm zu=weilen die Zeit lang wurde, waren wir zum Unglück die ersten, die dem jungen Grafen den Vorschlag thaten, in unsere Ge=sellschafft mit einzutreten, welchen er mit Vergnügen annahm.

Theodor hatte allezeit seinen Platz zwischen denen zweyen Schwestern gehabt, und ich den Meinigen zwischen der jüng=sten und ihrer Mutter. Man ward genöthiget eine andere

Einrichtung zu machen, und aus Hochachtung für der Würde des Grafen, ihm die Stelle einzuräumen, welche der Baron von Neuhoff bis dahin inne gehabt. Ich wurde offt gewahr, daß mein Camerad gegen die älteste Schwester verliebte Augen machte, und daß, wenn sich ihre Augen einander traffen, die Schöne aus Sittsamkeit sich entferbte. Sie war eine artige Brunette, ihre Augen waren schwartz, und ihre Farbe von einer ungemeinen Weiße. Der Graf blieb nicht lang ohne äufferst verliebt in sie zu werden, und wie die Augen eines Verliebten viel besser als anderer sehen, so wurde Theodor bald gewahr, daß er der Mariana (so hieß dieses angenehme Mädgen) zu gefallen suchte, und geriethe darüber in ein tiefes Nachsinnen.

Was fehlet euch, werthester Freund? fragte ich ihn an einem Abend beym Schlaffengehen, ich finde euch seit einigen Tagen gantz in euren Gedancken vertieffet, ihr habet das aufgewedte Wesen nicht mehr, welches eure Unterredung so angenehm machte, ihr müsset nothwendig von einem innerlichen Verdruß angegriffen seyn. Ach! mein liebster Freund, antwortete er mir, ich bin unter einem unglücklichen Stern geboren, ich habe niemals meinen Vater gekannt, es ist niemand als ihr, der die Zufälle meines Lebens erleichtert, welches ohne euch noch unglücklicher seyn würde.

Aber warum machet ihr anietzo, versetzte ich, diese traurige Betrachtungen? mein Vater wird für euer Glück sorgen, und ihr selbst seyd vermögend dasjenige zu ersetzen, was euch das Glück entzogen. Bekennet es, Theodor, es ist gantz was anders, so euch beunruhiget, und wo ich mich nicht irre, haben die schöne Augen der Mariana schon allzuviel in eurem Hertzen gewirket.

Ich kann es nicht läugnen, war seine Antwort, und ich bin wohl gesonnen, euch alle meine Schwachheit zu bekennen. Ihr wisset, mit wie viel Vergnügen wir diese zwey Jahre

mit diesen liebenswürdigen Mädgens zugebracht haben. Mein
Herz lenkte sich gleich nach der Mariana, und indem ich
meynte weiter nichts als eine zärtliche Hochachtung gegen sie
zu haben, werde ich itzt gewahr, daß sie mir die allerheftigste
Liebe eingegeben. Die Ankunfft des jungen Grafens giebet
mir solche zu erkennen, ich nehme mehr als zu viel wahr,
die Aufwartung so er ihr machet, und das Vorrecht seiner
Geburt, für der meinigen, lässet mich fürchten, daß er dieselben Vorzüge auch in der Zuneigung der schönen Mariana
finden möge. An der Eiffersucht so ich empfinde, erkenne ich wie
hefftig ich sie liebe, ich vergesse darüber Essen und Trinken,
ich bringe die Nacht ohne Schlaff zu, und dieses zusamt dem
Liebes=Feuer, so mich verzehret, muß mich ganz und gar über
den Hauffen schmeissen.

Aber, mein lieber Theodor, sagte ich ihm, wie könnet ihr
euch, da ihr sonsten so klug seyd, von einer Leidenschafft ein=
nehmen lassen, welche keine andere als ganz betrübte Folge=
rungen vor euch haben kann. Mariana ist nicht von einem
Stande, daß ihr sie heyrathen könnet, und sie hat zu viel
Tugend, sich euch auf eine andere Art zu überlassen. Lasset
uns unsere Wohnung verändern, bey Entfernung des Gegen=
standes, so euch entzündet, werdet ihr nach und nach dessen
Andenken verlieren. Alles was ihr saget, hat guten Grund,
versetzte mir Theodor, aber seit wann habt ihr gehöret, daß
die Liebe raisoniret, und wisset ihr nicht, daß in diesem Fall,
wie in denen, so die Ehre betreffen, man niemand als sein
Herz zu rathe ziehet. Ich kann mich nicht von der Mariana
abziehen, ohne meiner selbst zu vergessen, die Wunde ist schon
so tief, daß sie nicht mehr kann geheilet werden. Allein was
werden eure Freunde sagen, fuhr ich fort, wenn ihr euch mit
ihr in so starcke Verbindungen einlasset, daß man keine Mittel
mehr haben wird, selbige zu hintertreiben. Euer Glücke be=
ruhet auf ihnen, sie werden nicht unterlassen, ihre gutthätige

Hände von euch abzuziehen, und euch derjenigen Erbschafft berauben, die ihr einsmals von ihnen zu gewarten habet.

Sie können thun, sagte er mir, alles was sie wollen, vor mich, ich werde niemals aufhören, die anbetenswürdige Mariana zu lieben.

Wir wünschten uns hierauf eine gute Nacht, ich schlief ein, allein Theodor brachte die Nacht nicht so geruhig zu. Ich fande ihn den Morgen so verändert und so abgemattet, daß ich unser den Abend gehabtes Gespräche nicht wieder anfangen mochte. Wir kehrten zu unsern studiren und Exercitien, und fanden uns Abends nach Gewohnheit bey unsrer kleinen Versammlung ein. Man zog ihn, wegen seiner verwirrten Gedancken, ein wenig auf, er schützte Kopf-Wehtage vor, und bath, man möchte ihn mit Spielen verschonen. Er bemerckte während dem Spiel die Augen der Mariana und des Grafen, er glaubte darinnen ein gewisses Liebesverständniß zu entdecken, welches ihn vollends zur Verzweiflung brachte. Wir begaben uns hinweg, und beym Eintritt in unser Zimmer sagte er, wohlan, zweifelt ihr noch an der Liebe, so Mariana und der Graf gegen einander hegen? Sie haben sich hundert verliebte Augen zugeworffen, er hat ihr beim Hinweggehen etwas ins Ohr gesaget, mein Unglück ist allzugewiß. Ich habe nicht alles dieses bemercket, versetzte ich ihm, die Eiffersucht hat euch vielleicht die Sache in einer gantz andern Gestalt gezeiget als mir.

Zwei oder drei Tage verstrichen unter dergleichen Reden. Unser Professor gab uns und anderen Personen, bey Gelegenheit der Mariana Namens-Tag, ein Gastmahl in seinem Garten. Der Graf hievon berichtet, hatte ihr des Morgens ein Bouquet nebst einer kostbaren Diamanten-Rose verehrt. Es brauchte nichts mehr, den Theodor außer sich selbst zu bringen, er verfiel in ein schwermüthiges Stillschweigen, er aß fast nichts während der gantzen Mahlzeit; das Kopf-Weh mußte ihm wieder zu Hülffe kommen, man stund von der Tafel auf, und nach einigen Spazier-Gängen fieng man den Ball an. Der Graf eröffnete selben mit der Mariana, welche wie es nothwendig seyn mußte, Ball-Königin war. Theodor wollte nicht tanzen, sondern spazierte die ganze Nacht im Garten herum. Der Ball währte bis an den Morgen, da wir nach Haus zurück kehrten.

Ich gieng in mein Zimmer, mein Camerad war unten im Hof zurück geblieben, und da er den Grafen daselbst fand, nöthigte er ihn den Degen zu ziehen. Ich hörte das Klingeln der Degen, lief aufs geschwindeste herunter, allein ich kam zu spät, er hatte dem Grafen schon den tödtlichen Stich bey= gebracht, und sich durch die Hinter=Thür mit der Flucht ge= rettet. Ihr könnet urtheilen von dem Schmerzen und dem Be= stürzen, so diese That in dem ganzen Hause verursachet. Man brachte den armen Grafen auf sein Bette, wo er zwey Stun= den hernach verschied. Weder ich noch seine Freunde konnten erfahren, wo er hingekommen, und wir hätten es auch nie= mals erfahren, ohne die Briefe die er uns vor einigen Monaten aus der Insul Corsica schrieb.“

*   *   *

Was von dem Leben Theodors, ehe er nach Corsica kam, verlautete, und das ist natürlich bei der Natur dieses Mannes unsicher und widersprechend, zeigt ihn uns als einen der her= vorragendsten und glücklichsten aus der Reihe der Abenteurer des achtzehnten Jahrhunderts. Die Erscheinung solcher Menschen, wie Cagliostro, Saint Germain, Law, Theodor, Casanova, Königsmark ist ein höchst charakteristischer Widerspruch zu ihren großen Zeitgenossen Washington, Franklin, Paoli, Pitt, Fried= rich dem Großen. Indem diese die Grundlagen einer neuen Staaten= und Gesellschaftsordnung legen, kündigen jene wie flatternde Sturmvögel die elementarische Bewegung der Geister an. Man erzählt, daß Theodor Page bei der berühmten Herzogin

von Orleans wurde und zum vollendeten Hofmanne sich aus=
bildete. Seine Proteus=Natur trieb ihn in die verschiedensten
Bahnen. In Paris verschaffte ihm der Marquis von Courcillon
eine Officierstelle. Er wurde ein leidenschaftlicher Spieler;
dann entfloh er, um sich vor seinen Gläubigern zu retten, zu
dem Baron von Görtz nach Schweden, und nach der Reihe
tritt er in Verbindung mit den ränkevollen und genialen
Ministern jener Zeit, mit Ripperda, Alberoni, endlich mit
Law, welche mehr oder minder denselben Charakter der Glücks=
ritter auch auf die Politik übertrugen. Theodor wurde der
Vertraute Alberoni's und gewann so großen Einfluß in Spanien,
daß er sich ein beträchtliches Vermögen zusammenraffte, bis
Alberoni stürzte und er wieder auf den Sand geriet. Er klam=
merte sich nun an Ripperda, und heiratete ein Hoffräulein
der Königin von Spanien. Elisabeth Farnese, Meisterin aller
Ränke, hatte ein hohes Spiel gespielt, um ihrem Sohne Don
Carlos ein Königreich in Italien zu verschaffen; all' dies ge=
schah in abenteuerlicher Weise. Die Welt war damals voll
von Emporkömmlingen, Prätendenten, Phantasten und Glücks=
jägern. Man kann ihrer eine ganze Reihe zusammenstellen und
dies auf politischem Boden: Don Carlos, Carl Stuart, Rakotzy,
Stanislaus Leszcinski, die Creatur des großen Abenteurers
Carl von Schweden, außer den schon genannten Staatsmännern
die Emporkömmlinge Rußlands, Menczikof, Münnich, Biron;
Mazeppa und Patkul gehören auch noch in den Anfang der
großen Reihe. Zugleich war es die Zeit des entschiedenen
Weiberregiments in Europa. Wir sehn also, auf welchem
Boden unser Theodor stand.

Sein Weib war eine Spanierin, doch wie es scheint aus
irländischem oder englischem Geschlecht, eine Verwandte des
Herzogs von Ormond. Sie scheint nicht gerade ein Ausbund
von Schönheit gewesen zu sein. Theodor verließ sie, und man
will wissen, nicht ohne ihre Juwelen mitgenommen zu haben.

Er ging nach Paris, wo er sich bei Law einzuschmeicheln wußte und mit Hülfe der Mississippi=Actien sich eine Menge Geld erschwindelte. Eine „Lettre de Cachet" half ihm wieder auf die Wanderschaft, und so trieb er sich in allen Ländern der Welt alles versuchend umher, in England, namentlich in Holland, wo er Speculationen anzettelte, spielte, Schulden machte. Wie er nach Genua kam habe ich in der Geschichte der Corsen erzählt; vielleicht machte ihm seine Schuldenlast eine Krone sehr wünschenswert. Und so haben wir das ergöt= liche Schauspiel, einen Mann plötzlich als gekrönten Herrscher dastehn zu sehn, welcher vor kurzem vielleicht auch seinen Schneider unter seinen Gläubigern zählte. Solche Dinge sind in Zeiten möglich, in denen die Grundlagen der staatlichen Ordnung bis ins Tiefste erschüttert sind; dann spürt man so= fort romantische Lüfte in der Welt wehen, und das Unmög= lichste darf wirklich werden.

Wir wissen, daß Theodor nach Genua kam, mit den exilirten Corsen dort und in Livorno Verbindungen anknüpfte, den Ge= danken faßte König der Corsen zu werden und nach Tunis ging. In der Berberei wurde er gefangen, deshalb nahm er später eine Kette in sein königliches Wappen auf. Sein Genie befreite ihn nicht allein aus der Gefangenschaft, sondern verhalf ihm auch zu den Mitteln, mit denen ausgerüstet er plötzlich in Corsica landete. Kaum dem Gefängniß entronnen, wurde er König.

Aus Corsica schrieb er den folgenden Brief an seinen westphälischen Vetter den Herrn von Droft; diesen Brief sowol als alle andern Documente, die ich mitteile, las ich im Manu= script des Genuesen Accinelli und fand ich abgedruckt als authentische Aktenstücke in dem dritten Bande Cambiaggi's; auch das kleine deutsche Buch gibt sie, und so will ich das Schreiben nach seinem Text und nicht nach einer Uebersetzung aus dem Italienischen wiedergeben, weil er möglicherweise die deutsche Abfassung des Theodor sein kann.

„Mein Herr, und Hochgeehrtester Herr Vetter.

Die Hochachtung und Gütigkeit, welche Ew. Excellenz von
der zartesten Jugend an vor mich getragen, machen mir die
Hoffnung, daß Sie noch beständig mich mit einem Antheil ihres
Andenkens und Wohlwollens beehren. Obwohl ich wegen der
Unordnung und Derangements, die von einigen Mißgünstigen
verursachet worden, und vielleicht auch wegen meiner natür=
lichen Begierde und Neigung, unbekannter Weise zu dem Ende
Reisen zu thun, damit ich nehmlich bereinst nach meiner Ab=
sicht dem Nächsten nützlich seyn möchte, so viele Jahre unter=
lassen, Ihnen von meinem Zustande Meldung zu thun: so
bitte ich doch zu glauben, daß Sie jederzeit in meinem Ge=
dächtniß gegenwärtig gewesen, und ich keine andere Ambition
gehabt, als in dem erwünschten Stand in mein Vaterland
zurück zu kehren, da ich vermögend wäre, gegen meine Wohl=
thäter und Freunde dankbar zu seyn, und die wider mich
ausgebreitete ungerechte Calumnien zu zernichten. Endlich aber
kan ich als ein aufrichtiger Freund und guter Anverwandter
nicht ermangeln, Ihnen zu eröffnen, daß es mir nach vielen
Verfolgungen und Widerwärtigkeiten gelungen, persönlich in
dieses Königreich Corsica zu kommen, und das Anerbieten der
hiesigen getreuen Einwohner, da sie mich zu ihrem Oberhaupt
und König erkläret und aufgenommen, zu acceptiren: so daß,
weil ich nach vielen seit zweyen Jahren ihrentwegen gethanen
grossen Aufwand, erlittener Gefangenschaft und Verfolgung,
nicht mehr im Stande gewesen, mehrere Reisen zu thun, um
sie einmahl von der tyrannischen Beherrschung der Genueser
zu befreyen; Ich mich endlich nach ihren Verlangen in dieses
Land begeben, und als König erkannt und proclamiret wor=
den; Und ich hoffe unter Göttlichem Beystand mich dabey zu
erhalten. Ich würde mich glücklich schätzen, mein werther
Vetter, wenn Sie mich durch Uebersendung einiger aus meiner
Freundschaft erfreuen, und trösten wolten, damit ich sie nach

Zufriedenheit emploⱬiren, und Ihnen an meinem Glück Theil
geben möchte: Welches Glück ich durch die auf meinen Reiſen
erlangte Vortheile, durch göttliche Hülffe, zur Ehre Gottes,
und zum groſſen Nutzen meines Nächſten noch herrlicher zu
machen hoffe. Es wird Ihnen wohl nicht bekannt ſeyn, daß
ich das Unglück gehabt, voriges Jahr auf dem Meer gefangen
und als ein Sclave nach Algier geführet zu werden: Daraus
ich mich aber dennoch zu retten gewußt, gleichwohl dabey einen
groſſen Verluſt erlitten ꝛc. Ich muß indeſſen auf eine andere
Zeit verſchieben, Ihnen zu melden, was ich durch die Gnade
Gottes erworben; Und vorietzo nur bitten, daß Sie auf mich
ſo viel Rechnung als auf ſich ſelbſt machen, und verſichert
ſeyn können, daß ich die aufrichtigen Kennzeichen der von
Jugend an mir in größtem Maaß erwieſenen Freundſchaft in
mein Hertze eingezeichnet, und ich mich auf Alle Weiſe bemühen
will, Ihnen würckliche Merkmahle meiner aufrichtigen Ergeben-
heit, womit ich Ihnen allſtets zugethan ſeyn werde, zu geben;
indem ich von gantzem Hertzen der Ihrige und ein treuer
Freund und Vetter bin.

Den 18. Mart. 1736.

Der Baron von Neuhoff,

erwehlter König in Corſica, unter dem Namen Theodor der Erſte.

P. S. Ich bitte, Sie wollen mir Bericht von Ihrem Zuſtand
geben, und von meinetwegen alle die werthe Familie und
Freunde grüſſen; Und gleichwie meine Erhebung ihnen zur
Ehre gereichet; So hoffe ich, ſie werden insgeſamt zu meinem
Beſten beytragen helffen, und zu mir kommen, um mir mit Rath
und That beyzuſtehen. Weil auch in vielen Jahren keine Briefe
von meinen Freunden aus dem Brandenburgiſchen empfangen,
ſo erlauben Sie, daß ich Ihnen beyliegenden Brief mit dem
Erſuchen überſende, um ſelbigen nach Bungelſchild zu befördern,
und mir Nachricht zu ertheilen, ob mein Oheim noch am Leben
iſt und was meine Vettern zu Rauſchenberg Gutes machen.

Viertes Kapitel.

Theodorus der Erste von Gottes Gnaden und durch die heilige Trinität erwählter König auf Corsica.

Kaum war Theodor in Corsica angelangt und in der Welt ruchtbar geworden, als die von ihm „getränkte" Republik Genua ein Manifest erließ, worin sie sich über seine Person verneh= men ließ, und die Genueser, sagt das deutsche Büchlein, be= schrieben in einem Edict den Theodor sehr häßlich.

Sie beschrieben ihn freilich sehr häßlich, wie man hier sehen wird:

<blockquote>

Wir Doge, Governatoren und Procuratoren
der Republik Genua.

Auf die uns zugekommne Nachricht, daß in unsrem König= reiche Corsica in dem Hafen Aleria das kleine Kauffahrteischiff des englischen Capitäns Dick Kriegsvorräte und eine gewisse berüchtigte, orientalisch gekleidete Person ans Land gesetzt hat, welcher es unbegreiflicher Weise gelungen, bei den Häuptern und beim Volke sich beliebt zu machen; da dieser Fremde den= selben Waffen, Pulver und einige Geldmünzen wie andre Dinge ausgeteilt hat, ferner mit dem Versprechen auf eine mehr als hinreichende Hülfe ihnen verschiedene Ratschläge gibt, welche die Ruhe stören, die zum Wol der Untertanen unsres besagten Reiches wiederherzustellen wir uns angelegen sein lassen, so sind wir mittelst glaubwürdiger Zeugnisse von der wirklichen Eigenschaft und dem Leben dieses Menschen unter= richtet. Es ist uns demnach bekannt, daß er aus der west= phälischen Mark zu Hause sei, daß er sich für den Baron von Neuhof ausgibt, daß er sich berühmt der Alchimie, der Cab= bala und der Astrologie, mit deren Hülfe er viele wichtige Geheimnisse entdeckt habe, daß er sich ferner als eine irrende

</blockquote>

und vagabondirende Person von wenig Glück bemerklich ge=
macht hat.

In Corsica wird er Theodor genannt. Im Jahre 1729
kam er mit diesem Namen nach Paris, wo er sein aus Irland
gebürtiges und in Spanien genommenes Weib mit einem
Kinde verlassen hat.

Während er die Welt durchreiste hat er seinen Zunamen
und seinen Geburtsort verleugnet. In London hat er sich für
einen Deutschen, in Livorno für einen Engländer, in Genua
für einen Schweden ausgegeben, und sich bald Baron von
Naraer, bald von Smihmer, bald von Nissen, bald von Smit=
berg genannt, wie das aus seinen Pässen und andern be=
währten Schriftstücken, aus verschiedenen Städten datirt und
aufbewahrt, unter vielem zu ersehn ist.

Indem er so den Namen und seine Heimat gewechselt hat,
gelang es ihm durch seine Betrügereien auf Kosten anderer
zu leben, und es ist bekannt, daß er in Spanien um das
Jahr 1727 die ihm zur Werbung eines deutschen Regiments
vorgeschossenen Gelder verschwendet und sich dann aus dem
Staube gemacht hat, daß er auch sonst an vielen Orten Eng=
länder, Franzosen, Deutsche und andere von andern Nationen
betrogen hat.

Wo er solche Betrügereien verübt hat, hat er sich bemüht
verborgen zu bleiben. Als er aber weggewesen, ist er durch
die von ihm verübten Gaunereien sehr ruchtbar geworden, wie
das zumal der von einem deutschen Cavalier unter dem
20. Februar dieses Jahres 1736 geschriebne Brief ausweist.

Daß er aber solchergestalt zu leben gewohnt gewesen ist,
lehrt, daß er vor einigen Jahren von dem Bankier Jaback
in Livorno 515 Stücke geliehen hat mit dem Versprechen, sie
sollten ihm in Cöln erstattet werden. Nachdem dieser sich be=
trogen sah, ließ er ihn festnehmen. Um wieder auf freien
Fuß zu gelangen, bediente er sich eines Schiffspatrons, den

er verleitete für ihn zu bürgen, und nachdem seine Loslassung
durch das von dem Notar Gumano in Livorno unter dem
6. September 1735 aufgenommne Instrument bekannt ge=
worden war und er sich auch die Zeit seines Arrestes über
krank befand, wurde er in das Badspital erwähnter Stadt
aufgenommen, um als ein Bedürftiger curirt zu werden.

Vor ungefähr drei Monaten begab er sich mit Empfehlungs=
briefen von Livorno nach Tunis, wo er den Medicus machte,
und mit den Häuptern des dasigen ungläubigen Landes mehre
geheime Conferenzen hielt. Daselbst hat er hernach Waffen
und Kriegsvorrat bekommen, womit er sich in Gesellschaft des
Christophorus, Brubers des Boungiorno Arztes in Tunis,
dreier Türken, worunter sich ein gewisser Mohamet befindet,
der auf den toscanischen Galeeren Sclave gewesen, zweier
ihrem väterlichen Hause entlaufner Livorneser, Namens Johann
Attimann und Giovanni Bonbelli, und eines Geistlichen von
Portugal, der sich auf Veranlassung der Missionsväter von
Tunis und mit Grund von dort hatte entfernen müssen, nach
Corsica begeben hat.

Unter so bewandten Umständen und solchen unbezweifelten
Zeugnissen, und da dieser Mensch sich in die Lage gesetzt hat,
Corsica zu beherrschen, mithin unsere Untertanen von dem
ihrem natürlichen Fürsten schuldigen Gehorsam böswillig ab=
zuwenden, und da auch zu befürchten steht, daß eine Person
von so schändlichen Absichten im Stande sei noch mehr Ver=
wirrungen und Unruhen unter unserem Volke anzuzetteln: so
haben wir beschlössen, alles kund und offenbar zu machen, und
zu erklären, wie wir es mit gegenwärtigem Edict also thun,
daß dieser so genannte Baron Theodor von Neuhoff als ein
wirklicher Urheber neuer Empörungen, Verführer des Volks,
Störer der allgemeinen Ruhe, des Hochverrats und des Ver=
brechens der beleibigten Majestät schuldig sei, demnach alle
durch unsere Gesetze bestimmten Strafen verwirkt habe. . .

Wir verbieten demnach allen mit gedachter Person Um=
gang oder Verkehr zu pflegen, und wir erklären alle diejenigen,
so ihm Hülfe und Beistand leisten oder so sonst um unser
Volk noch mehr zu verwirren und zum Aufruhr zu reizen,
die Partei dieses Menschen halten werden, als schuldig der
beleidigten Majestät und als Störer der öffentlichen Ruhe und
als in eben dieselbe Strafe verfallen.

Gegeben in Unserem Königlichen Palaste, am 9. Mai 1736.

Gezeichnet: Joseph Maria.

Die gekränkte Republik Genua hatte mit diesem Manifest
keinen Erfolg. Selbst in ihrer eignen Stadt Bastia schrieb
das Volk unter dasselbe Evviva Teodoro I. Re di Corsica,
und Theodor weitgefehlt, daß er sich seiner Emporkömmlings=
schaft schämte, sagte mit männlichem Humor: weil mich die
Genuesen für einen Abenteurer und Charlatan ausschreien, so
will ich mein Theater ehestens in Bastia aufschlagen.

Er erließ indessen ein Manifest als Antwort auf das ge=
nuesische, und dies ist sehr ergötzlich.

Theodorus, König auf Corsica. Dem Dogen und Senat zu
Genua seinen Gruß und viel Geduld.

Es ist mir noch nicht eingefallen, wie ich wol eine Unter=
lassungssünde begangen habe, daß ich meinen Entschluß nach
Corsica zu gehn, Hochdenenselben nicht zu wissen that; um
die Wahrheit zu sagen, hielt ich solche Förmlichkeit für un=
nötig, weil ich dachte, das Gerücht würde Sie ohnehin schon
davon benachrichtigt haben. Deshalb hielt ich es für über=
flüssig, Ihnen dasjenige selber kund zu thun, was dero corsi=
sche Minister Ihnen schon vorher mit pomphaften Erzählungen
kund gegeben.

Weil es mir aber dennoch scheint, daß Sie sich darüber
beklagten, daß ich Ihnen mein Vorhaben verschwiegen habe,

finde ich mich gemüßigt Ihnen aus Bürgerpflicht, wie jeder welcher verzieht seinen Nachbarn es anzeigt, anzuzeigen, daß ich meine Wohnung verändert habe. Ich muß deshalb be= merken, daß ich aus Ueberdruß über mein langes und vieles Herumreisen, welches ich wie Sie wissen gethan habe, endlich zu dem Schluß gekommen bin, mir ein Plätzchen in Corsica zu erwählen; da dies nun in Ihrer Nachbarschaft liegt, nehme ich mir die Freiheit Ihnen durch dieses Schreiben meine Visite abzustatten. Ihr Commissarius zu Bastia wird, wenn er Sie nicht wie seine Vorgänger betrügt, Sie von meiner besondern Bemühung, eine hinreichende Truppenzahl nach besagter Stadt zu schicken, um ihr diese unsre neue Nachbarschaft vollkommen zu erkennen zu geben, versichern können.

Weil aber das Wegziehn zwischen Nachbarn oft wegen Gränzscheidung, Durchzug oder sonst Streit erregt, so will ich deshalb weiterer Complimente mich enthalten, sondern mit Ihnen gleich von unsern Angelegenheiten reden, um so mehr als man mich von verschiednen Orten her versichert, daß Ihnen unsre neue Nachbarschaft sehr lästig sei, daß Sie dieselbe bitter schmähen und sie aller Pflicht zuwider sogar gänzlich ablehnen. Die von Ihnen gegebne Erklärung, daß Ihr Nachbar ein Störer der allgemeinen Ruhe und des Friedens und ein Volks= verführer sei, ist die sonnenklarste Lüge, welche man nicht nur hie und da sondern vor der ganzen Welt als Wahrheit ausgibt, obwol Jedermann weiß, daß der Friede und die Ruhe schon vor sieben Jahren aus Corsica verbannt gewesen sind, und daß Sie erst durch Ihre Regierung dieselbe gestört und dann durch Grausamkeit verbannt haben. Diese Staats= maximen haben unter dem Scheine den Frieden zu befördern die armen Corsen in ein Blutbad gestürzt.

Dies war Ihr Verhalten und so haben Sie aus Corsica den Frieden und die Ruhe verjagt, nachdem sie durch den Kaiser mit so großer Mühe war wieder hergestellt worden.

Ihr frevelvoller und hartnäckiger Pinelli verleitete das Volk, und in solchem Zustande habe ich es gefunden, nachdem ich nur wenige Tage hier zu wohnen gekommen bin. Warum aber wird die Schuld von dem, was Sie selbst verbrochen haben, auf mich gewälzt? In welchem Gesetze hat man gelesen, daß ein so einfältiger Nachbar als ich bin, des Hoch= verrats schuldig sein könne? Verräterei setzt eine durch gröb= lichsten Frevel gebrochne Freundschaft voraus, welcher unter dem Scheine von Freundschaft begangen wird. Gesetzt nun, Sie wären von mir gröblichst beleidigt, was für eine Freund= schaft hat wol unter uns beiden bestanden? und wann bin ich Ihr Freund gewesen? der Himmel verhüte es, daß ich mir je einfallen ließe einer Nation Freund zu sein, die so wenig Freunde hat!

Aber man will mit aller Gewalt beweisen, daß ich das Verbrechen der beleidigten Majestät begangen habe. Schon der Gedanke an eine so gräßliche Beschuldigung erschreckt mich. Allein nachdem ich ernstlich nachgeforscht habe, wo dero Ma= jestät sich herschreibe, so habe ich mich dadurch wieder be= ruhigt, daß ich trotz meines ernstlichen Nachforschens, sie nir= gends angetroffen habe. Sagen Sie mir doch, haben Sie solche Majestät von Ihrem Dogen überkommen, oder auf dem Meere erbeutet, da Sie Ihre Stadt den Mahomedanern zu einem Schutzorte überlassen und aus Gewinnsucht so viel Türken herbeigezogen haben, daß sie völlig zugereicht hätten, die ganze Christenheit zu überwältigen? Vielleicht haben Sie diese Majestät auf Ihren Schultern aus Spanien gebracht, oder sie muß irgendwie in Ihr Land aus England zu Schiff angekommen sein, welches durch einen englischen Kaufmann an einen Ihrer Landsleute, der gerade zum Dogen erwählt war, abgesandt worden war und einen Brief mitgebracht hatte, dessen Adresse also lautete: An den Herrn, Herrn N. N. Dogen von Genua und Kaufmann von allerhand Waaren.

Sagen Sie mir doch im Namen Gottes, woher Sie die
Würde einer Monarchie und den Fürstentitel gewonnen haben,
da Ihre Republik vordem nichts anderes gewesen ist als eine
Zunft gewinnsüchtiger Piraten! Haben denn seit vielen hundert
Jahren andere Personen in ihren Ratsversammlungen gesessen,
als solche, die bürgerliche Aemter verwalten? und sind es
diese, von denen Sie Ihre Majestät erhalten haben? Ist nicht
der Name eines Herzogs, den Sie Ihrem Dogen geben, ein
ungebührlicher Titel? Ich bin versichert, daß die Gesetze und
Grundartikel Ihrer Republik so eingerichtet sind, daß Niemand
ein Fürst sein kann, als das Gesetz selbst, und daß Sie als
die Handhaber und Administratoren desselben sich den Namen
eines Souveräns ungebührlich zulegen und das Volk mit eben
so wenig Grund Untertanen heißen, da es ja mit Ihnen regieren muß, wie es auch in der That der Fall ist. Ob Sie
nun gleich in Ihrem Lande, worauf Sie kein Recht haben,
für jetzt noch in friedlichem Besitze bleiben, so kann ich doch
nicht einsehn, daß es Ihnen mit Corsica eben so wol gehen
müsse, wo das Volk, weil es offne Augen hat, auf seinen
gerechten Forderungen besteht und gezwungen ist sich das Joch
vom Halse zu schaffen. Ich für mein Teil bin fest entschlossen,
mich zu einer Partei zu halten wie mir es die Vernunft und
die Liebe zur Gerechtigkeit eingeben werden. Und weil Sie
mich durch die ganze Welt als einen Betrüger aller und jeder
Nationen ausgeschrieen haben, so habe ich mir jetzt vorgenommen einer Nation und das ist den unterdrückten Corsen
durch die That das Gegenteil zu beweisen. So oft ich nun,
indem ich Ihnen aus dieser Lüge heraushelfe, Sie betrügen
kann, so werde ich es mehr als gerne thun und werde es
Ihnen überlassen, wo Sie können ein Gleiches an mir zu thun.

Indessen glauben Sie sicher, daß meine Gläubiger das
Ihrige wol erhalten werden, weil Ihre Habseligkeiten, welche
mir die Corsen auf rechtmäßige Weise zum Präsent gemacht

haben, zur Bezahlung meiner Schulden mehr als hinreichen.
Doch sollte es mir Leid sein, wenn ich Ihrer Republik die
Härte, die sie in diesem Königreich verübt hat, nicht genugsam
sollte vergelten können, weil alle Bezahlung dagegen nicht groß
genug zu sein scheint.

Ich will nicht vergessen, Ihnen hiermit auch zu vermelden,
daß die Meinigen glückliche Fortschritte machen, allbieweil sie
wol werden gehört haben, daß ich so viel Truppen im Solde
habe als zu zeigen nötig ist, ich sei nicht nur fähig aus dem
Beutel anderer zu leben sondern auch geschickt genug, 10,000
Mann auf meine eignen Kosten zu unterhalten. Ob diese
ihren vollständigen Sold und Proviant erhalten, mögen jene
heldenmütigen Soldaten bezeugen, welche sich in den Mauern
von Bastia eingeschlossen halten, weil sie nicht die Courage
haben, im offnen Felde sich zu stellen, damit man sie in der
Nähe beschauen könne.

Ich versichere übrigens, daß so sehr Sie auch meinen
guten Ruf vor der Welt zu verunglimpfen sich Mühe geben,
ich nicht fürchte, es möchte dies bei diesen Menschen den von
ihnen eingebildeten Eindruck machen, und die Ducaten, welche
sie erhalten, möchten nicht von größerer Wirkung sein, als
alle Lästerungen, die Sie gegen meine Person fort und fort
erfinden. Noch muß ich Sie um eine Gefälligkeit ersuchen,
nämlich wenigstens dafür zu sorgen, daß sich in den zwischen
meinen und Ihren Truppen etwa vorfallenden Gefechten doch
Jemand von Ihren Landsleuten möge blicken lassen, welcher
das Commando über sie führe, weil der wahre Heldenmut,
den rechtschaffene Männer für ihr Vaterland hegen müssen,
bei dergleichen Männern unstreitig anzutreffen ist. Aber ich
glaube wol, daß ich die Erfüllung meiner Bitte nicht erreichen
werde, weil Sie sämmtlich mit Ihren Wechselbriefen, Wucher-
und Handelsgeschäften so viel zu schaffen haben, so daß der
Geist der Tapferkeit bei Ihnen keinen Platz finden kann. Des-

halb vermeine ich auch ganz und gar nicht, daß Sie mit Ihren Truppen jemals Ehre einlegen werden, weil diejenigen welche sie anführen sollten, weder Zeit noch Tapferkeit genug besitzen, sie nach dem Beispiel anderer großmütiger Nationen ins Feld zu führen.

Gegeben im Lager vor Bastia, am 10. Juli 1736.

Theodorus. Sebastiano Costa, Staatssecretär
und Großkanzler des Königreichs.

Dieses höhnende Schreiben mußte die Republik Genua allerdings auf das Tiefste kränken. Aber so ist der Lauf der Dinge, die stolze Beherrscherin der Meere war gesunken, ein kleines Volk vor ihren Toren schreckte sie mit Waffengewalt, ein fremder Glücksritter ließ straflos seinen Spott an ihr aus.

Die Wahlcapitulation war am 15. April 1736 in Alesani vollzogen und Theodor auf Lebenszeit zum Könige erwählt worden; nach ihm sollten die Krone seine männlichen Descendenten, nach dem Rechte der Geburt und des Alters erben, in Ermanglung männlicher Nachkommen auch die Töchter erbfähig sein. Hatte er selbst keine Leibeserben, so sollten seine Anverwandte auf den Tron gelangen. Aber die Corsen gaben ihrem Könige nur den Titel, sie bewahrten ihre Constitution.

Ich habe nicht gehört, daß der neue Herrscher daran dachte, dem Lande eine Königin zu geben, die Zeit eilte vielleicht zu sehr. Er richtete sich in dem bischöflichen Hause zu Cervione nach den Umständen ein, umgab sich mit Wachen und mit fürstlichem Ceremoniel, und spielte so gut den König, als ob er im Purpur wäre geboren worden. Wir wissen schon, daß er einen prächtig klingenden Hofstaat einführte und Grafen, Marchesi und Barone schuf. Die Menschen und ihre Leidenschaften sind sich überall gleich. Man kann sich als König empfinden in den düstern Stuben eines Dorfs, wie in den Prunksälen des Louvre, und ein Herzog von Chotolade oder

Marmelade am Hofe eines schwarzen Königs wird seinen Titel
mit kaum minderem Stolze tragen, als ein Herzog von Alba.
Man sah in Cervione auch Menschen sich herzudrängen, welche
an den Stralen der neuen Sonne sich erwärmen wollten und
Titel und Gunst begehrten; in dem schmutzigen Bergdorf, in
einem verwitterten Hause, welches ein königlicher Palast war,
weil es nun so hieß, spielten Ehrgeiz und Intrigue so gut
ihre Rolle, wie an jedem andern Hofe der Welt.

Einer der Akte königlicher Machtvollkommenheit Theodors
war auch die Stiftung eines Ordens, denn ein König muß
Orden verteilen. Wie ich schon erzählt habe, hieß der Orden
„von der Befreiung." Die Ritter sahen sehr schön aus. Sie
trugen ein azurblaues Kleid und ein Kreuz; mitten in diesem
stand ein Stern, darin die Figur der Gerechtigkeit eine Waage
in der Hand. Unter der Waage sah man einen Triangel, in
dessen Mitte ein T.; in der andern Hand hielt die Gerechtigkeit ein Schwert, unter welchem man eine Kugel mit darauf
befindlichem Kreuze sah. In den Ecken des Ordenszeichens
waren noch die Wappen der königlichen Familie angebracht.
Jeder Ritter mußte dem Könige Gehorsam zu Wasser und zu
Lande schwören; täglich zwei Psalmen singen, den vierzigsten:
Herr unsre Zuflucht, und den siebzigsten: auf dich, o Herr,
hab' ich gehofft.

Die sehr selten gewordnen Münzen Theodors in Gold,
Silber und Kupfer zeigen auf der einen Seite sein Brustbild
mit der Umschrift: Theodorus D. G. unanimi consensu
electus Rex et Princeps regni Corsici; auf der andern:
Prudentia et industria vincitur Tyrannis. Auf einigen
Münzen sieht man eine von drei Palmen getragne Krone mit
den Buchstaben T. R., auf der Rückseite die Worte pro bono
publico Corso.

Auch dem Scharfrichter gab Theodor die nötige Hofcharge
und manchen Mann ließ er hinrichten, weil er ihm gefährlich

schien. Besonders verdarb er es mit seinen Untertanen, nach=
dem er einen angesehenen Corsen Luccioni de Casacciolo hatte
hinrichten lassen, und auch sonst warf man ihm vor, daß er
auf die Tugend der corsischen Mädchen einige Versuche ge=
macht habe, deren Berechtigung nicht in der Wahlcapitulation
stand. Aber ein paar Jahre hindurch hingen ihm die Corsen
mit großer Treue an. Dieses arme Volk hatte in seiner Ver=
zweiflung nach einem Könige verlangt wie einst die Juden
einen König begehrt hatten, daß er sie von den Philistern
erlöse. Als er zum ersten Mal hinweggegangen war, erließen
sie dieses Manifest:

Wir
Don Louis Marchese Giafferi und
Don Giacinto Marchese Paoli,

erste Minister und Generale Seiner Majestät des Königs Theodor
unseres Souveräns.

Kaum haben wir die Briefe des Königs Theodor I., unsres
Herrn, erhalten, so haben wir um seinen Befehlen zu ge=
horsamen alle Völker der Provinzen, Städte, Flecken und
Castelle des Königreichs in die Stadt zu Corte berufen, um eine
Generalversammlung abzuhalten betreffs der Anordnungen und
Befehle unseres vorgenannten Souveräns. Die Versammlung
war allgemein wie von dem einen Teil der Berge so von dem
andern. Alle haben mit Befriedigung und Unterwürfigkeit die
Befehle Seiner Majestät aufgenommen, gegen welche sie ein=
mütig den Eid der Treue und des Gehorsams als gegen ihren
legitimen und obersten Herrn erneuert haben. Sie haben gleicher
Weise desselben Erwählung zum Könige von Corsica für ihn
und seine Descendenten bestätigt, wie das schon in der Con=
vention von Alesano unverbrüchlich ist stipulirt worden.
Zu dem Ende thun wir kund allen denen so es angeht

und endlich der ganzen Welt, daß wir beständig eine unver=
letzliche Treue gegen die königliche Person Theodors des Ersten
bewahren werden, und daß wir entschlossen sind als seine Unter=
tanen für ihn zu leben und zu sterben, und niemals einen
andern Herrn denn ihn und seine legitimen Descendenten zu
erkennen. Aufs neu schwören wir aufs heilige Evangelium,
in allen Stücken den Eid der Treue zu halten, im Namen
des hier versammelten Volkes.

Und auf daß gegenwärtiger Act alle Kraft und erforderliche
Autenticität habe, haben wir ihn in die Kanzelei des Königreichs
registriren lassen und haben ihn unterzeichnet mit unserer eignen
Hand und bekräftigt mit dem Insiegel des Königreichs.

Gegeben in Corte, am 27. December 1737.

Aehnliche Erklärungen wurden auch im Jahre 1739 wieder=
holt, als Theodor unter großem Jubel des Volkes wiederum
in Corsica landete. Bei dieser zweiten Landung wäre er bald
lebendig verbrannt worden. Ein deutscher Capitän Wigmans=
hausen, welcher sein Schiff befehligte, war von den Genuesen
bestochen worden, dasselbe in die Luft zu sprengen. In der
Nacht wachte Theodor mehremale auf, es war ihm als würde
er lebendig verbrannt. Da fiel es ihm ein mit seinen Dienern
in die Cajüte des Capitäns zu gehen, welchen er gerade be=
schäftigt fand, Zurüstungen zu treffen, um das Pulvermagazin
des Schiffs anzuzünden. Theodor verurteilte ihn auf der Stelle
zum Feuertode, dann verwandelte er das Urteil in die Strafe,
daß der Capitän am Mast seines Schiffes gehängt werden solle,
und augenblicks wurde die Sentenz vollzogen. Es hatte also
Theodor in seiner kurzen Herrscherlaufbahn auch ein Attentat
erfahren müssen.

Seine weiteren Schicksale in Corsica kennen wir schon. Nach=
dem er vergebens seine Inseltrone wieder zu gewinnen gesucht
hatte, ging er nach England zurück. Einen wunderbaren Lebens=

traum ließ er hinter sich, in welchem er sich einst auf einem wilden Eiland eine Krone auf dem Haupt, und ein Scepter in der Hand gesehn hatte, Marquis, Grafen, Barone, Cavaliere, Kanzler und Großsiegelbewahrer um ihn her. Nun saß er trauervoll und ein Bettler im Londner Schuldturm, wohin ihn seine Gläubiger geworfen hatten, und gedachte an den Königs= roman seines wechselvollen Wanderlebens und klagte mit nicht weniger Gefühl und Pein, daß er nun als Märtirer in der Gefangenschaft englischer Kaufleute schmachten müsse, als Napo= leon später im englischen Kerker zu St. Helena bitterlich klagte. Auch Theodor war eine gefallne Größe und eine tragische Person. Der Minister Walpole eröffnete eine Subscription zu Gunsten des armen Corsenkönigs und befreite ihn aus seinem Kerker. Zum Dank schenkte ihm Theodor das Großsiegel seines Reichs. Auch er starb wie Paoli und wie Napoleon auf dem Boden Englands, im Jahre 1756. Auf dem Kirchhof von Westminster liegt er begraben. Er war ein Mann wunderlich verwegen, phantastisch genial, unerschöpflich in Plänen, ausdauernder als sein seltnes Glück, und von allen tapfern Abenteurern der preiswürdigste, weil er für die Freiheit eines kühnen Volks männlich Kopf und Arm verwandte. Die grellsten Gegensätze des Lebens, die Königsherrschaft und den Schuldturm, in welchem ihm das Brod fehlte, hatte er an sich erfahren. Wir Deutsche wollen ihm einen Platz unter den Braven unsres Volks gern bewahren, und dieses kleine Erinnerungsmal setzte ich meinem tapfern Landsmann, sein Andenken wieder zu erneuern.

Fünftes Kapitel.

Mariana und Rückkehr nach Bastia.

Era già l'ora che volge il disio
Ai naviganti e intenerisce 'l cuore,
Lo dì ch' han detto a' dolci amici addio.

Dante.

Der Ort Cervione liegt nördlich von Aleria auf dem Hange der Berge; und hier straft mich der Wunsch, auch dort gewesen zu sein; denn enthält jenes Castell gleich nichts Sehens- würdiges, so war es doch die Residenz Theodors. Es über- fällt den Wanderer wol bisweilen die Wandermüde, daß er schlafenden Augs an manchem Gegenstande der Betrachtung vorübergeht. Ich sah Cervione auf der Höhe, und gab den Ort auf um der Trümmer von Mariana willen.

Weiter nördlich von Cervione mündet der Golofluß, die größeste Wasserader der Insel, welche so viele Täler tränkt. Die Sommerglut hatte ihn fast trocken gelegt. Rings umher hat der Strom die weite Ebne von Mariana angeschwemmt, oder von Marana wie die Corsen jetzt sagen. Und hier stand auf dem linken Ufer des Flusses die zweite Römercolonie. Marius hatte sie gegründet. Es ist immer merkwürdig, daß in dieses blutige Land der Corsen gerade die beiden Blut- rächer und Todfeinde Sulla und Marius Colonieen ausführen mußten. Ihre Namen, welche die schrecklichsten Gräuel des Bürgerkrieges und der Revolutionen aussprechen, mehren die Schwüle corsischer Atmosphäre.

Ich suchte die Trümmer von Mariana auf. Sie liegen eine Stunde weit von der Straße ab nach dem Meeresstrande zu. Wie bei Aleria fand ich auch hier weite Flächen mit Mauersteinen bedeckt, welche den Boden ganz bedecken. Es wandert sich trostlos auf solchem Felde, gedenkt man, daß diese Steine einst eine Volksstadt waren und daß in ihnen das Leben von Jahrhunderten wohnte. Man möchte Amphions

Eiter nehmen, die Trümmer noch einmal zusammenharmoniren und einen Blick in Volk und Stadt hineinthun. Denn welcher Art waren sie? und welcher Epoche gehörten sie an? Die Trümmer Mariana's sind noch unbedeutender als die von Aleria. Sie laffen die Zeit gar nicht mehr erkennen. Der Corse hat es gern, wenn man in jenen Steinen die Reste römischer Bauten finden will, und sich selbst betrügend mag der Wandrer sich auf einem jener Trümmerhaufen niederlassen und an jenen Marius denken, wie er auf den Ruinen Carthago's saß und den Fall der großen Stadt beklagte.

Zwei zerstörte Kirchen ziehen allein die Betrachtung an. Es sind die hervorragendsten Ruinen Corsica's aus dem Mittelalter. Die eine war eine schöne Capelle, deren längliches Schiff sich wol erhalten hat. Sie hat eine Tribüne, welche von außen sechs halbrunde Säulen korinthischer Ordnung zieren. Sculpturen von sehr einfacher Arbeit sind über dem Gesimse des Seiteneingangs angebracht. Eine Millie weiter liegen die Reste einer größeren Kirche, von welcher ebenfalls das Schiff aufrecht stehen blieb. Sie heißt die Canonica. Der Bau ist eine Basilika von drei Schiffen mit Pilasterreihen dorischer Ordnung und einer Tribüne mit gothischer Capellenstructur zu beiden Seiten. Nach außen hat die Nische ebenfalls Pfeilerausschmückungen dorischer Ordnung. Die Länge des Schiffes beträgt 110 Fuß, seine Breite fünfzig. Die Façade ist halb zerstört und zeigt den pisanischen Stil. Am Portalbogen sieht man Sculpturen, Greise, Hunde die einen Hirsch jagen, ein Lamm von so roher Arbeit, daß sie dem achten Jahrhundert angehören könnte. Man hat diese Canonica für einen römischen Tempel ausgegeben, den die Saracenen zu einer Moschee, die Christen wieder zu einer Kirche umgewandelt, nachdem Hugo Colonna Mariana den Mauren abgewonnen hatte. Man erkennt wol, daß der Bau einmal bereits restaurirt wurde, aber nichts spricht dafür, daß er römisch gewesen sei. Im Gegenteil erscheint er durchaus als eine Basilika der Pisaner. Ihre Formen sind edel und einfach, von der besten Symmetrie, und dies wie die Gediegenheit des corsischen Marmors, mit welcher die Kirche bekleidet ist, gibt ihr allerdings das Ansehn einer antiken Architectur.

Als ich in das Innere trat, überraschte mich die andächtige Gemeinde, welche darin auf den Knieen lag. Es waren hochaufgeschossene Wildlinge, welche dort quer durch die Schiffe in Reihen hinter einander grünten. Ein bärtiger Ziegenbock stand gerade vor der Tribüne und schien eher moralische als gefräßige Gedanken zu hegen. Die Hirten weideten ihre Ziegenheerde neben der Canonica. Ich fragte sie vergebens nach Münzen, doch hat man hier wie an andern Orten Corsica's eine große Zahl von Kaisermünzen gefunden, mit denen die halbe Welt gesegnet ist. Von dieser ehemaligen Colonie des Marius, welche vor Aleria ausgeführt wurde und nicht wie die des Sulla eine Soldatencolonie, sondern eine Bürgercolonie gewesen sein muß, führte die einzige Römerstraße in Corsica über Aleria nach Präsidium, nach Portus Favoni und nach Palae an die Meerenge des heutigen Bonifazio. Es war also die Insel in jenen Zeiten noch unwegsamer als sie gegenwärtig ist, und in das bergige Innere drangen die Römer nimmer ein.

Hier zeigt sich nun Bastia wieder in der Ferne und der Ring der Wanderung will sich schließen. Zur Linken erheben sich die blutgetränkten Höhen von Borgo, wo manche Schlacht geschlagen wurde, und wo die Corsen ihren französischen Unterdrückern den letzten Sieg abgewannen. Weiter hin schimmert der stille Teich von Biguglia und oberhalb steht Biguglia selbst, einst die Residenz der genuesischen Governatoren. Das alte Schloß liegt am Boden.

Der letzte Ort vor Bastia ist Furiani. Sein graues Schloß steht in Ruinen und das schwarze Gemäuer bedeckt mit dem üppigsten Grün die Epheuranke und die weiße Waldrebe. Noch einmal schweift das Auge von hier in die liebliche Goloebne hinab, in die duftig blauen Berge hinein, welche aus dem Innern der Insel zum Abschiede mit ihren Wolkenschleiern winken.

Eine schöne Wanderreise ist nun vollbracht. Und hier steht der Wandrer im freudigen Besinnen still und dankt den guten Mächten, die ihn schirmend geleiteten. Doch wird es dem Gemüte schwer, von dem wunderbaren Eilande zu scheiden. Wie ein Freund ist es mir geworden. Die stillen Täler mit ihren Olivenhainen, die zauberischen Golfe, die ätherfrischen Berge mit ihren Quellen und Pinienkronen, Städte und Dörfer und ihre gastlichen Menschen, vieles haben sie dem Verstande wie dem Herzen zum dauernden Gastgeschenke gegeben.

Noch einmal das Bild eines Corsen, der hier unter dem alten Oelbaum gelagert mir Land und Volk noch darstellen will.

Abschied von Corsica.

Der Fremdling.

Du wilder Cors' vom Berg, was träumest du
Am alten Oelbaum hier in dumpfer Ruh,
Und streckst dich hin den Doppellauf im Arme
Und starrst so in die Luft, die flimmerwarme?
Im grauen Turme weint dein hungrig Kind,
Es singt Lament dein Weib und spinnt und spinnt,
Und klagt, daß ohne Ende die Beschwerde,
Die Kammer leer, das Feuer tobt im Herbe.
Doch du, dem Falken gleich, hockst auf dem Stein,
Verschmähst im Tal das goldne Korn zu streun,
Und auszusä'n den grünen Pflanzensegen
Und Rebenwuchs, ein wohnlich Haus zu pflegen.
Schau' hier hinab, wie sich die Ebne dehnt
An blauen Bergen sonnig hingelehnt,

Und sich zum Meere lachend niedersenket,
Ein Paradies von Bächen übertränket.
Doch wuchert drauf nur strupp'ger Albatro,
Der Mirtenstrauch der weiten Herrschaft froh,
Das Farrenkraut und Cytisus und Haide,
Schwarzhaar'ger Ziegen sommerliche Waide.
Träg schleicht der Goloßuß hinab zum Sumpf
Dem schilfbewachs'nen, der die Luft macht stumpf
Und fieberfeucht und langsam zehrt am Leben
Des Fischers, dem er seinen Fisch gegeben.
Und wenn der Wandersmann das Feld durchirrt,
Wird er vom Haidevogel nur umschwirrt,
Und stößt auf Trümmer nur und Mauerhallen
Von Römerstädten, die zu Staub zerfallen.
Auf denn, du Cors', aus deiner trägen Rast,
Und steig' herab, und flink die Art gefaßt,
Den Spaten und den Karst, und bau' die Erde,
Daß sie ein fruchtbedeckter Garten werde.

Der Corse.

Du Fremdling, dessen Väter einst ich traf,
Bei Calenzana senkt' in ew'gen Schlaf,
Was störst du meine Ruh? —. Zweitausend Jahre
Schon kämpft' ich, schlachtenvolle, freudenbare,
Und hielt zweitausend Jahre ringend Stand
Dem Feind', der überzog mein Inselland.
Am Col di Tenda hab' ich sie geschlagen
Die Römer deren Spur die Felder tragen;
Carthago's Hasdrubal traf ich am Meer,
Zerstreut' wie Samen das Etruskerheer.
Der Maure drang in meinen Golf nach Beute,
Er schleppte Weib und Kind mir in die Weite,
Und warf ins Haus den roten Feuerbrand;

Doch faßt' ich ihn und rang und überwand.
Und wieder hört' das Muschelhorn ich schallen,
Wenn neu der Feind mir in das Land gefallen,
Lombard' und Türke und der Aragon.
Und floß mein Blut in hellen Bächen schon,
Und sah in Asche ich mein Dach zerstieben,
Ich weinte nicht — mir war die Freiheit blieben.
Da kam der Genues' — o schwerer Fluch!
Italia ihr Kind in Ketten schlug.
Schaust du mein Land und klagst, daß es so wüste,
Die Fluren öb' und leer die Hafenküste,
Das Dorf von Epheu grün und halbzerstört,
So wiß, der Genuese hat's verheert.
Hörst du am Golf die Mandoline schlagen,
Des Vôcero gedehnte Laute klagen,
Und wunderst dich, daß trüb' stets der Gesang,
So wiß, der Genues' ihn so erzwang.
Hörst du den Flintenschuß im Berge hallen,
Siehst du ins dunkle Blut das Opfer fallen,
Und schauderst ob der Rachluft unerhört,
So wiß', der Genues' hat sie gelehrt.
Und wisse nun, was wir gelitten haben.
Doch hab' ich Genua sein Grab gegraben,
Und siehst du sie dereinst so sag': Ich sah
Das Corseneiland, Grab von Genua.
Wild war der Kampf und grausig sonder Ende,
Der Kaufmann gab mein Land in Frankreichs Hände,
Als wie ein Gut, das man ersteht um Geld,
Und ruhig sah es an die feige Welt.
Du Fremdling hör', an Pontenuovo's Bergen
Erlag ich wund den fränk'schen Freiheitsschergen,
Und weint', und schleppt' mich wie ein blutend Wild
Die Felsen aufwärts von dem Schlachtgefild.

Nun bin ich müd' — solch' Kämpfen macht ermüden,
Drum gönn' die Rast mir in des Oelbaums Frieden.

Der Frembling.

Nicht wollt' mein Mund ein bitter Wort dir sagen,
Mitfühlend nur dein Fluchgeschick beklagen,
Du Vorkampf=Streiter, blutig, schlachtenmüde,
O Sohn des Todes und der Eumenide!
Nun ruh'! weil du Europa's lange Nacht
Allein auf deinem Felsen hast durchwacht,
Und hast allein um Mannes Gut gerungen,
Als in der Welt sein Name war verklungen.
Hab' einen Ruf gehört von deinen Ahnen,
Von Pasqual Paoli ein ernstes Mahnen,
Als ob dem rost'gen Heldenangedenken
Mein lebend Wort sollt' neues Leben schenken.
Und war es oft ein blutig dunkles Schauern,
Und war es oft ein tiefes Seelentrauern,
Das hier mein heimatloses Herz gerührt,
Hats doch vom Heldengeist den Hauch gespürt;
Hats doch von deinen liederreichen Klagen
Den hellsten Glockenklang hinweggetragen.
Und wie ich saß dem Riesenfels zu Füßen,
Und sah den Wildbach frei durch Wolken schießen,
Thät mir aufs Haupt die Aeterschale gießen
Natur und neu den Sinn zum Licht erschließen.
Im Land des Todes war ich nun zu Gast,
Und kehre heim mit dem Olivenast;
Froh schwingt der Pilgrim das geliebte Zeichen,
Weils gute Geister ihm gewährend reichen.

Du Cors' leb wol! dieweil auf regen Wellen
Von meinem Wanderschiff die Segel schwellen.

Hab' Gottes Lohn für deiner Früchte Gabe,
Für gastlich Obbach und des Weines Labe.
Mag Jahr um Jahr dein fetter Oelbaum tragen,
Dein Garten nie die Lese dir versagen.
Auf goldner Aue reif' dir Mais genug;
Aufzehr' die Sonne deiner Rache Fluch,
Daß einst vor ihrem Antlitz trocken werde
Dein Heldenblut auf deiner Heldenerde.
Hoch wachs' dein Sohn den starken Ahnen nach,
Die Tochter keusch wie deines Berges Bach;
Halt' zwischen sie und feile Frankensitten
Granitner Felsen Schanze stets inmitten.
Leb, Eiland, wol! mag nie dein Ruhm verschwinden,
Der Väter Tugend laß in Enkeln finden;
Daß nicht ein Gast auf deinen Bergen klage:
„Sampiero's Heldensinn, du warbst zur Sage!"

Note.

Ich gebe am Schlusse meines Buchs eine literarische Note über solche wesentliche Schriften, die mir dabei gedient haben. Es gilt auch hier die Erfahrung, daß jedes Ding, mag es noch so sehr insularisch sein, schon einen Continent von Literatur nach sich zieht. Die historischen Werke der Corsen habe ich bereits genannt, Filippini, Peter von Corsica, Cambiaggi, Jacobi, Limperani, Renucci, Gregorj Friess. Ihnen will ich anschließen: Robiquet recherches historiques et statistiques sur la Corse. Paris 1835, ein Buch, welches stofflich reich ist, und dem ich schätzenswerthe Notizen verdanke.

Von Niccolo Tommaseo standen mir zu Gebote seine Lettere di Pasquale de Paoli, Firenze 1846, und seine Canti Popolari Corsi in der Sammlung corsischer, toscanischer und griechischer Volkslieder.

Die von mir mitgeteilten corsischen Todtenklagen entnahm ich dem Saggio di Versi Italiani e di Canti Popolari Corsi. Bastia 1843. Der greise Dichter Salvator Viale hatte die Güte, mir bei seinem letzten Besuche in Rom eine handschriftliche Sammlung corsischer Volkslieder zurückzulassen, welche ich noch, in Zeiten der Muße, herauszugeben gedenke. Der würdige Mann ist nun todt. Tommaseo widmete ihm und seinen Verdiensten einen schönen Nachruf im Archivio Storico. Ich habe Viale's Novelle: „Das Gelübde des Petrus Cyrnäus" in mein Buch aufgenommen; sie fehlt in dessen erster Ausgabe. Den Stoff zu den andern corsischen Novellen, welche alle wirkliche Begebenheiten erzählen, verdanke ich einer Sammlung solcher kleinen Geschichten von Renucci, Bastia 1838. Die Behandlung ist mein eigen.

Boswells, eines Engländers Buch: „Zustand Corsica's nach einem Reisejournal und nach Denkwürdigkeiten des Pasquale Paoli, aus dem Jahre 1769, in London", ist lesenswert, weil der Verfasser den großen Corsen persönlich kannte, und was er aus seinem Munde hörte niederschrieb. — Endlich verdanke ich auch Valery's: Voyages en Corse, à l'île d'Elbe et en Sardaigne; Bruxelles 1838, manche Notiz.